Elogio del amor

Elogio del amor

Rafael Narbona

Rocaeditorial

Penguin
Random House
Grupo Editorial

Primera edición: abril de 2025

Travessera de Gràcia, 47-49. 08021 Barcelona

Printed in Spain – Impreso en España

ISBN: 978-84-10096-98-1
Depósito legal: B-2554-2025

Compuesto en Grafime, S. L.

Impreso en Liberdúplex
Sant Llorenç d'Hortons (Barcelona)

RE 96981

Para Piedad, porque estamos hechos para amar.
Para Raimundo, porque el afecto a veces
solo necesita unas pocas palabras.

Índice

A modo de prólogo

Durante dieciocho meses escribí sobre la felicidad y, al poco de finalizar mi trabajo, la vida me propinó uno de esos golpes «tan fuertes» que «abren zanjas oscuras / en el rostro más fiero y en el lomo más fuerte», según las palabras de César Vallejo en *Los heraldos negros*.

Cuando *Maestros de la felicidad* comenzó a circular por las librerías y fui invitado a distintas ciudades para hablar del libro, sentí que la vida ponía a prueba mi elogio del optimismo. Durante semanas, quizá meses, viví un doloroso conflicto interior. Dividido entre lo que decía y lo que sentía, experimenté la sensación de ser un impostor. ¿Me había equivocado? ¿Acaso la vida solo era ruido y furia, como asegura Shakespeare en *Macbeth*? ¿Se podía ser feliz en un mundo saturado de guerras, hambrunas, catástrofes naturales y enfermedades? ¿Sería mejor no haber nacido o poner fin a todo con un gesto fatal?

En algunos momentos pensé que sí, que el sufrimiento era la nota más característica de la vida y que la nada constituía la mejor alternativa para huir del dolor. Sin embargo, en mitad de la tormenta, cuando la adversidad mostraba su faz más amarga, surgieron inesperados islotes de dicha. Siempre recordaré con gratitud el rostro de Vivien Leigh en el pequeño televisor de un hospital durante una noche aciaga. Contemplar los ojos verdes de la actriz me recordó que ninguna catástrofe puede borrar la belleza de este mundo. Obstinada e indomable, siempre asoma por una esquina, invitándonos a abrazarla.

Unos días después, cuando ya había abandonado el hospital, el mar de la estepa castellana, con sus crestas verdes, amarillas y ocres, volvió a mostrarme la belleza del pequeño rincón del cosmos que sirve de morada a nuestra especie. Al observar un álamo blanco, con su tronco salpicado de musgo y sus ramas desnudas, impacientes por acoger las hojas de la próxima primavera, pensé que la belleza era mucho más que un fenómeno estético. El sol que bañaba esa cálida mañana de invierno me decía que aquel álamo, una espiral de blancura enredada en el aire, era un signo de la verdadera naturaleza del mundo.

Aunque la vida duela en ocasiones hasta el extremo de despertar el anhelo de no ser, alberga un don asombroso que puede curar todas las heridas. Me refiero al amor, que se hizo visible con ese álamo blanco y su capacidad de evocar los paseos de mi juventud con Piedad, mi mujer. Al pie de un álamo blanco, la alegría se respira sin esfuerzo. Solo hay que mirar su tronco, similar a un chorro de espuma, y percibir su impulso ascendente. En esa cercanía no caben la angustia, el miedo o la incomprensión. El amor no es un simple afecto, sino la fuerza que nos arraiga a la vida y el cauce que nos comunica con todo lo existente. Gracias al amor, el porvenir no es un puñado de ceniza a punto de ser aventado, sino una luz que empuja a la oscuridad hasta despeñarla por el horizonte.

Pienso en Piedad, y el amor que siento por ella desmonta las argucias del pesimismo. Al principio solo éramos dos extraños, dos desconocidos que se debatían con la incertidumbre y la pena, pero desde hace cuatro décadas nos une un suave yugo, una atadura que nos hace libres y nos ayuda a deslizarnos entre las sábanas sin el temor a despertar y notar que la soledad no se ha movido de nuestro lado.

No importa el tiempo, no importan las horas ni los malentendidos, sino lo vivido. Y lo vivido es indestructible. El amor nos salva a diario. Soporta los golpes más fuertes y sobrevive a las tempestades más implacables. El amor me devolvió el júbilo con el que escribí *Maestros de la felicidad,* pese a que los meses posteriores a su publicación trajeron tristeza, dolor y miedo.

Casi todas las tardes Piedad y yo caminamos entre sauces, castaños y chopos. Los árboles se han convertido en nuestros amigos. Al llegar a una laguna, nos rodean los gansos y las ocas, blancos, enormes, un poco insolentes. Suplican comida, pero no llevamos nada. Después de un rato pierden el interés y prosiguen su camino, primero dispersos, luego en hilera. Siento que mi alma los acompaña un rato, con la inocencia del niño que aún no ha descubierto la precariedad de su existir. Solo el ser humano sabe que algún día será tierra, polvo, ausencia, pero creo que el amor nos exime de ese destino. El amor es aire, espuma, latido, aurora invicta que hace retroceder a las sombras.

Piedad y yo a veces nos detenemos en un merendero con mesas de hierro y madera vieja. Cerca hay un parque infantil, pero sin niños. Nos sentimos acompañados, pese a que muchas tardes nadie se cruza con nosotros. Los pájaros nos observan y nos toman muy en serio. A veces interrumpen su canto para escuchar cómo hablamos de la epifanía de la carne, de ese pequeño infinito de revelaciones y complicidades, cercanías y transparencias, anhelos y claridades. Cuando contemplamos las montañas lejanas y sus cumbres puntiagudas, nos parecen un mirador para los que celebran la existencia del mundo. En una ocasión nos encontramos con un juguete de plástico, presumiblemente de un niño que lo había extraviado. Era un coche de colores, y desapareció en mi mano cuando la ahuequé para comprobar si el tamaño de la esperanza podía albergar un corazón humano.

Si dentro de unos años alguien se acerca a los campos por los que paseamos a diario, escuchará el eco de lo que hablamos, nuestra convicción de que la muerte no es nada para dos almas unidas por el amor. ¡Cuánta razón tenía Jorge Guillén! El mundo está bien hecho. Y está bien hecho porque rebosa amor. Ese amor que aviva sin descanso la llama de la felicidad y al que dedico este libro.

Me disculpo de antemano, pues las páginas que he escrito son insuficientes para reflejar las distintas caras del amor, la fuerza más revolucionaria del universo y el don que nos reconcilia una y otra vez con la vida. Aventuro que los lectores serán indulgentes, pues saben que los escritores somos poca cosa. Como dice mi admirado Zoki, apenas traperos que comercian con palabras.

1
Solo vive quien ama

Solo vive quien mira,
[...] solo vive quien besa.
LUIS CERNUDA,
Donde habite el olvido

¿Se debe empezar a narrar una historia cuando se desconoce el desenlace? Pienso que es inevitable, pues detrás de cada libro se esconde la peripecia del ser humano que lo escribe, y esa peripecia siempre es incierta. Cuando escribo estas líneas, la inevitable incertidumbre que acompaña al hecho de vivir se ha acentuado en mi día a día.

Hace unos meses mi rutina sufrió un grave descalabro por la irrupción de una enfermedad temida y maldita: el cáncer. Piedad, mi mujer, necesitará pasar por el quirófano y someterse a un largo tratamiento. El pronóstico es bueno, pero la aparición del cáncer nos ha recordado algo que solemos olvidar para vivir libres de angustia y miedo: la fragilidad de la existencia.

La filosofía nos ha advertido desde sus orígenes sobre la precariedad de la vida, pero desde hace un siglo hemos olvidado esa lección. El anhelo de seguridad ha prevalecido sobre la necesidad de reflexionar sobre nuestra vulnerabilidad. Hasta Nietzsche, la filosofía occidental resolvió este conflicto mediante la fe. Durante casi dos milenios la esperanza de una vida sobrenatural aplacó el miedo y la angustia. Ese consuelo se esfumó cuando Marx, Nietzsche y Freud, maestros de la sospecha, proclamaron que Dios solo era una ficción de la especie humana. Muchos lo presumían desde que Immanuel Kant elaboró argumentos casi irrefutables para demostrar que la metafísica nunca sería una ciencia. Podemos especular con lo que hay más allá de la experiencia, pero nunca podremos conocerlo.

En el siglo XIX Schopenhauer exploró un camino alternativo a la fe: cultivar el desapego para poder soportar la caducidad de todo lo que vive. No era una idea nueva, sino una enseñanza que el filósofo extrajo de la sabiduría oriental, orientada a la búsqueda de la paz interior. En Occidente, los estoicos, hoy tan de moda, postularon algo similar. El infortunio se hace más tolerable si no establecemos lazos demasiado intensos con lo contingente. El sabio aspira a la autonomía, no ligándose a nada que pueda perder. En una época que ha dado la espalda a las religiones tradicionales, las enseñanzas de la sabiduría oriental y el estoicismo se han vuelto muy populares. Sin embargo, no han logrado neutralizar la angustia existencial que se ha apoderado de Occidente desde 1945. La chimenea de Auschwitz y las ruinas de Hiroshima todavía desprenden un humo negro incompatible con la serenidad, y la actualidad no proporciona razones sólidas para el optimismo: cruentas guerras en Ucrania, Sudán y Gaza, pandemias, desastres naturales, cambio climático, crisis del modelo democrático, auge de los populismos.

Afortunadamente, el ser humano no está restringido a lo inmediato y material. Gracias a la imaginación, puede afrontar la vida desde una perspectiva estética. La ficción no es una forma de evasión, sino una especie de estrato geológico que añade espesor a la realidad. Entre esos estratos, cabe citar la literatura, la pintura, la música, la escultura, el teatro, el cine. Piedad y yo hemos aprovechado esas capas, que ya son indisociables del devenir humano, para sobrellevar la tormenta que se ha desatado sobre nuestras vidas.

El cine del Hollywood dorado se ha mostrado especialmente balsámico. Contemplar a Scarlett O'Hara paseando con su pamela amarilla por los jardines de Los Doce Robles o a Rick apurando un cigarrillo con su esmoquin blanco en la puerta de su café de *Casablanca* nos ayuda a olvidar las visitas al hospital y nos recuerda que la vida, pese a sus imperfecciones, es una fuente de goce y plenitud. Un wéstern de John Ford, una comedia de Billy Wilder o una película de suspense de Hitchcock pueden ser la mejor terapia para combatir el desánimo. La felicidad no es una cumbre inaccesible, sino algo sencillo. A veces solo es necesario pulsar el mando a distancia de un televisor y escuchar las primeras notas de una banda sonora legendaria, sabiendo que en unos segundos aparecerán Cary Grant, Gene Tierney o Montgomery Clift.

Piedad y yo hemos superado los sesenta años y el ayer viaja con nosotros. Eso no significa que desdeñemos el presente, sino que el hoy está preñado de recuerdos que añaden profundidad a nuestras vivencias. Se dice que vivir significa ir perdiendo cosas, pero yo tengo la impresión de que el tiempo pasado, lejos de restar, suma y enriquece. Ahora, cuando paseo por la áspera llanura que circunda mi casa y veo las montañas azules a lo lejos, ya no son tan solo una visión que incorpora una nota de luminosidad a la monotonía de un paisaje desértico, sino una imagen que trae a mi memoria las mañanas en el parque del Oeste, escenario de mi niñez y juventud, cuando yo intuía en la sombra de los cedros y el rumor de un pequeño arroyo la huella de un remoto paraíso. Los años transcurridos son pinceladas que incrementan la textura de la vida, no brochazos que borran indistintamente lo banal y lo más querido. Vivir es agregar textura, no desechar y olvidar.

La ficción —literaria, oral o cinematográfica— es tan necesaria como el aire que respiramos. ¿Quién podría vivir sin escuchar historias? Se auguró la muerte del libro, pero el libro se resiste a morir y sigue alumbrando relatos que seducen a millones de personas con el poder de aplacar sus insatisfacciones y sus temores. Las ilusiones son el motor de la existencia. ¿Quién podría encarar la rutina, con sus desengaños y limitaciones, sin sueños capaces de sortear las barreras del tiempo y el espacio? ¿Quién no fantasea con superar los límites que acotan nuestra vida? Somos la única especie que conoce su condición mortal y no nos hemos resignado a nuestra finitud. De una manera u otra, nos rebelamos contra esa perspectiva soñando con un horizonte más vasto, con una plenitud desconocida que revoque *El triunfo de la Muerte* augurado por Pieter Brueghel el Viejo en su famoso óleo expuesto en el museo del Prado de Madrid. Según el pintor flamenco, nada escapa a la muerte: las ciudades son pasto del fuego, los barcos naufragan, campesinos, soldados y reyes caen abatidos por un ejército implacable de esqueletos armados con guadañas. Sabemos que todas las historias acaban, pero ¿eso nos permite afirmar que la vida solo es un breve parpadeo carente de sentido? Tal vez sea un breve parpadeo, pero también es una semilla que fructifica al final del viaje por el tiempo y el espacio. ¿Y qué es lo que determina que fructifique o se malogre? El amor. Amor a los otros, a la vida, al bien, a la belleza.

El amor impugna el pesimismo de Shakespeare, según el cual la existencia solo es ruido y furia, un cuento sin significado narrado por un idiota. El amor que yo siento por mi mujer —ahora herida—, por mis padres y hermanos —desaparecidos hace tiempo pero aún muy vivos en mi memoria—, por mis amigos —siempre dispuestos a espantar las sombras que a veces nos envuelven—, por las palabras —un manantial que jamás se agota— y por la vida —un mosaico de belleza inagotable— no es una simple emoción, fruto del largo proceso evolutivo de nuestra especie, sino lo que ha dado sentido a mi existencia. Sin amor, mi vida estaría vacía. El amor no es algo efímero, sino una forma de plenitud. El amor de Romeo y Julieta se celebra siglo tras siglo porque nos parece inmortal, pese a su final trágico. En el óleo de Brueghel el Viejo, los amantes se enfrentan a la Muerte. Es cierto que su gesto resulta inútil, pero su desafío es muy elocuente. Aparentemente se limitan a ignorarla, pero su actitud, lejos de ser simple inconsciencia, sugiere que no creen en ella, pues están convencidos de que su amor no quedará reducido a polvo y olvido.

Vivimos para el aquí y ahora, pero el amor siempre apunta al mañana. Pero ¿qué es el mañana? ¿Esa eternidad que la ciencia solo considera una quimera, una fantasía infantil que no soporta el contraste contra la realidad? Digamos que el mañana no es el paraíso esbozado por las distintas tradiciones religiosas, sino la persistencia de las cosas especialmente valiosas. «No es el amor quien muere, / somos nosotros mismos», escribe Luis Cernuda en su libro *Donde habite el olvido* (1934). Morimos nosotros, sí, pero no el amor. No son los versos de un hombre religioso, sino de un poeta que no quería saber nada de «tristes dioses crucificados». «Solo vive quien mira, [...] solo vive quien besa», afirma

Cernuda. Solo muere realmente quien deja de amar. *Amar* y *vivir* son verbos sinónimos, acciones complementarias que nos conectan con el mundo y nos revelan la impotencia del odio, un sentimiento estéril y autodestructivo.

En el *Banquete,* Platón pone en boca de Aristófanes la idea de que el amor surge de la nostalgia de la unidad primordial del ser humano. En los orígenes no existía lo masculino y lo femenino. Ambas esferas convivían firmemente unidas, pero se escindieron y, desde entonces, anhelan volver a fundirse. Según Aristófanes, *amor* es el nombre para el deseo y persecución de la integridad perdida: «Nuestra raza solo podría llegar a ser plenamente feliz si lleváramos el amor a su culminación y cada uno encontrara el amado que le pertenece retornando a su antigua naturaleza». Esta idea del amor se asocia a la diferencia sexual.

En la Grecia clásica se toleraba lo que hoy se llama *pederastia.* Los adolescentes del sexo masculino se relacionaban con varones adultos que ejercían sobre ellos un magisterio intelectual, moral y emocional. Al no poder acceder a las mujeres, confinadas en el gineceo, el vínculo entre maestro y discípulo muchas veces desembocaba en la intimidad sexual. El desdén imperante por el sexo femenino explica que se idealizara ese tipo de relaciones. El adolescente o efebo encarnaba un ideal de belleza basado en la armonía, la proporción y el equilibrio. Las relaciones sexuales entre hombres adultos, en cambio, se consideraban inaceptables, pues carecían de ese componente estético y pedagógico.

Al margen de estas cuestiones, la teoría de Aristófanes no ha perdido validez si prescindimos de la diferencia sexual y hablamos de individualidades. El yo está incompleto hasta que se une al tú. La alteridad es el espacio donde se consuma la plenitud del ser humano. El otro puede llegar a ser el infierno, pero sin el otro, la vida pierde su sentido. Incluso los anacoretas que se retiran al desierto o a una cueva buscan incansablemente al otro. La alteridad es un concepto con un campo semántico muy extenso. Cada uno determina dónde puede buscar esa alteridad complementaria que aportará a su existencia individual el calor, la intimidad y la complicidad, sin las cuales se experimenta una dolorosa sensación de estar inacabado.

Platón expone su concepción del amor mediante Sócrates, y Sócrates, quizá por no querer atribuirse un protagonismo excesivo, elige a la sacerdotisa y profetisa Diotima de Mantinea para exponer su teoría. Diotima sostiene que Eros no es un dios, sino algo intermedio entre lo mortal y lo inmortal. Fue engendrado por Poros y Penía durante el banquete donde se celebraba el nacimiento de Afrodita. Embriagado de néctar, Poros se durmió en el jardín de Zeus, y Penía aprovechó su estado para yacer con él. De ese encuentro nació Eros. Poros representa la pobreza, la escasez, y Penía, la astucia, el recurso, con su arte para superar los problemas. Eros no es delicado y bello, sino «duro y seco, descalzo y sin casa». Siempre está al acecho de lo bello y lo bueno. Es valiente, audaz e ingenioso: «Un formidable mago, hechicero y sofista». A veces florece y vive; otras muere, pero siempre reaparece. Su naturaleza lo sitúa a medio camino de la sabiduría y la ignorancia. El amor es «el deseo de poseer siempre el bien» y se manifiesta como anhelo de inmortalidad. Su esencia es la tensión creadora, la generación permanente de vida. El ser humano se perpetúa mediante las obras, la fama, los hijos.

Según Platón, el alma es lo más digno de amarse, no el cuerpo. La belleza del cuerpo es algo insignificante. Eso sí, el amor no debe ser restrictivo. No ha de fijarse exclusivamente en un individuo, sino abrirse al «mar de lo bello». Hoy en día no podemos reducir el amor al alumbramiento de nuevas vidas, pero sí debemos asociarlo al esfuerzo creador y solo podemos ratificar que el alma —o, si se prefiere, la mente, el espíritu, la personalidad— es lo más digno de ser amado. El amor no puede ser excluyente. Es evidente que se proyecta de forma prioritaria sobre otro sujeto, pero su impulso debe ir más allá. Platón utiliza el «mar de lo bello» para referirse a la belleza en sí misma, ese bien imperecedero que trasciende lo particular, pero lo cierto es que el amor no se materializa mediante abstracciones, sino confrontando miradas.

Según el filósofo judío Emmanuel Lévinas, la mirada del otro nos interpela de forma abrupta e inmediata para demandar respeto, afecto y cuidado. El amor nos revela que el hombre no es un ser-para-la-muerte, como decía Heidegger, sino un ser-para-el-otro. El amor nos rescata de la irrelevancia y la contingencia. Al amar, expandimos nuestro ser y nos sustraemos al ciego devenir de una existencia sin propósito.

El amor es una chispa que nos lleva más allá del estrecho recinto del ego, una vivencia que ensancha nuestra mirada y nos abre a los otros. Para ser con plenitud, hay que descentrarse, liberarse del yo, que nos recluye en un pequeño círculo de ambiciones banales, como el anhelo de fama, éxito o dinero, bienes siempre precarios y de escaso calado.

Thomas Merton, escritor contemplativo, poeta, místico y teólogo, escribió entre 1965 y 1968 una serie de ensayos, *Love and Living*, que se publicaron póstumamente. Monje de la abadía trapense de Nuestra Señora de Getsemaní, se enamoró de una estudiante de Enfermería mientras se recuperaba de una intervención quirúrgica en la espalda y reflejó esa experiencia en uno de sus ensayos sobre el amor:

> De repente he comprendido una cosa: que nada cuenta excepto el amor y que una soledad que no es simplemente la total apertura del amor y la libertad no es nada. El amor y la soledad son la única base de la madurez y la libertad verdaderas.

La soledad de la que habla Merton no es esa soledad no deseada que ha adquirido rango de epidemia, sino una forma de vida fructífera basada en la introspección y la meditación. No está relacionada con la misantropía, sino con el deseo de comunicarse con los estratos más profundos de la vida. El amor es algo similar. No es «una necesidad, un apetito, un deseo ardiente, un hambre que exige ser satisfecha», sino el camino ineludible para lograr la realización personal: «No puedo encontrarme a mí mismo en mí, sino en el otro». Por eso, la misión del poeta, el artista y el profeta, educados e inspirados por el amor, es enseñarnos a amar.

La razón de ser de este libro es cumplir ese mandato. Y ese mandato solo puede materializarse con una escrupulosa humildad, pues lo primero que aprenden los poetas, los artistas y los profetas es que el yo solo es una cáscara vacía sin el tú. El yo y el tú mueren, como advierte Cernuda, pero cuando se funden se transforman en nosotros, es decir, en amor, y el amor es más fuerte que la muerte. ¿Quién se atrevería a asegurar que Romeo y Julieta están muertos? Su idilio ha sobrevivido a todos los que conspiraron contra él y ha puesto de manifiesto que las fuerzas de este mundo nada pueden contra el poder del amor.

2
La medicina como acto de amor

> La medicina no solo es ciencia, sino también arte [...]. La calidez humana, la compasión y la comprensión pueden ser más valiosas que el bisturí del cirujano.
>
> Louis Lasagna, versión modernizada del juramento hipocrático

Mientras escribo estas líneas, Piedad encara su tercera semana de radioterapia. Ya ha pasado por una sesión de quimioterapia. El tratamiento se parece a una pendiente helada. La escalada es penosa, pero a veces aparece una cornisa que permite descansar y disfrutar de un rayo de sol. Yo no me separo de su lado. La ayudo a desvestirse, la conforto con palabras de aliento, estrecho su mano mientras el cisplatino circula por su cuerpo, pero también me derrumbo en ocasiones y lloro como un niño.

Me dicen que sea fuerte, pero Susana Garrido, la psicóloga especializada en atención a pacientes oncológicos, objeta que es una exigencia absurda. Ni el paciente ni los familiares deben plantearse la enfermedad como una lucha, sino como algo que ha sucedido y que debe afrontarse racionalmente. No se puede pedir una actitud heroica, especialmente desde fuera, cuando se contempla el problema con la perspectiva relajada del que no ha experimentado ningún menoscabo en su salud. Los que aconsejan fuerza y entereza deben cambiar su discurso y limitarse a escuchar, acompañar y transmitir afecto. Ni sermones ni consejos. Solo gestos de cariño.

Afortunadamente, los enfermeros y auxiliares que se ocupan de la radioterapia y la quimioterapia cuidan a los pacientes mostrándose comprensivos y afectuosos. Algunos médicos no actúan con la misma delicadeza, quizá por su carácter o porque creen que es suficiente ser un buen profesional. La insensibilidad en un médico es una gravísima carencia, pues los pacientes, además de cuidados especializados, necesitan cercanía y comprensión. Desgraciadamente, a veces las facultades de Medicina descuidan este aspecto. Olvidan que —según el juramento hipocrático fijado en 1948 por la Convención de Ginebra— los profesionales de la salud no son simples técnicos con un alto grado de especialización, sino personas que «consagran su vida al servicio de la humanidad». En 1964 el doctor Louis Lasagna elaboró una nueva versión del juramento que subrayaba la necesidad de no descuidar el aspecto emocional:

> Recordaré que la medicina no solo es ciencia, sino también arte, y que la calidez humana, la compasión y la comprensión pueden ser más valiosas que el bisturí del cirujano o el medicamento del químico.

¿Por qué algunos médicos no prestan demasiada atención a estas palabras? El necesario distanciamiento emocional no es una justificación convincente, pues siempre es posible encontrar un equilibrio entre el cariño por el otro y el cuidado emocional de uno mismo.

Los médicos fríos son un reflejo del tiempo que nos ha tocado vivir, donde un individualismo exacerbado ha deteriorado los lazos sociales y el sentimiento de comunidad. Las ciudades no cesan de crecer, pero la concentración de millones de personas en grandes urbes de cristal y hormigón no ha favorecido la comunicación y la empatía. Paradójicamente, el agrupamiento se ha convertido en un fenómeno disgregador. Nadie conoce a nadie. En mitad de la masa, el individuo solo es un punto minúsculo e insignificante. La cultura del encuentro, favorecida por las antiguas plazas y por la costumbre de sacar las sillas a la calle, ha sido sustituida por la cultura del aislamiento. Los apartamentos funcionan como celdillas o compartimentos estancos. A veces muere alguien y los vecinos tardan años en descubrirlo. Los médicos no viven de espaldas a esta dinámica y a veces perciben a sus pacientes como potenciales intrusos en una intimidad que se esmeran en preservar. Cada uno cuida su burbuja como si su supervivencia dependiera de un aislamiento perfecto.

Domingo Picornel, mi bisabuelo, fue médico rural en la España de finales del XIX y principios del XX. Conservo muchas fotografías de sus años como estudiante y médico en ejercicio. Cuando se encontraba en la facultad, exhibía una barba corta y cuidada que le imprimía aspecto de filósofo estoico. Dicen que era un hombre sereno, optimista y compasivo. Conoció a Ramón y Cajal, se libró de ser enviado a la guerra de Cuba —quizá sus padres, mis tatarabuelos, pagaron las 1.500 pesetas de la redención en metálico— y se afilió a la Unión Republicana de Toledo. En su fotografía de recién casado, su barba recortada se ha transformado en un bigote unido a dos largas patillas que caen hasta el pecho. Hoy produce estupor esa moda, pero en su momento se consideraba un signo de distinción y elegancia.

Mi bisabuelo siempre vivió en Puente del Arzobispo, un pueblo de Toledo. Conservo una pequeña cartilla de 1898 que acredita su condición de subdelegado de Medicina de la provincia. En esas fechas apenas tenía pelo en la cabeza y su semblante expresaba cierto pesar. Es comprensible, pues en un año había perdido a su joven esposa, a su hijo mayor —un niño de unos diez años del que conservo una fotografía en la que aparece montado sobre un gigantesco triciclo—, a sus padres y a su suegra. Todos vivían juntos, lo cual hizo que la sucesión de pérdidas en un periodo tan corto se volviera particularmente dolorosa. Mi bisabuelo nunca volvió a casarse. Prefirió buscar consuelo en el trabajo y en el cuidado de sus dos hijas de ocho y seis años. ¿Qué podía hacer un médico en esa época frente a la enfermedad? Aún no había antibióticos ni vacunas y la cirugía todavía constituía un procedimiento de alto riesgo, pues no se atribuía la importancia necesaria a la higiene y se carecía de instrumentos precisos.

Domingo Picornel ejerció su profesión durante unas décadas en las que causaban estragos las infecciones, la tuberculosis y la llamada *gripe española.* Muchos partos finalizaban con la muerte de la madre y el recién nacido. *Nacer* y *morir* parecían verbos intercambiables, sinónimos de una dolorosa gramática. ¿Cómo era mi bisabuelo? Solo dispongo de los testimonios de sus hijas, Rosa y Mercedes, y su yerno Antonio Acevedo, también médico. Los tres destacaban su templanza y generosidad. Me han contado que muchas veces no cobraba por sus servicios, pues las familias más humildes, muy abundantes en una España pobre y atrasada, no podían pagarle y, lo que es peor, carecían de medios para comprar medicinas o comer adecuadamente. Al parecer, mi bisabuelo tuvo que abandonar precipitadamente el sepelio de su propio hijo porque un niño agonizaba en un pueblo cercano. A pesar de que acudió de inmediato, no pudo salvarlo y regresó a su casa ahogado por la tristeza y la impotencia.

Murió en 1930, con setenta años. Aún tuvo tiempo de asistir a la muerte de su nieto Antonio, un niño de cuatro años que habría sido el hermano mayor de mi madre, María Rosa. Ella apenas conservaba recuerdos de mi bisabuelo, pero oyó historias que elogiaban su entereza y buen humor. En una fotografía aparece en sus brazos. Domingo sonríe en un patio con una gigantesca higuera que proyecta su sombra sobre un muro blanco, semejante al que describe Azorín como ejemplo de belleza elemental y austera. En cambio, mi madre lloriquea, con uno de esos berrinches inexplicables de los niños muy pequeños, cuyas emociones resultan incomprensibles para los adultos. Es una de las últimas fotografías de mi bisabuelo. No parece un hombre derrotado, pero sí fatigado por sus interminables jornadas a caballo recorriendo un pueblo tras otro, a veces solo para unirse al duelo de las familias y aportar unas palabras de consuelo.

Pienso que mi bisabuelo no solo tenía apariencia de filósofo estoico. Todo indica que seguía —probablemente, de forma inconsciente— las enseñanzas de la Stoa, la escuela fundada por Zenón de Citio en Grecia en el año 300 a. C. Estas se basan en la convicción de que el cosmos obedece al Logos o Razón. Nada sucede en vano. Nada es injusto o innecesario. Cada acontecimiento forma parte de una cadena perfectamente lógica. El sabio asume este hecho y afronta la adversidad con entereza, pues entiende que cada evento es una pieza necesaria de la economía del cosmos. El Logos no es perverso o irracional. Simplemente, no puede eludir las reglas de lo posible. El universo es racional e inteligible, pero sus leyes incluyen sucesos que preferiríamos no soportar, como las enfermedades, los cataclismos naturales y la muerte. Es un gesto de sabiduría aceptarlo y apreciar la vida tal como es, con sus dones y sus desdichas.

Aventuro que mi bisabuelo compartía la convicción de Séneca de que la felicidad nace del ejercicio de la virtud y no de la acumulación de bienes materiales o de la satisfacción de las pasiones elementales. El mal puede acarrear ciertas ventajas, pero a la larga solo produce frustración y malestar. Amar, cuidar, sanar, nos hace dignos de ser felices, pues la dicha no es un derecho, sino algo que se consigue mediante una conciencia satisfecha. El estoicismo es, sobre todo, un humanismo. «El hombre es cosa sagrada para el hombre», escribe Séneca. «Los hombres han nacido los unos para los otros. Instrúyelos o sopórtalos», afirma Marco Aurelio.

El filósofo estoico busca la imperturbabilidad, la ataraxia, la autonomía frente a las contingencias, pero no es impasible ante el dolor ajeno. Pienso que esa era la filosofía de mi bisabuelo. Gracias a esa forma de entender la vida, pudo soportar las pérdidas que salpicaron su vida y el dolor que contempló en una España azotada por la tuberculosis, la desnutrición, el raquitismo, la pobreza y la gripe. Republicano y liberal, Domingo Picornel siempre soñó con el progreso y las reformas sociales. Al igual que los estoicos, pensaba que ser un buen ciudadano es un imperativo moral.

Nuestra época parece muy alejada de los valores estoicos. No moderamos las pasiones. Concedemos una importancia desmedida a los bienes materiales. No reaccionamos con serenidad ante las desgracias. Raramente nos implicamos en proyectos de reforma social. Nos sentimos huérfanos y desorientados en una época carente de certezas y convicciones. Por eso los estoicos nos atraen tanto. Nos gustaría poseer su ánimo templado, su sabiduría existencial y su espíritu cívico.

El estoicismo no es una simple escuela filosófica, sino una actitud vital que ha traspasado siglos y ha llegado hasta nosotros con todo su poder de seducción. Sus enseñanzas son una valiosa herramienta para sobrellevar las tempestades del presente. De momento nos limitamos a estudiar sus textos, pero aún no hemos interiorizado sus lecciones. No debemos desalentarnos por eso, pues —como advirtió Séneca— «hace falta toda una vida para aprender a vivir». Domingo Picornel aprendió a vivir a base de golpes. El contacto con la enfermedad y la muerte no le hizo insensible. Soportó los zarpazos del destino con coraje, sin conseguir que le arrebataran la alegría de vivir ni el amor por los demás.

Siempre que pienso en mi bisabuelo, acude a mi cabeza el cuadro del pintor e ilustrador británico sir Samuel Luke Fildes titulado *El doctor,* un óleo sobre lienzo realizado en 1891. Expuesto en la Tate Gallery de Londres, con unas dimensiones notables (166 x 242 cm), muestra el interior de la cabaña de un pescador del noroeste de Escocia iluminada por una lámpara que crea un fuerte contraste entre la claridad y la penumbra. En primer plano aparece un médico sentado que observa a una niña gravemente enferma. Con una barba cuidada, el pelo levemente canoso y la barbilla apoyada en la mano izquierda, escruta a su paciente. Pálida e inexpresiva, la niña parece moribunda. Con los ojos cerrados, la cabeza hundida en una almohada y uno de los brazos extendido, descansa sobre dos sillas que desempeñan la función de lecho. Todo sugiere que sufre una infección avanzada, tal vez tifus. Al fondo, sumidos en las sombras, los padres aguardan expectantes y angustiados. La madre llora sobre una mesa situada junto a una ventana, donde se aprecian los primeros destellos del alba, y el padre, consternado pero con entereza, apoya su mano en el hombro de su esposa, intentado transmitirle algo de calma.

Se trata de una familia humilde, con una sola estancia como vivienda. No es un detalle irrelevante, pues en aquella época los médicos de la Inglaterra victoriana no solían atender a las clases más desfavorecidas, especialmente de madrugada. Sin embargo, el galeno parece haber pasado la noche en vela, luchando por la vida de la niña enferma. Un frasco de medicamento y unos papeles que quizá contienen fórmulas magistrales atestiguan su compromiso con la familia. La luz del amanecer que asoma por la ventana sugiere que la niña está superando la crisis. No sucedió así con el hijo de Fildes, que falleció con un año de fiebres tifoideas.

El cuadro adquirió enseguida una gran popularidad. De hecho, se organizó una gira para que pudiera exponerse en las principales localidades del Reino Unido. La obra no es una simple pieza de gran valor artístico. En realidad, debe interpretarse como un manifiesto a favor de una medicina humanista y compasiva, y como una crítica a los doctores que realizan su trabajo de forma fría e impersonal. El cirujano W. Mitchell Banks elogió la intención del óleo:

> ¿Qué no le debemos al señor Fildes por mostrarle al mundo al médico típico como a todos nos gustaría que se mostrara: un hombre honesto y amable, haciendo todo lo posible para aliviar el sufrimiento? [...]. Una biblioteca de libros escritos en su honor no haría lo que esta imagen ha hecho y hará por la profesión médica. Gracias a ella, los corazones de nuestros semejantes son más propensos a acogernos con confianza y afecto.

Fildes retrata al médico como un héroe que pone sus conocimientos al servicio de los más pobres. Dicen que mi bisabuelo era así. Al igual que el doctor del cuadro de Fildes, concibió la medicina como un acto de amor, y he podido comprobar que la mayoría de los profesionales de la sanidad no han abandonado hoy en día ese camino.

Cuando Piedad acude a las sesiones de radioterapia, las enfermeras y los técnicos que se ocupan de ella actúan con enorme delicadeza y un cariño sincero. Se me vienen a la cabeza los nombres de Beatriz e Irene, enfermeras, y de Dani y Cristina, técnicos de Radiología. Siempre cordiales, siempre cercanos, siempre dispuestos a prodigar calor humano. No son los únicos que se comportan de ese modo. Pulsar el botón que permite el acceso a la zona de radiología oncológica produce angustia y malestar. La puerta se abre y, a los pocos metros, hay un quirófano. Después, un largo pasillo comunica con unas cabinas donde los pacientes se desvisten y se ponen una bata azul. El pasillo está adornado con un paisaje que pretende contrarrestar el desasosiego que siempre causa un hospital. Sin embargo, lo que realmente aplaca la inquietud no son los árboles, el cielo resplandeciente y los campos verdes que decoran la pared, sino la sonrisa de los profesionales que acogen a los pacientes. Su empatía no es artificial. Se nota su preocupación por el dolor ajeno y su vocación de aliviarlo. Saben que «la medicina no solo es ciencia, sino también arte, y que la calidez humana, la compasión y la comprensión pueden ser más valiosas» que la máquina más sofisticada. Cuando acuden a buscar a Piedad, le cogen el brazo con suavidad o apoyan la mano en su hombro, como hace el padre afligido del cuadro de Fildes con su esposa. Dani a veces la invita a bailar y da unos pasos, incitándola a imitarlo. Después se alejan juntos hablando como viejos amigos hasta desaparecer por una esquina. Más allá, fuera de mi campo de visión, están los equipos de alta tecnología, cada vez más precisos y eficaces.

En esos momentos pienso que nuestra especie no ha logrado sobrevivir a todas las calamidades del pasado gracias a su inteligencia, sino a su capacidad de amar. Se tiende a subrayar el trabajo de los médicos, sin reparar en la valiosa aportación del resto del personal sanitario. En el día a día del paciente, los enfermeros, los auxiliares y los celadores desempeñan un papel más intenso y directo. Son el rostro cotidiano que proporciona alivio y esperanza. Su cercanía es una caricia fresca que mitiga el miedo y la incertidumbre. Su presencia es tan esencial como el aparato más sofisticado, pues constituye la evidencia de que nuestra supervivencia depende de la generosidad y la compasión de los otros. El amor es el verdadero motor del progreso, y su escasez o desaparición, lo que podría llevarnos a la extinción. La savia de la vida es el amor, no el poder, como creyó Nietzsche, un hombre desdichado que nunca conoció la experiencia del amor correspondido.

3
Los valles verdes de Chile

> La mayoría de la gente es buena.
> RUTGER BREGMAN,
> *Dignos de ser humanos*

Siempre me he sentido muy atraído por la historia de los jóvenes uruguayos que en 1972 sobrevivieron a un accidente de aviación en la cordillera de los Andes. Todas las gestas de supervivencia son un precioso ejemplo de obstinación y coraje, salvo que incluyan actos de egoísmo y violencia. Hace años pude ver *¡Viven!* (Frank Marshall, 1993) y la película me impresionó. Basada en el libro de Piers Paul Read, acentúa el protagonismo de Nando Parrado y Roberto Canessa, los dos jóvenes que cruzaron los Andes durante diez interminables días, desafiando a unas montañas que se habían cobrado la vida de infinidad de alpinistas experimentados. Carecían de equipo y experiencia, pero lo lograron, asombrando al mundo.

Hace poco leí *La sociedad de la nieve,* el libro del escritor y periodista uruguayo Pablo Vierci que ha hilado los testimonios de los dieciséis supervivientes para ofrecernos un relato objetivo y completo. El director y productor de cine Juan Antonio García Bayona ha trasladado la obra a la pantalla, profundizando en la trágica experiencia de vivir 72 días en el fuselaje de un avión estrellado en un glaciar. Espero que nadie me malinterprete, pero creo que esa historia conmueve a tantas personas y se mantiene viva cincuenta años después porque todos hemos sentido en algún momento que nos hallábamos confinados en el fuselaje de ese avión.

El accidente del vuelo 571 de la Fuerza Aérea Uruguaya es una alegoría del sufrimiento humano y de la determinación de sobrevivir en los peores escenarios. Pienso que podría decirse algo similar de la experiencia de la deportación a los campos de exterminio de la Alemania nazi o el gulag soviético. Nuestra especie siempre busca el amor y la belleza, incluso en los paisajes más sombríos y aterradores.

El cáncer es ahora nuestro fuselaje. O si se prefiere, la alambrada que nos ha confinado en un territorio áspero y hostil. Piedad y yo sufrimos a diario, anhelando llegar a los valles verdes de Chile y recobrar ese bienestar que nos ha arrebatado la enfermedad.

Se ha aventurado muchas veces que, en una situación de caos, el ser humano volvería a actuar como una criatura primitiva y violenta. En ausencia de normas e instituciones, imperaría la ley del más fuerte y los débiles serían esclavizados o exterminados. Regresaríamos a ese hipotético estado de naturaleza donde no hay civilización, sino una guerra ciega y despiadada de todos contra todos.

Es lo que sucede en *El señor de las moscas,* la novela publicada en 1954 por William Golding, novelista y poeta británico galardonado con el Nobel de Literatura en 1983. Un grupo de estudiantes ingleses que viaja en avión se estrella en una isla desierta y no sobrevive ningún adulto. Poco a poco los límites y las normas se evaporan, y se crean clanes que luchan a muerte por el poder. Con el cuerpo pintarrajeado y armados con lanzas, los niños y adolescentes matan a un jabalí, le cortan la cabeza y la clavan en una estaca convirtiéndola en un símbolo de la ruptura definitiva con el viejo orden moral que les inculcaron. Al final, uno de los clanes incendia la isla para acorralar al clan rival y exterminarlo. Solo la aparición de un barco de la Armada inglesa impide que se consuma la masacre.

Lo sucedido en el accidente de los Andes desmiente esta visión tan sombría del ser humano. Lejos de prevalecer el abuso del más fuerte, los supervivientes colaboraron entre sí y se protegieron mutuamente. Lo primero que aprendieron es que para sobrevivir al frío necesitaban abrazarse, darse calor, apretarse unos contra otros. Lejos de envilecerse o hundirse en el pesimismo, el sufrimiento y la perspectiva de la muerte acentuaron su dimensión espiritual. Poco antes de morir, Arturo Nogueira, un joven de veintiún años que jugaba al rugby en el Old Christians, escribió una carta dirigida a su familia y a su novia, pidiéndoles que no cayeran en el desaliento o la tristeza: «Fuerza, que la vida es dura, aunque merece vivirse, aun en el sufrimiento. Valor». Su padre, fiel al deseo de su hijo, publicó el 3 de enero de 1973 una carta en el diario *La Mañana de Uruguay* que destacaba «la inmensa lección de solidaridad, coraje y disciplina» que había significado la asombrosa historia de supervivencia de aquellos jóvenes. Su ejemplo incitaba a «dejar de lado [los] mezquinos egoísmos, [las] desmedidas ambiciones, [el] desinterés por nuestros hermanos».

La película de Bayona se centra en la figura de Numa Turcatti. Fue el último en morir y mantuvo hasta el final una actitud ejemplar. «Siempre estuvo pendiente de la angustia de todos —afirma Coche Inciarte, uno de los supervivientes—. Irradiaba paz, jamás claudicó, cuando él se acercaba yo sentía como si bajara Jesucristo, con la misericordia a flor de piel, en la mirada. No sé de dónde sacaba tanta fuerza». Roberto Canessa, que por entonces estudiaba segundo de Medicina y salió ileso del accidente, señala que en «la sociedad de la nieve los códigos eran completamente diferentes a la sociedad de los vivos, donde lo que se apreciaba no era algo material, sino intangibles como ser todos iguales, pensar en el grupo, ser fraternos, prodigar afectos o abrigar ilusiones». Según Canessa, la sociedad de la nieve fue un «experimento de comportamiento humano único que funcionó gracias a los cinco conceptos más sencillos que puedo imaginar: equipo, persistencia, afectos, inteligencia y, sobre todo, esperanzas».

La profecía de William Golding, inspirada tal vez en el pesimismo antropológico de filósofos como Maquiavelo, Hobbes, Nietzsche o Freud, según los cuales la civilización solo es una precaria membrana que contiene a duras penas nuestra inclinación natural al egoísmo y la violencia, fue desmentida por el comportamiento de los veintinueve pasajeros del vuelo 571 que sobrevivieron al impacto inicial contra los picos de la cordillera de los Andes. «En la montaña —asegura Canessa— vi gestos de generosidad y entrega como jamás volví a ver en mi vida. Y esos gestos, en particular de gente malherida, que sabía que moriría, te obligaban a dar todo de ti, hasta la última gota de tu sangre».

La generosidad de los supervivientes malheridos se manifestó en la determinación de transmitir confianza a los que se habían librado de las lesiones graves y aún gozaban de autonomía. Arturo Nogueira, con las dos piernas rotas, se dirigió a Canessa y le dijo: «Qué suerte tienes tú, Roberto, que puedes caminar por los demás». Al escuchar esas palabras, Canessa sintió que lo imposible —alcanzar los valles verdes de Chile— era posible y que esa peripecia no era una gesta individual, sino un esfuerzo colectivo. Con el cuerpo intacto y una mente que no había sucumbido a la desesperación, Canessa comprendió que era una de las personas del grupo capaz de atravesar la cordillera de los Andes. «Cuando asumes esa idea —reflexiona—, te empiezas a convertir en los sueños y las ilusiones de los otros, y caminas por ti y porque los demás han depositado en ti una confianza que ni tú mismo tienes, porque manejas una información y una realidad que ellos no pueden conocer ni percibir».

En *El malestar en la cultura,* un ensayo de 1930, Sigmund Freud sostiene que la civilización constituye una pesada carga para nuestro instinto, pues lo obliga a reprimir sus pulsiones destructivas para garantizar la convivencia. Hemos renunciado a satisfacer nuestros impulsos primarios a cambio de paz y prosperidad, dos elementos esenciales para la supervivencia, pero esa renuncia resulta dolorosa y frustrante para los estratos más profundos de nuestra mente. La conciencia o superyó ejerce una violencia sistemática sobre el inconsciente, y causa un agudo malestar que solo se alivia en situaciones de crisis o en la realización de las fantasías sadomasoquistas, donde rebajamos al otro a la condición de mero objeto, sin otra finalidad que proporcionarnos placer.

Durante las guerras, las normas de la civilización quedan en suspenso. Los soldados pueden matar, saquear y violar, y se les premia por ello. Los que observan los acontecimientos desde fuera, lejos del campo de batalla, se horrorizan con esas conductas, pero los que luchan contra el enemigo y logran infligirle el máximo sufrimiento experimentan una ebriedad indescriptible. En esos escenarios el ser humano actúa de forma natural, instintiva, libre de imperativos que ahogan su libertad.

Las tesis de Freud actualizan la fábula de Robert Louis Stevenson sobre el doctor Jekyll y mister Hyde. En su célebre relato, publicado en 1886, Stevenson describe al doctor Jekyll como un filántropo. Sin embargo, su conducta ejemplar solo le causa una aguda insatisfacción interior. De ahí que invente un brebaje para transformarse en mister Hyde, un hombre perverso que golpea hasta la muerte a un anciano y arrolla a una niña, disfrutando enormemente con el dolor ajeno. A diferencia del doctor Jekyll, Hyde es feliz, pues solo obedece a su instinto.

¿Se equivocaban Freud y Stevenson o enunciaban una verdad incómoda? La conducta de los pasajeros del vuelo 571 durante 72 días en los Andes sugiere que el psicoanalista y el fabulador se equivocaban. El historiador holandés Rutger Bregman sostiene que «la mayoría de la gente es buena». No por fruto del azar, sino por el largo proceso de aprendizaje de nuestra especie, que ha sobrevivido en un entorno hostil gracias a la cooperación y no a la competencia.

En grandes catástrofes como el hundimiento del Titanic y los atentados del 11-S abundaron los comportamientos heroicos. Muchas personas sacrificaron sus vidas por salvar a extraños. ¿Por qué? Porque ayudar a los otros nos fortalece y nos hace sentir bien. Los torturadores y asesinos siempre son seres infelices y atormentados. En cambio, las personas compasivas mueren y viven en paz, como Numa Turcatti, que expiró con un papel en las manos donde había copiado una frase del Evangelio de Juan: «No hay un amor más grande que el dar la vida por los amigos».

En *Milagro en los Andes*, Nando Parrado evoca a Numa con estas palabras:

> Aunque la mayoría no lo conocíamos antes del accidente, se había ganado rápidamente la amistad y admiración de todos los supervivientes. Numa dejaba sentir su presencia a través de actos heroicos silenciosos. Nadie luchó tanto, nadie nos inspiró tanta confianza y nadie mostró tanta compasión por quienes más sufrían.

El señor de las moscas y *El extraño caso del doctor Jekyll y mister Hyde* solo son ficciones. Por el contrario, Numa existió realmente. Su conducta acredita la bondad del ser humano y como argumento es mucho más fiable que cualquier fantasía o teoría. Rutger Bregman no es un ingenuo al afirmar que «la mayoría de la gente es buena». El amor está en nuestra naturaleza. El odio no. El odio es una desviación provocada por ideas y emociones tóxicas, como la ambición de poder, la codicia, el fanatismo, el miedo, el narcisismo o el resentimiento.

La idea de la selección natural se hizo muy popular en el siglo XIX. La vida es una lucha incesante y solo sobreviven los más fuertes. Es un procedimiento cruel, pero gracias a él se perfeccionan las especies. Esta teoría se ha revelado muy dañina cuando se ha trasladado al ámbito de la moral y la política, pues se ha empleado como argumento para justificar la eugenesia, el asesinato, el racismo, la esterilización forzosa y la competencia salvaje por los recursos.

Los antropólogos han apuntado que la supervivencia de nuestra especie no es fruto de la competencia, sino de la cooperación. La ayuda mutua no es un despilfarro, sino un mecanismo extraordinariamente eficaz para garantizar la continuidad de la vida. La experiencia nos ha enseñado a ser empáticos. El afecto, la creatividad, la amistad, el amor, el anhelo de comprensión, el placer estético o la compasión no son meras excrecencias químicas, sino las grandes enseñanzas de la evolución. Lo natural no es humillar y torturar, sino cuidar y acoger, como hicieron los supervivientes de la tragedia de los Andes o como los voluntarios que ofrecen su ayuda en las guerras o las catástrofes naturales. Su número siempre es muy superior al de los saqueadores y desalmados que aprovechan estas circunstancias para agravar el sufrimiento de las víctimas.

En su discurso de aceptación del Premio Nobel de Literatura de 1980, el poeta polaco de origen lituano Czesław Miłosz apuntó que las «ideas abyectas de dominación sobre los hombres, similares a las de dominio sobre la naturaleza, condujeron a paroxismos de guerra y revolución, subyugando a millones de seres humanos y destruyéndolos física y espiritualmente». Los totalitarismos fueron derrotados, pero lograron una victoria que ha pasado desapercibida: «la pérdida total de la memoria como estado permanente del espíritu». «¿Y no representa esto acaso un peligro —se pregunta Miłosz— más grave que la ingeniería genética o la aniquilación del medio ambiente?».

La memoria es la fuerza que nos protege de la barbarie. Miłosz reconoce que como la mayoría de sus contemporáneos experimentó la tentación del nihilismo, pero su poesía siempre ha sido honesta, y aun en tiempos oscuros, siempre intentó transmitir la utopía de un reino de paz y libertad. No habría sido posible «sin la amistad de Oscar Miłosz, escritor, diplomático y primo lejano» que le enseñó «el viejo amor a los hombres» y la importancia de la piedad, la soledad y la indignación. Dado que «no somos más que eslabones entre el pasado y el porvenir», debemos «mantenernos libres de tristeza e indiferencia», pues solo así lograremos dejar un legado fecundo a las nuevas generaciones. Caminar por la tierra «es difícil», admite Czesław Miłosz, pero un cerezo en flor debería ser suficiente para comprender que el universo, con todo su espanto, no es el sueño de un idiota, sino un feliz acontecimiento.

4

El regalo de la amistad

Todo mi patrimonio son mis amigos.
EMILY DICKINSON

Suele decirse que no conviene mantener una relación de amistad con el psicólogo elegido para tratar tus problemas, pero Piedad y yo hemos establecido un vínculo muy estrecho con Susana Garrido, la psicooncóloga del Centro Integral Oncológico Clara Campal. Nos entrevistamos una vez en semana. La amistad es una corriente de afecto entre personas que experimentan una conexión intelectual, emocional y estética. No sería posible sin un alto grado de afinidad. La amistad es cercanía, confianza, complicidad. Implica compromiso y generosidad. Sin reciprocidad y entrega mutua, se marchita sin remedio. El amor a veces es irracional, pues está asociado a la pasión, pero la amistad no puede ser ciega. Hasta ahora nuestra relación con Susana se restringe a los encuentros en su despacho o en los pasillos del hospital, pero ha surgido una conexión que trasciende lo profesional, y eso, lejos de afectar a la calidad de la atención psicológica, ha favorecido la comunicación. La inhibición que suele imperar entre desconocidos se ha desvanecido. No nos incomoda mostrarle nuestros miedos e inseguridades. No hay zonas en penumbra que se obstinen en permanecer ocultas. No nos importa exteriorizar nuestra fragilidad.

En *El camino hacia la simplicidad,* Milena Jesenská escribió:

> Si se tienen dos o tres personas, pero qué digo, si se tiene una única persona ante la cual se pueda ser débil, pobre de espíritu o estar triste sin que ello nos haga daño, entonces somos ricos.

Milena invocaba algo que ella proporcionaba a los demás de forma espontánea y desinteresada. Para muchos encarnó esa esperanza que brota inesperadamente en las circunstancias más aciagas. Milena Jesenská ha perdurado en la memoria de millones de lectores gracias a su relación sentimental con Kafka. Era una mujer atractiva y sensual, sin ninguna clase de timidez o prejuicio, pero el atormentado escritor checo no buscó en ella una amante desinhibida, sino una sombra protectora o quizá una roca. Para Kafka, era la dulzura que apacigua la angustia y nos hace sentir amados, la caricia que nos rescata del desamparo, la voz nítida y firme que nos devuelve la confianza en mitad de la tempestad. Un motivo para seguir viviendo.

No se me ocurre una definición mejor de las distintas formas de amor: un motivo para seguir viviendo. Así lo entendió Margarete Buber-Neumann, que la conoció en 1940 en el campo de concentración de Ravensbrück. Margarete había pasado cinco años en el gulag. Casada con el comunista Heinz Neumann, se había exiliado en la Unión Soviética cuando Hitler subió al poder. Su marido fue acusado de traición durante la Gran Purga y ejecutado en secreto. Margarete fue deportada a Siberia como «enemiga del pueblo» y, más tarde, entregada a la Gestapo, conforme a los acuerdos adoptados en el marco del Pacto Ribbentrop-Mólotov. Cuando llegó al *lager,* una mujer alta, resuelta y de rostro distinguido le extendió la mano cordialmente para presentarse: «Milena, de Praga».

Al igual que Margarete, Milena había sido comunista, pero las dos habían sufrido en sus propias carnes el carácter violento y autoritario de una ideología presuntamente liberadora. Las deportadas de ideología comunista odiaban a Milena y enseguida extendieron su antipatía a la recién llegada Margarete. Su aversión no era irrelevante. Pertenecían a la élite del campo y enfrentarse a ellas acarreaba el riesgo de un peligroso aislamiento social. Sin vínculos, no era posible sobrevivir en un entorno dominado por la arbitrariedad, la intolerancia y la muerte. Sin embargo, Milena parecía invulnerable al miedo y las murmuraciones: «Tenía ante mí a una persona con el orgullo todavía sin quebrantar —escribe Buber-Neumann—, ¡un ser humano libre en medio de todos los humillados!».

Poco antes de morir entre las alambradas, víctima de una infección renal, Milena le pidió a Margarete que escribiera su biografía: «Sé que al menos tú no me olvidarás, que podré seguir viviendo en ti. Tú les dices a los demás quién fui, serás mi juez clemente». Margarete cumplió el deseo de su amiga seleccionando una cita del epistolario de Kafka para encabezar la obra, que tituló *Milena*:

> Ella es fuego vivo, como yo jamás había visto [...]. Sin embargo es, al mismo tiempo, dulce, animosa, inteligente y volcada totalmente al sacrificio o, si se prefiere, lo consigue todo a través de su sacrificio.

Margarete destaca la singularidad de Milena en un lugar que corrompía a todos los que estaban sometidos a su engranaje, ya sea como víctimas o verdugos. Aunque resulte chocante, Margarete señala que había personas decentes en las SS, pero su honestidad se desintegraba inevitablemente en el *lager,* cuya función principal era deshumanizar y despersonalizar, rebajando al individuo a la compulsión elemental de sobrevivir a cualquier precio. Los deportados experimentaban un proceso similar al de los responsables de Ravensbrück, embruteciéndose de una manera progresiva hasta aceptar la muerte ajena como una contingencia intrascendente.

En ese clima asfixiante y letal, Milena nunca olvidaba que su interlocutor era un ser humano, digno de respeto y atención: «Le había sido dado el don de la empatía». Orgullosa de ser checa, jamás se dejó seducir por el nacionalismo excluyente. Su alto concepto de la amistad implicaba «sacrificarse por el otro», hacer todo por él. Su excelencia moral y su fuerte temperamento impresionaba incluso al personal de las SS. Margarete advirtió desde el principio lo que significaba disfrutar de la amistad de Milena:

> Una amistad íntima es siempre un regalo fabuloso. Pero si esta fortuna, además, tiene lugar en el descorazonador ambiente de un campo de concentración, puede convertirse en el único sentido de la existencia.

Margarete reconstruye la trayectoria biográfica de Milena. Hija del doctor Jan Jesensky, un nacionalista intransigente y antisemita con un talante despótico y un trato áspero y distante, Milena pasó su infancia en un lujoso edificio del centro de Praga. Su padre trabajaba como odontólogo y tenía una clientela distinguida. Su esposa murió joven. Su ausencia incrementó la distancia entre padre e hija. Nunca se entendieron. A Jan le molestaba la independencia y rebeldía de Milena, que incluía actitudes desafiantes. Su sensibilidad por el dolor ajeno y su tendencia a derrochar el dinero no le resultaban menos irritantes.

Con una vitalidad arrolladora, Milena nunca pasaba de largo ante la posibilidad de ampliar su conocimiento del mundo. Cosmopolita, amante de la literatura y el arte, inconformista y reivindicativa, se afilió al Partido Comunista checo con treinta años. Empezó la carrera de Medicina para complacer a su padre, pero abandonó pronto los estudios. No sospechaba que los conocimientos adquiridos le iban a servir para trabajar en la enfermería de Ravensbrück, donde hizo todo lo posible para salvar vidas. Su belleza suscitaba el amor de los hombres. No era una mujer de curvas y labios sensuales, sino una silueta esbelta que parecía extraída de un bajorrelieve egipcio.

Cuando conoció a Kafka, era una mujer infelizmente casada. Su marido, Ernst Pollak, un escritor austriaco de origen judío, no se molestaba en esconder sus múltiples infidelidades. Partidaria del amor libre, Milena no le recriminaba su comportamiento. De hecho, ella también había mantenido breves idilios extramatrimoniales. Su malestar procedía de la falta de comunicación con Pollak, que actuaba como un adolescente egoísta y desconsiderado.

Kafka le fascinó como escritor, pero también como hombre. Se conocieron en 1920. Milena ya llevaba un tiempo realizando traducciones al checo de literatura alemana y acababa de comenzar su carrera de periodista. Durante dos años intercambian cartas, pero solo pasan juntos cuatro días en Viena y uno en Schwäbisch-Gmünd. Kafka describe su enamoramiento como una forma de abrazar la vida: «Amándote a ti, amo al mundo entero». Su angustia no desaparece, pero se transforma en algo que puede incluso amarse. Milena es madre y amante. Gracias a ella, Kafka se siente «absolutamente libre, totalmente tranquilo». Milena lo comprende perfectamente. Con indudable talento literario, escribe: «El mundo entero es y seguirá siendo para él un jeroglífico. Un secreto místico. Algo que no soporta pero que admira con una ingenuidad pura y entrañable». Entiende que no quiera atarse a nada material o sentimental: «No es un hombre que construya su ascetismo como un medio para llegar a un fin, es un hombre que está obligado al ascetismo por su clarividencia, pureza e incapacidad de adquirir un compromiso». Cuando Kafka fallece en 1924 ya se han distanciado, pero perdura el entendimiento y la complicidad. Milena escribe una conmovedora necrológica: «Era clarividente. Demasiado sabio para saber vivir y demasiado débil para luchar». En Ravensbrück, Milena le confiesa a Margarete: «Mi destino siempre fue amar únicamente a los hombres débiles».

Separada de Pollak, Milena se casa en 1928 con el arquitecto checo Jaromir Krejcar. Viajan a la Unión Soviética. Es un destino obligado para dos comunistas convencidos. Milena descubre que en el paraíso socialista se encarcela a los disidentes. Stalin envía a los campos de Siberia a opositores y antiguos aliados. Se multiplican los juicios por traición, que siempre finalizan con pena de muerte. Se habla de torturas y desapariciones.

A su regreso, Milena se queda embarazada y tiene una niña, Jana, pero durante los meses de gestación contrae una septicemia. Postrada en la cama, sufre una trombosis en la rodilla izquierda que le dejará la pierna rígida. Consigue dar a luz, pero los médicos la desahucian. Comienzan a inyectarle morfina para aplacar el dolor. Sale adelante, pero convertida en una adicta.

En 1936 rompe definitivamente con el Partido Comunista. Sabe que Hitler anhela invadir Checoslovaquia. Es una perspectiva angustiosa, pero no le parece menos inquietante la posibilidad de ser liberados por el Ejército soviético, que sometería al país a una nueva tiranía. Cuando en 1939 las tropas alemanas cruzan la frontera y comienza la persecución de los judíos, Milena se incorpora a una organización clandestina que los ayuda a huir al extranjero. No se deja atemorizar por las amenazas de los nazis y conforta a los que se desmoronan.

El escritor Willy Haas escribe: «Milena parecía haber nacido para las catástrofes temporales. Cuanta más intranquilidad había en el entorno, tanto más serena, equilibrada y magnífica se mostraba ella». El primer día después de la ocupación, los miembros de la redacción del periódico en el que escribe Milena se reúnen en un café. Todos están deprimidos y desesperanzados. Cuando aparece Milena, que se ha retrasado un poco, uno de los redactores exclama: «¡Gracias a Dios! ¡Por fin un hombre!».

Milena empieza a colaborar con un diario clandestino que se llama *¡A la lucha!* Cuando obligan a los judíos a identificarse con una estrella amarilla, se cose a la ropa una estrella de David y se pasea por Praga ostentosamente. Por fin es detenida y enviada a Ravensbrück. La separación de Jana, que ya tiene once años y un carácter firme y decidido, le resulta particularmente dolorosa. Encerrada en una celda fría y con una alimentación escasa, la salud de Milena se deteriora rápidamente. Enferma de artritis y pierde veinte kilos, recuperando la silueta de su juventud. Sin embargo, no se doblega.

Escribe Buber-Neumann: «La actitud de Milena era provocadora. La forma en que hablaba, cómo se movía, el modo de levantar la cabeza; con cada uno de sus gestos declaraba: "Soy un ser libre"». Eso sí, Milena no soportaba la soledad. Por eso cultivó una estrecha amistad con Buber-Neumann, otra mujer fuerte y enérgica. Ambas adquirieron libremente la responsabilidad de cuidar la una de la otra, asumiendo cualquier sacrificio. No era un simple vínculo afectivo, sino una apuesta por la vida: «En esa atmósfera de muerte sentirse imprescindible para otra persona era la mayor de las suertes, ya que conseguía dar un valor a la vida y obtener fuerzas para sobrevivir».

Milena nunca escatimaba la oportunidad de animar a sus compañeras de desgracia. En una ocasión, un grupo de checas recién llegadas al campo esperaban el paso preceptivo por la enfermería. Todas se hallaban deprimidas y aterrorizadas. Milena se acercó a ellas y les dio la bienvenida, empleando un tono amistoso y alegre. Anicka, una de las reclusas, escribió más tarde: «La miré bien y observé unos pocos cabellos algo pelirrojos que formaban como una aureola sobre su cabeza. Jamás olvidaré aquella impresión. Era verdaderamente lo único humano en medio de toda esa inhumanidad». Anicka combatirá el sufrimiento escribiendo poemas y villancicos. No es lo habitual. El dolor embrutece y anonada. Milena repite que el sufrimiento no dignifica, sino que degrada. Sin embargo, cuando contrae una nefritis logra conservar la calma y no se abandona. Se somete a una operación, pero apenas mejora. El deterioro avanza imparable.

Se mira al espejo y su cara le recuerda a la de un monito enfermo explotado por un organillero que solía tocar cerca de su casa. Con un ridículo sombrero, el animal empeoraba día a día. Cuando pasaba a su lado, le daba su manita fría. Al contar la historia, Milena exclamaba: «La vida es tan corta y la muerte tan larga». Poco a poco su vida se apaga. El 17 de mayo de 1944 muere y su cuerpo sube al cielo por la chimenea del crematorio. Margarete considera que ha perdido su última razón para vivir, pero decide resistir. Quiere contar la historia de Milena, revivir a su querida amiga mediante una biografía que refleje su asombrosa y fascinante personalidad.

«¡Hasta qué honduras llegan tu seriedad y tu fuerza!», escribió Kafka en una de sus cartas a Milena. El amor es así: serio y fuerte. Serio, porque su compromiso es sincero y profundo. Fuerte, porque no se deja abatir por la fatalidad.

Susana Garrido nos proporciona la serenidad que transmitía Milena a sus compañeras deportadas. Un hospital no es un campo de concentración, pero sí un lugar donde se quiebra la sensación de seguridad de la vida cotidiana. El dolor y la muerte dejan de ser algo lejano. Es inevitable experimentar miedo y desamparo. Susana esta familiarizada con esos sentimientos, pues los ve a diario en sus pacientes. Además, sabe que ella no está a salvo de sufrir algún problema de salud. Todos los seres humanos soportan la misma vulnerabilidad. La enfermedad siempre está ahí, preparada para irrumpir sin ser convocada. Es la intrusa que conspira sin descanso contra nuestras expectativas de felicidad. El amor de Susana a sus pacientes y el que muestran otros profesionales sanitarios es la respuesta de nuestra especie al desafío de sobrevivir en un mundo con reglas y leyes ajenas a nuestros deseos. El amor es el paraíso que perdimos cuando uno de nuestros antepasados alzó por primera vez su mano contra un semejante. Pero no es un paraíso irrecuperable. Cada vez que alguien nos abraza para aliviar nuestra aflicción y proporcionarnos calor, lo recobramos, experimentando una transformación interior que restaura nuestra inocencia, ese estado adánico donde el otro no era una amenaza o un rival, sino nuestro hermano.

5
La pasión ciega de Scarlett O'Hara

> Es debido a que somos humanos y a que vivimos en la sombría perspectiva de la muerte el que conozcamos la violencia exasperada, la violencia desesperada del erotismo.
>
> GEORGES BATAILLE, *Las lágrimas de Eros*

¿Por qué tendemos a identificar el amor solo con la relación de pareja? ¿Quizá por las grandes historias de pasión, frenesí y desengaño que nos han legado la literatura y el cine? Cuando hablamos de amor, acuden a nuestra mente los nombres de Madame Bovary, Ana Ozores y Ana Karenina, tres heroínas con un final desdichado. El Romanticismo agudizó el vínculo que ya apuntó Shakespeare entre pasión y tragedia. El amor mata. Es una fatalidad, un impulso incontrolable y letal. Madame Bovary, Ana Ozores y Ana Karenina no se resignan a ser infelices. Atrapadas en matrimonios desgraciados, se atreven a desafiar a la sociedad cometiendo adulterio, pero sus amantes no están a la altura de sus sueños. Traicionadas, escarnecidas, marginadas y execradas, se hunden en la desesperación. Bovary y Karenina se suicidan, y Ozores muere en vida, que quizá es una forma más dolorosa de finalizar una existencia marcada por la insatisfacción y el fracaso. El amor es peligroso. Lo importante es amar, sí, pero el precio es terrible. ¿Realmente es así?

Durante el siglo XX, el cine desplazó a la literatura y alumbró historias que adquirieron una dimensión mítica, al menos hasta que las nuevas generaciones comenzaron a olvidarse de los clásicos del Hollywood dorado. Sin embargo, algunas películas han sobrevivido en la imaginación colectiva. *Lo que el viento se llevó* es uno de esos títulos que aún gozan de cierta popularidad. La historia de amor entre Scarlett O'Hara y Ashley Wilkes, nunca consumada, es un ejemplo de pasión imposible. Interpretada por Vivien Leigh, Scarlett es una joven de dieciséis años que ha nacido en Tara, una plantación de algodón de Georgia. Apasionada, testaruda y soñadora, se enamora de Ashley Wilkes, heredero de Los Doce Robles, una plantación vecina, pero él ya se ha comprometido con Melania Hamilton, su prima, y, pese a que se siente atraído por Scarlett, sabe que será más feliz con su prometida, una joven dulce, bondadosa y sincera. Scarlett no está dispuesta a renunciar a su sueño y se declara a Ashley en la biblioteca de Los Doce Robles. Su enamoramiento resulta paradójico, pues es extraordinariamente hermosa y todos los jóvenes de Georgia suspiran a su paso, anhelando llamar su atención. Sin embargo, Scarlett no les presta atención. Ha idealizado a Wilkes. Le considera la encarnación del perfecto caballero del Sur, una síntesis insuperable de integridad, dignidad, coraje y distinción. No advierte sus flaquezas.

Ashley alberga un espíritu melancólico y débil. La vida le parece extenuante y hostil. Sabe que el Sur es una civilización abocada a una temprana decadencia. Su mirada no puede fijarse en sus ciudades, campos y haciendas, sin pensar en su inminente ruina. No es un cobarde, pero sabe que su existencia está ligada a una causa perdida. Desbordado por las circunstancias y la historia, ha abandonado la lucha y no se permite soñar. Solo le preocupa actuar con honestidad, pero admite que pertenece a la multitud de los vencidos. Su elemento natural no es la luz del mediodía, con su gozosa plenitud, sino el crepúsculo. La transición de la claridad a la oscuridad le hace dudar incluso sobre la posibilidad de un mañana.

Scarlett, en cambio, pertenece a la aurora. Es una criatura solar, rebosante de vida y ambición. Su vehemencia le impide apreciar el verdadero temperamento de Ashley. En cierto sentido, cultiva una ceguera voluntaria, pues prefiere el engaño a la desilusión. No concibe el amor como un sentimiento racional, sino como un ideal, y no está preparada para renunciar a esa ensoñación. No carece de sentido práctico, pero su instinto de supervivencia, que le permite reconstruir Tara después de la Guerra de Secesión, convive con la necesidad de preservar una ilusión. Sin quimeras, la vida se oscurece y ella siempre busca el resplandor del ideal.

A diferencia de Ashley, no contempla el crepúsculo con la sensación de presenciar un ocaso definitivo, sino con la convicción de que en unas pocas horas amanecerá y las sombras huirán, incapaces de soportar la luz del nuevo día. «Mañana será otro día», «Ya lo pensaré mañana», se repite una y otra vez. La vida es una promesa, no una caída.

Amar es una forma de mantener viva esa promesa. La plenitud siempre está a la vuelta de la esquina. Por eso hay que caminar con paso firme, sorteando cualquier obstáculo. Amar es como respirar. La pasión es el oxígeno de la existencia. El que no ama no vive. Y Scarlett quiere vivir intensamente, sentir que sus pulmones se llenan de amor y gozo, abrir los ojos y notar que puede palpar el infinito. Ashley no es solo un hombre, sino la expectativa de restaurar el paraíso en la tierra, de regresar a ese periodo anterior al tiempo, cuando la carne no soportaba la humillación de marchitarse y disiparse en el polvo.

En *El arte de amar,* Erich Fromm describe el amor erótico como «el anhelo de fusión completa, de unión con una única persona. Por su propia naturaleza, es exclusivo y no universal; es también, quizá, la forma más engañosa que existe». Fromm apunta que suele identificarse el enamoramiento con una explosión afectiva. Dos desconocidos se sumen en un arrebato que elimina cualquier barrera física y emocional. La intensidad que se asocia a esa vivencia implica una duración breve. Ninguna explosión se prolonga demasiado y, cuando el desconocido se convierte en una figura familiar, se desvanece el fervor de los primeros instantes. La intimidad deja de ser un misterio desvelado para transformarse en una rutina sin alicientes.

Ashley no entiende el amor como una explosión, sino como un proyecto destinado a construir una rutina fructífera. Scarlett piensa en el mañana, pero no como el fruto de un proyecto, sino como una llama que se renueva sin perder un ápice de vigor. Aunque no lo sospecha, su idea del amor desemboca inevitablemente en la decepción. No le sucederá con Ashley porque la relación no llega a consumarse. Paradójicamente, la imposibilidad de materializar su deseo mantiene a raya el previsible hastío de los amantes satisfechos. La ambición de conquistar a Ashley, frustrada una y otra vez por su matrimonio con Melania, se vuelve insaciable con el tiempo, pero en esa avidez no hay ternura. Scarlett desea arder, no compartir. Anhela una conmoción, no esa armonía que surge de la conjunción de dos vidas perfectamente acopladas. Quiere poseer y ser poseída, sin comprender que esa experiencia es una forma de enajenación.

«El amor erótico es exclusivo —reconoce Erich Fromm—,

pero ama en la otra persona a toda la humanidad, a todo lo que vive». Scarlett no pretende ir más allá de la pasión consumada. Ama la vida, sí, pero no repara en la humanidad de los otros. Los demás solo son una resistencia o una herramienta al servicio de sus deseos. Afirma que quiere ser la esposa de Ashley y hacerle feliz, pero su pasión es un impulso, un sentimiento, no un acto racional asociado a un compromiso.

El sentimiento es un vínculo endeble cuando no pasa por el filtro de la razón. La razón enseña a perseverar, tolerar y adaptarse a los cambios. Scarlett encadena tres matrimonios por despecho e interés. Su último marido, Rhett Butler, se deja llevar por una pasión tan ciega como la de Scarlett. Enamorado de ella desde su primer encuentro en Los Doce Robles, no descansa hasta lograr que acepte su mano. Ella no lo engaña. Le confiesa que solo siente cariño, no amor, pero el anhelo de posesión ofusca a Rhett. El matrimonio es un desastre. Butler descubre que su pasión solo era una ensoñación similar a la de Scarlett por Ashley. Sabía que Scarlett era egoísta y voluble, pero no había previsto lo que implicaría eso en la convivencia. Exasperado, arroja un vaso de whisky contra un retrato de su mujer y, finalmente, tras perder a Bonnie Blue, el dulce fruto de un matrimonio infeliz, el desengaño desmonta las fantasías del pasado, empujándolo a marcharse de Tara.

Scarlett le suplica en vano que se quede a su lado, pues la muerte de Melania, que supuestamente facilitaría su relación con Ashley, le ha revelado su error. Ashley no la amaba y ella no lo conocía realmente, pues su mente había preferido construir una imagen a la medida de sus anhelos y no molestarse en averiguar la verdad.

Ashley es un perfecto caballero, pero sobre todo es un

hombre que observa la vida desde lejos, sin atreverse a zambullirse en sus aguas turbulentas. El *amor fou* es un espejismo tan peligroso como las arenas movedizas. Siempre acaba engulléndote. Al final, Scarlett se enamora de Rhett, con un temperamento más afín al suyo, pero ya no puede retenerlo a su lado, pues los agravios que le ha infligido han destruido la posibilidad de un amor real y con perspectivas de futuro.

Lo que el viento se llevó insinúa que el amor exige un peaje abrumador, pero si se analiza la historia con cuidado, la conclusión es otra. El amor solo es peligroso cuando no se ha realizado el aprendizaje necesario. Scarlett aprende demasiado tarde, pero eso no significa que haya malogrado su existencia. No sabemos qué le reserva el mañana. Quizá logre que Rhett regrese a su lado o tal vez no, pero lo cierto es que el trayecto recorrido no ha sido en balde. Ya no es una joven soñadora e irreflexiva, sino una mujer que ha madurado y ha aprendido a amar.

La pasión ciega de Scarlett O'Hara evoca la filosofía del tocador del marqués de Sade. Para el famoso libertino, el placer sexual es un hecho incontestable. Por el contrario, la virtud solo es una abstracción, un concepto sujeto a mudanzas y, por tanto, endeble y relativo. La virtuosa Justine es desgraciada, mientras que su hermana Juliette, profundamente depravada, vive dichosa, complaciendo a sus sentidos.

Pensar que la virtud y la felicidad pueden llegar a coincidir, como especula Kant, no es menos absurdo que creer en la paz social. Somos naturaleza, y la naturaleza se caracteriza por la injusticia, la violencia y la desigualdad. La única fuente de felicidad es el egoísmo, que se ríe de la virtud y desprecia las fantasías igualitarias. En su célebre ensayo *Lautréamont y Sade,* Maurice Blanchot afirma que el célebre recluso de Vincennes y la Bastilla alumbró «un verdadero absoluto» que rebasa nuestra tolerancia al horror. Es un absoluto negativo, que destaca la soledad del individuo. Los otros son inaccesibles como semejantes. La conciencia es una celda hermética. El otro únicamente se hace presente como resistencia, como objeto. Su sufrimiento es irrelevante. Solo debemos preocuparnos de nuestro placer, sin respetar ningún límite o inhibición. La libertad consiste en someter a los demás.

Según Sade, la virtud hace desgraciados a los hombres. Las normas, los preceptos y las leyes constituyen un atentado contra nuestra libertad. El libertino es un artista del vicio, sin temor a nada. Ni siquiera la muerte lo intimida. Sade no se propone invertir los valores, sino aniquilarlos. Su literatura es un verdadero asalto a los cielos, una insurrección concebida para subyugar el mundo a los deseos de un yo libre de cualquier reparo o inhibición. Sade nunca fantaseó con la eternidad, pues opinaba que la eternidad era el más abominable parásito del mundo real. En su testamento, pidió un entierro perfectamente anónimo:

> Una vez recubierta la fosa, será sembrada de bellotas a fin de que el terreno y el soto vuelvan a encontrarse tupidos como eran antes y las huellas de mi tumba desaparezcan de la superficie de la tierra, como espero que se borre mi memoria de la mente de los hombres.

El libertino pretende igualarse con el universo, que destruye todo lo existente con voracidad inexorable. Para Sade, el hombre es un accidente de la naturaleza. De ahí que sea prescindible. No hay que lamentar su desaparición. El universo se reinventa sin cesar. La destrucción solo es un instante de su incesante devenir. No hay más absoluto que el placer efímero, la pasión satisfecha, el deseo consumado.

El mal puede ser seductor cuando se disfraza de desafío, rebelión o liberación. Sin embargo, su encanto se desvanece al exhibir su verdadero rostro. La pluma de Sade nos ha legado un retrato minucioso y exacto del mal. Sus libros son tan hipnotizadores como un abismo, pero no soportamos durante mucho tiempo su oscuridad, que insinúa un círculo sin fin, un tránsito inagotable y recíproco entre el placer y el dolor. «Pensamiento circular que se repite incansablemente y que, al repetirse, se destruye infinitamente —observa Octavio Paz—. Su obra es la aniquilación de sí misma». La literatura de Sade —reiterativa, desmesurada, caótica— es un infinito turbulento que nos revela el espanto de un cosmos gobernando por la materia, sin otro más allá que el espasmo, el grito y el temblor.

Scarlett O'Hara solo se libra de ese infinito destructor cuando reemplaza la pasión por el amor. Aunque su gesto llega demasiado tarde, restaura su humanidad y hace aflorar su belleza interior.

6

Los Olivier, locamente enamorados

te remuerden los días
te culpan las noches
te duele la vida tanto tanto
desesperada ¿adónde vas?
desesperada ¡nada más!

ALEJANDRA PIZARNIK,
La enamorada

¿Puede una ficción explicar la vida real o solo es un entretenimiento sin ningún poder esclarecedor? Pienso que la ficción es algo más que una distracción. Cuando está construida con solidez y capacidad de persuasión, su poder explicativo es asombroso. Vivien Leigh criticó en alguna ocasión al personaje de Scarlett, pero lo cierto es que se parecía extraordinariamente a él. Las dos eran soñadoras, románticas, tenaces, manipuladoras, explosivas y, ocasionalmente, crueles. No concebían vivir sin un amor al que entregarse en cuerpo y alma.

Nacida en Darjeeling, India, el 5 de noviembre de 1913 como Vivian Mary Hartley, la futura Scarlett era la hija única del matrimonio compuesto por Ernest Richard Hartley, próspero hombre de negocios, y su esposa Gertrude Mary

Frances, una mujer culta, piadosa y refinada. A los seis años, sus padres la enviaron al colegio del Convento del Sagrado Corazón en Roehampton, en el suroeste de Londres, de acuerdo con las costumbres de la alta burguesía inglesa, y durante ocho cursos apenas le hicieron media docena de visitas. Vivian apareció en el internado con un gatito en brazos y las monjas le permitieron conservarlo. Aunque por entonces era pequeña, delicada y hermosa, poseía el aire de lejanía de una heroína romántica. Su indudable encanto solo quedaba oscurecido por la falta de humildad.

Sus padres sacaron a Vivian del internado a los catorce años y completaron su educación en colegios de distintos países de Europa. Ya en Londres, accedieron a matricularla en Real Academia de Arte Dramático. A los dieciocho años conoció al abogado Herbert Leigh Holman, trece años mayor que ella y con cierto parecido a Leslie Howard. Impulsiva y obstinada, decidió casarse con él, pensando que era el inglés perfecto. Eso sí, la decepcionó que comprara su anillo de pedida en unos grandes almacenes y no en una exclusiva joyería. Su visión romántica de la vida no transigía con gestos tan prosaicos. Presionada por su marido, Vivian dejó las clases de interpretación y, dos años más tarde, dio a luz a su única hija, Suzanne. No tardó en descubrir que el papel de ama de casa solo le producía tedio y fastidio. Los días se volvían interminables y frustrantes. Y Herbert no era el galán romántico que había imaginado, sino un marido vulgar y aburrido.

Vivian decidió retomar su vocación dramática y contrató a un agente, John Gliddon, que le sugirió cambiar su apellido de soltera por el de su marido. Empezó a ausentarse de su hogar con cualquier pretexto. Todos los días soltaba la misma frase: «Tengo que marcharme». Y no daba explicaciones. Al igual que Scarlett, siempre hacía lo que le apetecía. Vivir sometida a la voluntad de los demás no iba con su forma de ser.

Su primer éxito llegó con la obra teatral *La máscara de la virtud,* de Ashley Dukes, donde interpretaba a una joven prostituta del siglo XVIII. Sydney Carroll, el empresario, sugirió que cambiara el nombre de Vivian por el de Vivien: «Vivien es un nombre muy seductor, muy femenino». De este modo, Vivian Mary Hartley se convirtió en Vivien Leigh. En esas fechas, ya engañaba a su marido con John Buckmaster. John era guapo, divertido, elegante. Acababa de salir de Eton e intentaba labrarse una carrera como actor. Rubio y con unos melancólicos ojos azules, cenaban juntos a menudo y pasaban los fines de semana en Kent.

Sin embargo, su interés por él se apagó cuando conoció a Laurence Olivier. Después de verlo en escena, derrochando talento y virilidad, se acercó a su camerino. Larry, que era el nombre que utilizaban la familia y los amigos para dirigirse a Olivier, se había quitado la camisa y tenía el cuerpo cubierto de sudor. Al ver a Vivien, se ruborizó, y ella, que se dio cuenta, añadió más tensión, besándolo en un hombro. Larry confesó años más tarde que la situación le había dejado «ebrio de deseo». A partir de ese día Vivien decidió que Olivier sería para ella. Desde su punto de vista, amar era poseer y ser poseída, anonadarse en un éxtasis compartido. No entendía el amor como armonía y compenetración, sino como un estallido que hacía saltar por los aires cualquier objeción moral o racional.

Vivien y Larry se hicieron amantes enseguida. Durante los rodajes se citaban en cualquier lugar y se besaban apasionadamente. El adulterio suscitaba mucho rechazo en la sociedad inglesa de la época. Larry se sentía mal, pero Vivien no tenía problemas de conciencia. El amor le parecía más importante que la moral. En 1937, los dos viajaron a Dinamarca para representar *Romeo y Julieta.* Aunque Vivien mostró signos de inestabilidad mental enredándose en una pelea muy violenta con su amante, ambos decidieron separarse definitivamente de sus respectivas parejas.

Alrededor de la medianoche del 16 de junio, ya de vuelta en Londres, abandonaron sus domicilios. Lo hicieron de forma furtiva, como dos personajes de un folletín decimonónico. Dejaron a sus cónyuges y a sus hijos, pero intentaron no llamar la atención. Su fuga no beneficiaba a sus carreras. Sus cónyuges prefirieron ser discretos y evitar un escándalo. La convivencia de los amantes no fue sencilla. Vivien se volvía medio loca de vez en cuando, provocando el estupor de Larry. Ninguno sospechaba que esos arrebatos brotaban de una neurosis no diagnosticada.

En esas fechas, David O. Selznick buscaba una actriz para interpretar a Scarlett O'Hara en una adaptación cinematográfica de *Lo que el viento se llevó,* una superproducción de cuatro horas. Vivien —que había leído la novela de Margaret Mitchell mientras se recuperaba de un accidente de esquí— le pidió al director Alexander Korda que abogara por ella en Hollywood. Larry habló con su agente, Myron Selznick, y le comentó que Vivien sería perfecta para el papel. Al parecer, David vio una de sus películas y descartó la idea, pero cuando Myron se la presentó durante el rodaje del incendio de Atlanta, observó fijamente sus ojos verdes y asintió al escuchar la exclamación de su hermano: «¡Hey, genio! Aquí tienes a tu Scarlett». George Cukor, contratado para dirigir la película, habló a su favor: «No habrá problema con el acento británico. No solo sabe esconderlo, sino que además su forma de hablar parece tan temperamental como la de su personaje».

La elección de Vivien para el papel de Scarlett O'Hara convirtió a la actriz en una figura internacional. Leigh sufrió durante el rodaje de *Lo que el viento se llevó*. Trabajaba los siete días de la semana, a veces durante jornadas de dieciséis horas, no se entendía con Victor Young, que sustituyó a Cukor, no soportaba el aliento a whisky y la dentadura postiza de Clark Gable y, sobre todo, echaba terriblemente de menos a Olivier. Combatía su malestar fumando ochenta cigarrillos diarios y bebiendo ginebra o vermut blanco.

En una conversación telefónica con Larry, exclamó: «¡Cómo odio actuar en el cine! ¡Lo odio, lo odio, y no quiero volver a rodar nunca más una película!». Durante unos días pudo reunirse con Olivier en un hotel de Kansas. A su regreso al set, Selznick le preguntó qué tal lo había pasado y la actriz contestó: «Follamos, follamos, follamos y volvimos a follar».

La relación entre las dos estrellas era intensamente física, casi una compulsión. Su idilio con Olivier se levantó sobre la infelicidad ajena, pues abandonó a su marido y apenas se ocupó de su hija Suzanne, a la que solo visitaba de tarde en tarde. De hecho, los recuerdos de infancia de Suzanne apenas incluían imágenes de su madre, pero sí de su abuela Gertrude, que pasó mucho tiempo a su lado. El romance de Larry y Vivien estuvo salpicado de peleas e infidelidades. ¿Fue el precio que pagaron por no cuidar de sus hijos? Tarquin, el hijo de Larry, sufrió meningitis, pero su padre se desentendió del problema y no volvió a reunirse con el niño hasta que cumplió los ocho años. La vida no contempla la reparación de los agravios, pero cada vez que herimos a los otros, nos herimos a nosotros mismos. Ya de adulto, Tarquin afirmó que el fracaso del matrimonio de Olivier fue el previsible desenlace de una relación marcada desde sus inicios por la impulsividad y la irreflexión.

Las penalidades que padeció Vivien durante el rodaje de *Lo que el viento se llevó* no fueron en vano. Ganó un Oscar por su interpretación de Scarlett O'Hara y se convirtió en una estrella internacional. El 31 de agosto de 1940 Olivier y Leigh se casaron. Ambos renunciaron a la custodia de sus respectivos hijos. Años más tarde Vivien admitió que su instinto maternal era más débil que su vocación artística y su pasión por Larry. La pareja no ignoraba que su forma de actuar suscitaría rechazo, pero —como escribió la periodista Ruth Waterbury— la pasión que los unía era más fuerte que cualquier otra consideración:

> Puede que se vean obligados a escuchar cómo se dicen bastantes cosas severas sobre ellos [...], pero les importa más el otro. Les importa más su compañía que el dinero, las carreras, los amigos, las palabras ásperas o incluso la vida misma.

Vivien Leigh y Laurence Olivier invirtieron todos sus ahorros en una versión teatral de *Romeo y Julieta* que se representó en Broadway. Quizá deberían haber reparado en esos versos de la obra según los cuales «los placeres violentos / tienen finales violentos / y mueren con su apogeo», unos versos que parecían augurar su destino como pareja.

Los Olivier colaboraron con Churchill en los siguientes años asistiendo a cenas y actos públicos. Más adelante, Churchill le regaló a Vivien un pequeño cuadro con unos capullos de rosas a punto de florecer que había pintado él mismo y que ella siempre conservó con cariño, colgándolo en su alcoba del número 54 de Eaton Square, su lujoso apartamento londinense. En esas fechas los Olivier eran sinónimo de talento, belleza, clase, elegancia y buen gusto. Su influencia era tan grande que los había situado en un plano similar al de la realeza.

En 1944, la adversidad golpeó con ferocidad a Vivien. Se le diagnosticó tuberculosis en el pulmón izquierdo y durante el rodaje de *César y Cleopatra* sufrió una caída que le provocó un aborto espontáneo. El accidente hundió a Vivien en una depresión que solo cedió para dejar paso a un estado de euforia. Con problemas de insomnio desde la niñez, empezó a transitar de la apatía y el abatimiento al frenesí y la verborrea. Ya había experimentado cuadros así, pero nunca tan agudos.

En 1947, Laurence Olivier fue nombrado sir, y Vivien Leigh se convirtió en lady. Durante una gira teatral por Australia y Nueva Zelanda, la inestabilidad de Vivien se agravó. Se peleó con Laurence en público por un asunto pueril: la actriz no encontraba sus zapatos y se negaba a subir al escenario. Ambos se abofetearon y se insultaron a gritos. Cuando finalizó la gira, Olivier comentó a un periodista que estaba hablando con «un par de cadáveres andantes». Más tarde añadió que había perdido a su esposa en Australia. Un año más tarde Vivien le espetó después de un almuerzo: «Ya no te quiero». Aclaró que su afecto persistía, pero solo de forma fraternal. Esa declaración no impidió que continuaran manteniendo relaciones sexuales, lo cual provocó que Laurence comentara con triste ironía que habían cometido «incesto» en muchas ocasiones.

Vivien nunca se saciaba. Para ella, el sexo no era tan solo una ocasión de gozo, sino una forma de combatir la depresión. Se quejaba de que Larry era sexualmente apático y él se desahogaba con sus amigos contándoles que ella le exigía hacer el amor dos o tres veces al día, un ritmo que le parecía insostenible. A veces entraba en casa a hurtadillas, se deslizaba en la cama y fingía que dormía para eludir las exigencias amorosas de Vivien. En una ocasión, ella abrió la puerta del dormitorio y se burló en presencia de Larry de su escasa energía sexual y su pobre imaginación a la hora de ensayar nuevos juegos eróticos. Vivien comentaba que desconocía el cansancio en cualquier aspecto de la vida. El actor y dramaturgo Noel Coward reconocía que era realmente así: «Tiene un cuerpo de cisne y la constitución de un soldado de infantería de permiso». Su amigo Stanley Halla corrobora esa impresión: «Tiene la mente de un hombre». No toleraba los cumplidos y no aceptaba imposiciones.

A su regreso al Reino Unido, Vivien interpretó en el teatro a Blanche DuBois, el personaje creado por Tennessee Williams en *Un tranvía llamado Deseo*. Dirigida por Olivier, Vivien realizó 326 representaciones de la obra y en 1951 fue requerida para una versión cinematográfica dirigida por Elia Kazan.

Vivien sentía fascinación y horror por el personaje de Blanche: «Es una mujer a la cual la han despojado de todo. Es una figura trágica y la comprendo. Pero interpretarla casi me hizo caer en la locura». Lo cierto es que DuBois y Leigh tenían muchas cosas en común. Las dos contemplaban con horror el avance del tiempo y suspiraban por el esplendor de la juventud. Frágiles, inestables y seductoras, la dureza de la vida las desbordaba. Atrapadas por fantasías románticas, sus mentes tendían a separarse de la realidad para refugiarse en ensoñaciones. Desinhibidas e indiferentes a los convencionalismos, su sexualidad se desviaba de la moral tradicional.

Profesora de Literatura en un instituto, Blanche se acuesta con un alumno de diecisiete años, lo cual le acarrea la pérdida del empleo y el repudio social. En la vida real Vivien había cometido adulterio en sus dos matrimonios y siempre se había burlado de los reproches moralistas.

Leigh ganó su segundo Oscar por su interpretación de Blanche DuBois, pero un nuevo aborto espontáneo ahondó su desorden interior.

En Australia, Vivien inició un idilio con Peter Finch, más joven y con energía suficiente para colmar sus necesidades. Para ella, era una versión juvenil de Larry, un hombre que le proporcionaba la oportunidad de revivir el ardor inicial experimentado con Olivier. Este aceptó la situación, aliviado por el hecho de que alguien se ocupara de Vivien, cada vez más inestable. Su matrimonio empezaba a pesarle como un lastre.

En 1953, Vivien se presentó a medianoche en casa de Finch visiblemente nerviosa. No le importó que se hallara presente Tamara, su esposa. Con un abrigo de armiño y un traje de seda, exigió a Peter que se preparara para viajar a Sri Lanka para participar con ella en el rodaje de *La senda de los elefantes*. Vivien no se marchó hasta que amaneció, cuando Finch, agotado, le dijo que aceptaba su propuesta. En Sri Lanka la actriz sufrió un colapso nervioso. William Dieterle se desesperaba al escuchar cómo mezclaba los diálogos de su personaje con los de Blanche DuBois y, de vez en cuando, sufría explosiones de ira. Se decidió que su papel lo interpretaría una joven Elizabeth Taylor, y Vivien, enfurecida, regresó a Hollywood.

Allí se reencontró con John Buckmaster, antiguo amante, y retomaron enseguida la aventura interrumpida años atrás, pero las cosas habían cambiado mucho. Ambos sufrían un creciente desequilibrio mental y bebían grandes cantidades alcohol. Se encerraron juntos en un bungaló y descolgaron el teléfono. Alarmados por la situación, David

Niven y Stewart Granger decidieron averiguar lo que sucedía acercándose a la casa. John abrió la puerta medio desnudo y con signos de haber consumido drogas. Vivien, con un albornoz de baño, contemplaba un televisor apagado con ojos de estar en otra parte. Niven y Granger expulsaron a Buckmaster y le prepararon a la actriz café y unos huevos revueltos a los que añadieron sedantes. A los pocos minutos, Vivien se quitó el albornoz y se dirigió desnuda a la piscina, vomitando las pastillas en el agua. Cuando al fin llegó una ambulancia, una enfermera intentó calmarla comentando: «Sé quién eres. Eres Scarlett O'Hara, ¿verdad?». Vivien alzó la voz y contestó airadamente: «No soy Scarlett O'Hara. Soy Blanche DuBois».

Vivien fue ingresada en un sanatorio mental y sometida a sesiones de electrochoque. Hoy se especula que sufría trastorno bipolar, lo cual explica sus cambios de humor y su hiperactividad sexual.

En 1958, Vivien inició un idilio con el actor Jack Merivale, que no ignoraba sus problemas de salud mental. Merivale habló con Olivier y se comprometió a cuidarla. En 1960, Vivien y Larry se divorciaron. Aunque ella le suplicó una nueva oportunidad, él se mantuvo firme en su decisión de iniciar una nueva vida con Joan Plowright, una actriz joven y no muy atractiva. Larry aún recordaba una de sus peores peleas. Tras forcejear violentamente, arrojó a Vivien contra una cama y ella perdió el conocimiento al golpearse contra el cabecero. Cuando abrió los ojos, él la miró con odió y exclamó: «La próxima vez te mataré». El miedo a que se repitiera una escena similar pesaba más que la pasión y el afecto.

Jack Merivale fue muy comprensivo con Vivien. No dijo nada cuando colocó en la cómoda dos fotografías de Larry.

Al igual que Herbert, su primer marido, respetaba sus sentimientos y nada le aterraba más que disgustarla. Algunos acusaron a Olivier de desentenderse de su exmujer. Katharine Hepburn fue especialmente dura. Llegó a afirmar que era «un gran actor y un pequeño hombre».

En 1967, la tuberculosis reapareció y la obligó a interrumpir los ensayos de una obra de teatro que iba a representar con Michael Redgrave. A pesar de una aparente mejoría, la noche del 8 de julio sus pulmones se llenaron de líquido y se ahogó mientras intentaba llegar al baño. Jack Merivale descubrió su cuerpo en el suelo de su alcoba. Avisó a Olivier, que se desplazó a Eaton Square y contempló el cadáver aún caliente, lamentando entre lágrimas el daño que se habían causado mutuamente. Al hacerse pública la noticia, todos los teatros de Londres apagaron sus luces durante una hora. Se celebró un funeral católico en la iglesia Saint Mary de Cadogan Street, en Londres, al que asistieron las grandes figuras del cine y el teatro británicos.

De acuerdo con sus últimas voluntades, sus cenizas se esparcieron en el lago situado junto a su casa de campo en Tickerage Mill, cerca de Blackboys, Sussex Oriental. En 1985 se emitió un sello con su imagen en una serie dedicada al cine británico y en 2013 se lanzó otra serie que conmemoraba el centenario de su nacimiento. Es el único caso de alguien que, sin pertenecer a la familia real, ha aparecido más de una vez en los sellos británicos.

Poco antes de fallecer, Vivien asistió a un pase de *Lo que el viento se llevó*. A mitad de película, se levantó y anunció que se marchaba. Cuando le preguntaron por qué, explicó que no podía soportar ver en la pantalla a sus compañeros de rodaje, pues la mayoría habían muerto y eso la entristecía profundamente. No ignoraba que la muerte también la rondaba a ella. En una ocasión había comentado que era escorpio y que los escorpios son autodestructivos.

Vivien escribió en su diario a finales de los cuarenta que había logrado mucho más de lo que había soñado y que no podía quejarse, pero lo cierto es que ni los Oscar, ni el título de lady, ni la mansión y el Rolls Royce que compartía con Olivier le proporcionaron la felicidad anhelada. Su idilio con Larry fue el acontecimiento más importante de su vida privada, pero también la mayor fuente de sufrimiento. A menudo repetía que habría preferido una vida breve con Larry antes que una larga sin él. En su vejez, Olivier solía ver las películas de Vivien y cada vez que aparecía en la pantalla, gemía de dolor y nostalgia exclamando: «Eso sí que era amor».

¿Qué determinó una atracción tan intensa que borró cualquier noción de deber o sensatez? ¿Simple lujuria o una profunda afinidad de mente y corazón? Años después, cuando el éxtasis se había transformado en agonía, Olivier describió la pasión que habían experimentado como un virus, una enfermedad o una compulsión: «La virtud parecía funcionar al revés». La culpa, lejos de ser disuasiva, actuaba como «un amigo oscuro», incitando a continuar la relación. Jill Esmond, la esposa traicionada, admitió algo similar. Cuando su hijo le preguntó por el romance entre su padre y Vivien, comentó: «La verdadera pasión solo la he visto una vez. Si alguna vez te golpea, que Dios te ayude. No hay nada que puedas hacer».

7

El pistoletazo del joven Werther

¿Qué es el mundo para nuestros corazones cuando no hay amor? Una linterna mágica sin luz.

JOHANN WOLFGANG GOETHE,
Las desventuras del joven Werther

La locura de amor que devastó las vidas de Vivien Leigh y Laurence Olivier no es un fenómeno nuevo. Helena abandonó a Menelao, hermano de Agamenón, rey de Micenas, para fugarse con Paris y refugiarse en Troya. Su idilio provocó una larga guerra y la destrucción de la ciudad. Conviene recordar que Afrodita utilizó su poder para que Helena se enamorara de Paris. Ciertamente no es posible oponer resistencia a una diosa, pero si eliminamos el factor mitológico, nos encontramos con una pasión semejante a la de Vivien y Larry.

La pasión del rey David por Betsabé no es menos trágica. Esposa de Urías el Hitita, David se enamoró de ella cuando atisbó su desnudez desde la terraza de su palacio. Ajena a sus miradas, Betsabé se bañaba en ausencia de su marido, que participaba en el sitio de Rabá. David aprovechó esa circunstancia para yacer con ella y dejarla embarazada. Dado que el adulterio era castigado con la muerte, ordenó al comandante del sitio de Rabá que destinara a Urías a la posición más peligrosa. La artimaña funcionó y Urías, el marido y soldado ultrajado, murió en combate. Betsabé se convirtió en la esposa predilecta del rey David y lo amó con devoción, pero Yavé castigó a la pareja, acabando con la vida del hijo que engendraron en solo siete días. Cito dos ejemplos más. Romeo y Julieta, los desdichados amantes de Verona, y Calixto y Melibea, «los locos enamorados», víctimas de un «desordenado apetito». En todos los casos, el amor parece indisociable del dolor.

El amor cortés de la Europa medieval exaltó el «sufrimiento gozoso» del caballero enamorado de una dama con todas las perfecciones físicas y morales. A menudo se trataba de un amor ilícito, pues la amada era una mujer casada, pero al mismo tiempo constituía un sentimiento elevador, casi místico, imbuido de idealismo neoplatónico. A veces desembocaba en un final trágico, como el de Tristán e Isolda, que cometen adulterio y, según algunas versiones de su historia, sufren la ira del marido burlado, que apuñala al caballero por la espalda mientras toca el arpa bajo un árbol.

Sin embargo, el amor cortés, con su tendencia al idealismo, no es un sentimiento tan fatal y desesperado como la fiebre desatada por la publicación en 1774 de *Las desventuras del joven Werther*, la novela epistolar semiautobiográfica de Johann Wolfgang Goethe. La obra puede considerarse el punto de partida del Romanticismo, lo cual no significa que ese movimiento cultural ya no se encontrara en estado de gestación.

Después del éxito del racionalismo ilustrado, que había propagado un sentimiento de vacío y desarraigo al cuestionar la perspectiva sobrenatural y los viejos valores de la sociedad tradicional, surgió la necesidad de crear nuevos absolutos, y el amor, transformado en experiencia sublime, irracional, maldita y morbosa, ocupó el lugar de las deidades enviadas al exilio. La tragedia de Werther es el acta fundacional de esa nueva fe.

Werther es un joven artista de carácter hipersensible. Conoce a Lotte, forma abreviada de Charlotte, en el pueblo imaginario de Wahlheim, y se enamora de ella, pese a que está comprometida con Albert, un hombre once años mayor. Aunque abandona Wahlheim e intenta olvidarse de Lotte, Werther regresa al cabo del tiempo, sin ignorar que se ha casado. Comienza a visitarla con frecuencia, pero la imposibilidad de convertirla en su esposa le causa tanto dolor que decide suicidarse con una pistola. Antes de hacerlo, le recita un pasaje de Ossian y la besa. Ella le pide que se marche, pues no quiere traicionar a su marido. Werther obedece y, mientras suenan las campanadas de medianoche, se quita la vida. Este pistoletazo ficticio produjo un inesperado eco, pues muchos jóvenes emularon su gesto fatal, hasta el punto de despertar la preocupación de las autoridades y el pesar de Goethe, que lamentó haber publicado la novela.

El Romanticismo brotó de la resaca de la Ilustración. El apogeo de la razón gestó una ola de insatisfacción. El prosaísmo de la vida burguesa es desplazado por la sed de absoluto y la exaltación del yo. El anhelo de orden y claridad es sustituido por la pasión. Pasión por el pasado, la patria, la belleza. Comprender ya no es la meta del hombre libre, sino amar. Amar sin medida. Amar contra toda esperanza. Amar hasta la muerte. El caos se desata en el molde clásico forjado por los ilustrados. La libertad, con su carga de rebeldía e inconformismo, disipa las nociones de armonía y simetría.

Goethe y Beethoven preparan el camino a una generación de artistas que ya no buscan la perfección formal, sino lo sublime. La breve existencia de Heinrich von Kleist reúne todos los elementos del Romanticismo: una estricta exigencia estética, que lucha por trascender los límites de la razón; una aguda megalomanía, que sitúa al yo en el centro de la creación artística; un saber intuitivo, que nace de una desordenada libertad interior; una pasión por la vida sin fuerza para neutralizar el nihilismo y el encuentro fatal con la muerte, escenificado como una tragedia clásica, donde el hombre se inmola para desafiar al destino y afirmar su voluntad.

El pensador rumano Emil Cioran afirmaba que es imposible leer a Kleist sin presentir que el suicidio precede a su obra. Su decisión de quitarse la vida no puede atribuirse a una desesperación espontánea. Tras abandonar la carrera militar y mantener un doloroso noviazgo, Kleist comienza su carrera literaria con enormes dudas, que lo empujan a no firmar sus primeras obras (*La familia Schroffenstein*) y a destruir algún manuscrito para reconstruirlo más tarde (*Roberto Guiscardo*). Sus inseguridades conviven con el ansia de gloria y el aborrecimiento del mundo. Su identificación con el ideal rousseauniano de regreso a la naturaleza solo es algo pasajero. Sus oscilaciones testimonian una búsqueda intelectual y artística, pero también un desequilibrio mental. Su encuentro con Goethe, que reconoce su inspiración en algunas de sus comedias, pero se muestra implacable con *Pentesilea* (1808), exaspera su inestabilidad. En 1811 aparece *Michael Kohlhaas,* un elogio de la rebeldía frente a la arbitrariedad del poder. El respeto a la norma es irrelevante cuando emperadores o príncipes pisotean los derechos del individuo. Invirtiendo el axioma socrático, Kleist opina que es preferible infringir la ley que soportar la injusticia.

Con problemas materiales y sin el reconocimiento que anhela, Kleist resuelve poner fin a una existencia marcada por el fracaso y el sufrimiento psicológico. En una nota, asegura que su dolor quedará compensado por «la más dulce de las muertes». Nueve días más tarde un paseante se cruza con él y su amiga Henriette Vogel. Ambos parecen felices mientras bordean el lago Wannsee. Hacia las cuatro, se oyen dos disparos. Una carta redactada la noche anterior anuncia: «Estamos muertos en el camino de Potsdam».

Cioran afirma que los solitarios de espíritu solo consiguen la paz definitiva cuando conocen la perfecta soledad de la muerte. El romántico piensa que debe vivir intensamente o despedirse del mundo. Aunque en algunos casos renace el misticismo y el tradicionalismo religioso, prevalece la perspectiva a corto plazo. El absoluto no está en el horizonte. No es algo que se demora o acontece de forma gradual, como el progreso material y científico, sino una experiencia inmediata. El instante es la morada de la eternidad. De una eternidad que se manifiesta como un espasmo. El éxtasis de los amantes ocupa momentáneamente el presente con la violencia de un alud o una tormenta. De ahí que se emplee a menudo el símil de un huracán que destruye todo lo que le opone resistencia: convenciones sociales, sentido práctico, objeciones morales e incluso el instinto de supervivencia. En esos casos, el amor es cataclismo, delirio, shock. Los amantes escapan fatalmente a lo real y se adentran en un territorio convulso, donde la pasión flirtea con la muerte.

En el amor cortés, el amor es una aventura espiritual, un camino de perfección, pero en el fondo de la copa romántica, cuando ya solo quedan heces de la embriaguez inicial, el amor comienza a perfilarse como una forma de locura. El corazón aprende una nueva gramática basada en impulsos ciegos, celos enfermizos, gemidos de desesperación y pactos suicidas. El amor deviene demencia, autodestrucción, desvarío, tentación de morir. La literatura alumbra metáforas como «besos de fuego», «corazones moribundos», «carne trémula». El amor ya no acepta reglas. Es transgresión, impulso demoníaco, pecado gozoso, enfermedad moral, mística del no ser.

Los amantes se diluyen en un éxtasis letal. Como advirtió Georges Bataille a mediados del siglo XX, el amor se convierte en negación del otro. El abismo que separa dos vidas ya no puede sortearse mediante el afecto, sino con una furia ciega. Los amantes perciben la muerte como la culminación de su experiencia. Matar se convierte en sinónimo de poseer y ser poseído.

Quizá así lo entendió Sada Abe, una cortesana japonesa que estranguló a su amante, Kichizo Ishida, el 18 de mayo de 1936, y después le cortó los genitales. La historia adquirió mucha popularidad en Japón e inspiró la película *El imperio de los sentidos,* dirigida por Nagisa Oshima y estrenada en 1976, que desató un escándalo en los países donde se exhibió. Sada Abe explicó que había emasculado a su amante para tenerlo siempre a su lado. De hecho, cuando la policía la detuvo llevaba los genitales de Kichizo en su bolso, cuidadosamente envueltos en papel de periódico. Durante los interrogatorios, Sada añadió:

> Lo amaba tanto que lo quería para mí sola. Pero como no éramos marido y mujer, mientras él viviera podría ser abrazado y tocado por otras mujeres. Sabía que si lo mataba y conservaba algo de su cuerpo, ninguna otra mujer, salvo yo, podría volver a tocarlo.

Lejos de avergonzarse, Sada sonreía a los periodistas que la fotografiaron al salir del juzgado. Aunque pidió ser ejecutada, solo fue condenada a seis años y a los cinco quedó en libertad. Al abandonar la prisión, escribió su autobiografía, *Una mujer llamada Sada Abe,* donde narraba que había sido violada a los catorce años y, más tarde, vendida por sus padres a una casa de geishas. Las geishas no se prostituían, pero ella rompió esa regla y comenzó a comerciar con su cuerpo. Hasta que conoció a Kichizo Ishida se había dedicado a robar a sus clientes, pero su nuevo amante era un próspero hombre de negocios y le proporcionó un trabajo en uno de sus restaurantes. De inmediato surgió una intensa atracción sexual y empezaron a citarse clandestinamente en un hotel, mezclando el placer físico con el dolor. Sada se enamoró de Kichizo y acabó desarrollando unos intensos celos de su mujer. Incapaz de compartir a su amante, decidió acabar con su vida aprovechando que solían practicar la asfixia mientras realizaban el coito. En 1969, Sada desapareció. Algunos dicen que ingresó en un convento. Otros especulan que se suicidó o que volvió a ejercer la prostitución.

¿Por qué ha despertado tanta fascinación la historia de Sada Abe? Dicho de otro modo: ¿por qué nos fascinan los monstruos? Según Bataille, porque habitan en nuestro interior, escondidos en una penumbra que la conciencia elude por incomodidad. Sabemos que están ahí, pero no queremos verlos. La historia de Sada Abe posee un inequívoco parentesco con la de Gilles de Rais. Gilles de Montmorency-Laval, barón de Rais, llamado Gilles de Rais o Gilles de Retz, alcanzó la gloria durante la Guerra de los Cien Años luchando con Juana de Arco, la Doncella de Orleans, pero su fama se transformó en infamia cuando se descubrió que había secuestrado, torturado y asesinado a centenares de niños para satisfacer barrocas fantasías sexuales.

En el apogeo de su locura homicida, reunió una corte de brujos, alquimistas y visionarios para perpetrar sus crímenes y adorar al diablo. Al igual que la famosa aristócrata húngara Erzsébet Báthory, conocida como la Condesa Sangrienta, utilizó su poder para satisfacer su pasión por la sangre y el dolor ajeno. Gilles de Rais ejecutaba sus crímenes con gran solemnidad, finalizando la ceremonia con la frase del pregón pascual: «¡Dichosa culpa!». Nunca dejó de ser cristiano y siempre vivió atormentado por la certeza de que le aguardaba la condenación eterna. Charles Perrault se inspiró en su historia para escribir su célebre cuento *Barba Azul*. El final de Gilles de Rais fue más cruento que el de Sada Abe. Ahorcado en público, sus restos ardieron hasta quedar reducidos a cenizas.

Según Bataille, «el sentido profundo de la vida» solo se manifiesta en las pasiones que violan los tabúes, como las orgías de Gilles de Rais, donde concurrían simultáneamente el placer y la muerte. Solo en esos escenarios se escribe la gramática del hombre soberano. Gilles de Rais manifestó su arrepentimiento ante el tribunal y la multitud que presenció su ejecución. Bataille desdeña su gesto y lo considera un ejemplo de decadencia. ¿Verdaderamente es así?

Pienso que la soberanía se halla en el amor sincero y desinteresado, no en Gilles de Rais, siervo de pasiones pueriles y abyectas. Gilles de Rais nunca conoció la madurez moral. Se quedó estancado en las aguas del narcisismo. El verdadero amor no flirtea con la muerte y su objetivo no es la posesión, una especie de círculo hermético similar al que se ha utilizado como alegoría del infierno, sino una apertura interminable. Apertura a los otros, apertura a la vida, apertura a una indeterminación fructífera y creadora. El amor es un foco que irradia ternura y esperanza. La fidelidad que presupone el amor correspondido no forma un círculo, sino una onda que se expande, fecundando otras vidas. No es un anhelo de apropiación, sino una donación.

El mito del amor romántico ha llegado a nuestros días. Es una especie de metafísica del instante, pues entiende que no hay nada más allá. Sin embargo, el instante es una vela con una mecha muy corta. Su fuego se extingue enseguida. Nunca llega a ver el mañana y su resplandor solo deja un rastro de insatisfacción. Es el hastío de los amantes que no saben qué decirse tras fundir sus cuerpos y gemir al unísono. Después de los gritos, viene el silencio y, en ocasiones, el deseo de huir.

El gesto de Sada Abe es un intento desesperado de prolongar un éxtasis abocado a un ocaso prematuro. Matar al amante para mantener con vida el amor. Destruir para preservar un espejismo. En esa clase de amor, el otro solo es algo lejano y fantasmal. Conocer cada centímetro de su piel no significa adentrarse en su interior. El verdadero amor es conocimiento y crece con el tiempo. No es un incendio, sino un manantial que fluye sin cesar consumando el milagro de reunir dos vidas y hacer realidad el viejo sueño de ser otro. Y ser otro no implica dejar de ser uno mismo, sino ser uno mismo de una forma más humana, más integral, más auténtica. Los místicos lo comprendieron muy bien. De ahí que Teresa de Jesús escribiera: «Alma, buscarte has en Mí, y a Mí buscarte has en ti».

8

Un paseo por el Retiro

Los muertos solo tienen la fuerza que los vivos les dan.
JAVIER MARÍAS, *Los enamoramientos*

Piedad ha finalizado la radioterapia y la quimioterapia concomitante. Un mes de visitas diarias al hospital. Susana Garrido, la psicooncóloga, nos ha preparado para un último ciclo de cuatro sesiones de quimioterapia. No se limita a cumplir con su trabajo, ni termina las sesiones al agotarse la hora prevista. A veces los encuentros se prolongan dos horas en un diminuto despacho que suele ser testigo del miedo, la angustia y la incertidumbre de otros pacientes y sus familias. ¡Qué poca cosa es el ser humano sin el cariño de sus semejantes!

La física no concibe el amor como una de las fuerzas del universo, pero yo creo que es la ley fundamental de una vida inteligible y con sentido. Pienso que el amor es lo que unifica y da transparencia al cosmos. Las células cancerígenas son células egoístas que se resisten a morir. Su afán desmedido por subsistir puede destruir al cuerpo que las aloja. En cambio, hay células que lo dan todo, que se sacrifican de forma altruista para que el milagro de la vida no se desvanezca. El amor no solo unifica y proporciona sentido.

Además, transforma al que lo experimenta, sacándolo del ensimismamiento narcisista. El amor es una fuerza creadora y una esclusa que desaloja el dolor acumulado.

Cuando hablamos con Susana, sentimos que el dolor comienza a correr como el agua de un pantano a punto de rebosar su capacidad de almacenamiento. A veces fluye estruendosamente, pues no podemos reprimir los llantos y los gemidos. Otras, discurre silenciosamente, como una gota que se desliza por un cristal.

El amor está en el interior de cada ser humano, pero a veces se marchita o, simplemente, se esconde como un niño tímido. En esos casos, todos morimos un poco, pues necesitamos el amor para vivir. Es el alimento que nos nutre, el agua que aplaca nuestra sed, la caricia que alivia nuestra fiebre. Y está en todas partes, esperando una oportunidad para salir al encuentro de los demás.

Durante la primera sesión de quimioterapia, el azar quiso que Piedad y yo nos sentáramos a lado de Angie. Fue al final de una sesión de cinco horas. Mi mujer ocupaba un sillón y yo una simple silla, pero no creo que ninguno de los dos repararámos demasiado en la cuestión de la comodidad. Aunque el ambiente de la sala transmitía tranquilidad y esperanza, el cáncer sigue inspirando terror. Es inevitable experimentar la sensación de estar en el fuselaje de un avión estrellado en una remota cordillera nevada o en la lancha de un gigantesco transatlántico que se ha hundido en aguas heladas.

Durante cinco horas, Piedad y yo charlamos, sonreímos e intercambiamos miradas de complicidad, pero aunque fingimos despreocupación, la incertidumbre nos devoraba por dentro. El pronóstico es bueno, pero ¿quién sabía si algo podría torcerse? Cuando Angie se sentó a nuestro lado, nos llamó la atención su sonrisa y su aspecto despreocupado. Aunque luego nos dijo que tenía cincuenta y dos años, parecía bastante más joven. No recuerdo cómo surgió la conversación, pero a los pocos minutos hablábamos como viejos conocidos. Angie nos contó que doce años atrás le habían descubierto un cáncer de mama con metástasis en el hígado, la columna vertebral y los pulmones. El cáncer había invadido su cuerpo casi por completo, con la ferocidad de un ejército que no descansa hasta destruir el último vestigio de resistencia. Al principio un médico le auguró una esperanza de vida de tres meses, pero la combinación de la quimioterapia y un tratamiento experimental habían invalidado el pronóstico. La metástasis remitió y el tumor se redujo espectacularmente. Más de una década después solo tenía que acudir cada veintiún días a recibir una infusión de inmunoterapia y su aspecto no podía ser más saludable. No sé si en 2040 se habrá conseguido curar el cáncer, como aventuran algunas asociaciones, pero está claro que la oncología ha avanzado espectacularmente y en un futuro no muy lejano tal vez solo será una enfermedad crónica, como el sida y la diabetes.

La conversación con Angie no fue una simple charla casual, sino una experiencia de amor. Asociamos el amor a la seducción, pero yo creo que la seducción es un rasgo de narcisismo y, por tanto, un artificio vacío. El amor no pretende seducir, sino acariciar, sanar, reconfortar. No busca nada, no exige nada, no alardea de su poder. Siempre es un regalo, algo que brota espontáneamente y que no puede explicarse con las leyes de la física o la biología.

No es casual que se describa a Dios como amor. Al margen de la fe, ni siquiera la mente más escéptica negará que el amor es algo divino, una fuerza que nos ayuda a sobrevolar el barro de la vida, situándonos en un plano donde las heridas ya no parecen abismos, sino grietas que es posible sortear. Gracias a Angie, Piedad y yo conocimos el alivio del que ha comenzado a ahogarse y de repente nota que una mano lo agarra fuertemente, impidiendo que se hunda en una terrorífica negrura. Sonriente, cercana, cariñosa, Angie nos hizo sentir que no estábamos solos, que compartíamos la amarga travesía con un espíritu luminoso, que realmente Spinoza no se equivocaba al afirmar que no hay nada más útil para el ser humano que otro ser humano. En el ojo del huracán, habíamos descubierto esa calma de la que hablan los meteorólogos.

No pude evitar pensar en *Los pájaros de Auschwitz*, la novela de Arno Surminski, una historia insólita sobre la Shoá, donde un deportado polaco y un centinela de las SS se embarcan en un trabajo ornitológico sobre la región de Oświęcim y el pueblo de Birkenau. Marek Rogalski es un joven universitario polaco que captura la belleza de los pájaros con sus lápices. Desconoce el motivo exacto de su deportación, pues no es judío ni comunista. Hans Grote ya ha superado los treinta años y se alistó en las SS para aprovechar las ventajas del uniforme. Sueña con instalarse en Viena y obtener una cátedra de Biología. Sus conocimientos del mundo de las aves son notables, pero necesita a un dibujante y a un taxidermista. El azar reunirá los destinos de ambos personajes para convertirlos en una extraña pareja que recorre las riberas del Vístula y bordea el río Soła estudiando las costumbres de grajos, frailecillos, cornejas, golondrinas, mirlos y estorninos. El horror que acontece entre las alambradas no impide que los mirlos, los gorriones, los petirrojos y otras especies sobrevuelen o se posen en el campo de exterminio. A veces una cigüeña toma el sol en la chimenea de los hornos crematorios.

Una sala de quimioterapia no es un campo de concentración, pero en ambos lugares resulta inevitable pensar en la muerte. La aparición de Angie fue como toparse con una golondrina en un paisaje de desolación y desamparo. Vivimos en una época de intransigente materialismo, pero la presunción de que el bien y la belleza trascienden las miserias de la biología siempre ha rondado por mi cabeza. No es una certeza empírica, sino uno de esos postulados de la razón de los que habla Kant, sin los cuales el mundo queda rebajado a un incomprensible baile entre el ser y la nada.

Unos días después de la primera sesión de quimioterapia acudí a firmar ejemplares de mi ensayo *Maestros de la felicidad* en la Feria del Libro de Madrid. Piedad no pudo acompañarme, pues había comenzado a sufrir los efectos secundarios del cóctel de carboplatino y paclitaxel: dolores periféricos en manos y pies, fatiga, malestar estomacal, hemorragias. Estuve a punto de suspender mi cita con los lectores, pero Piedad me animó a no hacerlo y una amiga se ofreció a acompañarla durante mi ausencia. Acudí al Retiro bastante triste y sin saber qué me esperaba. En anteriores citas, cuando publicaba en sellos más pequeños, apenas habían aparecido lectores. En una ocasión solo firmé tres ejemplares y la experiencia se asemejó a una humillación. Después de dejar el coche en un aparcamiento subterráneo, caminé hasta el Retiro evocando las ocasiones en que había recorrido esa zona en compañía de Piedad.

A partir de los sesenta años, vivir es sinónimo de evocar. La nostalgia inunda el presente incitándote a mirar hacia atrás. Aún no soy viejo, pero cada vez estoy más cerca de cruzar ese umbral que marca el inicio de la tercera edad. El culto a la juventud ha convertido la vejez en sinónimo de pérdida y decadencia, pero yo aún siento que mis días son fructíferos y, pese a las ausencias y los duelos, aprecio hermosas ganancias a diario, como el mirlo que picoteaba la hierba al pie de la puerta de Alcalá, indiferente al ruido del tráfico, hundiendo su pico naranja en un rodal de verdor en mitad del asfalto. La verdadera belleza siempre es discreta y humilde. Por eso debemos estar atentos y abrir los ojos, o nos arriesgamos a no reparar en su presencia. Creo que el ensimismamiento es una de las raíces del pesimismo. Si solo nos ocupamos de nuestro yo, nuestro campo de visión se recorta dramáticamente y no advertimos las pequeñas maravillas del día a día.

Aunque era 9 de junio, lloviznaba y el cielo oscilaba entre el blanco, el gris y el azul pálido. Parecía un paisaje de Turner, con su habitual combinación de melancolía, misterio e incertidumbre. Los jardines del Retiro apenas han cambiado en las últimas décadas. El paisaje urbano experimenta transformaciones, pero casi siempre de forma más lenta que los hombres y mujeres que circulan por él. Al contemplar mi imagen en un panel con una superficie reflectante, corroboré lo que veo a diario en el espejo del baño: la huella del tiempo. Las arrugas han borrado esa apariencia juvenil que tanto me molestaba a los veinte años, cuando anhelaba envejecer para adquirir la imagen de los autores a los que admiraba: Unamuno, Cioran, Tolstói. Caras con una historia, caras que parecían esculpidas. No me parezco a ninguno de los tres, pero mi rostro ya ostenta una historia. No es una página en blanco, sino un manuscrito o, más exactamente, un palimpsesto. Las peripecias se han superpuesto, a veces borrándose unas a otras, como si vivir consistiera en descartar recuerdos para dejarles un sitio a las nuevas experiencias. Sin embargo, siempre quedan restos de lo acontecido. Un rostro es un yacimiento arqueológico con innumerables estratos.

Nunca me he sentido especialmente vinculado al Retiro, pero mientras me dirigía a la caseta de la librería que me había invitado a firmar ejemplares, descubrí que la percepción del tiempo pasado comenzaba a crear un estrecho lazo con ese lugar. Piedad y yo habíamos paseado algunas veces por allí. Al principio de nuestra relación, remamos juntos en el estanque, celebrando con risas las salpicaduras de agua. He leído en algún lugar que el tiempo solo es una ilusión, un subproducto cuántico. Según esta teoría, el cosmos es estático e inmutable, pero nosotros no lo apreciamos, pues lo observamos desde el interior. Sin embargo, un observador externo percibiría el pasado, presente y futuro como algo simultáneo. Solo se trata de una hipótesis, pero yo tengo la sensación de que Piedad y yo aún seguimos remando por el estanque del Retiro, riéndonos cada vez que la espuma de los remos vence la fuerza de la gravedad y nos alcanzan unas gotas de agua.

Según san Agustín, el tiempo es la expansión del espíritu mediante la actividad conjunta de la memoria, la atención y la expectación. Nuestra mente es una secuencia que recoge el pasado, percibe el instante y anticipa el futuro. Aparentemente, el tiempo es lineal y uniforme, pero la mente no lo percibe así. A veces el tiempo se dilata hasta producir fatiga, y, en otras ocasiones, se encoge y provoca una sensación de fugacidad.

«La edad de mi infancia, que ya no existe —escribe san Agustín en *Confesiones*—, está en el tiempo pasado, que ya no existe; pero cuando recuerdo cosas de aquella edad y las refiero, estoy viendo y mirando desde el presente la imagen de aquella edad».

Yo recuerdo mi paseo por el estanque del Retiro con Piedad, pero ya no es el mismo paseo. Eso no significa que se haya desdibujado o cambiado, sino que se ha enriquecido. La edad ha añadido profundidad, matices, perspectivas. La realidad no es un flujo que declina, sino una piedra preciosa que incorpora nuevas caras con el paso de los años. El tiempo no destruye. No es un martillo que pulveriza, sino un cincel que labra minuciosamente, sumando prismas, horizontes, ángulos. La memoria no es mera anamnesis, sino creatividad infatigable. No creo que el cosmos sea inmutable, pero sí eterno, y la eternidad es movimiento. Como apunta el teólogo y escritor belga Charles Moeller, «en la eternidad pasan cosas». Y eso que llamamos *biografía,* solo es una de esas cosas que nos pasan. Nuestra historia prosigue, fundiéndose con algo más vasto, un infinito que escarnece el ultraje de la muerte.

Mis temores de pasar las horas sin firmar apenas ejemplares no se cumplieron. Esta vez acudieron bastantes lectores. Durante dos horas y media firmé sin parar. Quizá podría haber empleado la mitad de tiempo, pero el corazón me pedía hablar con cada una de las personas que se acercaban. Escribir y leer son formas de amar. Nunca he escrito para mí mismo. Escribo para los otros. No siempre para agradarles, pero sí para buscar el diálogo y el encuentro. Las palabras son caricias y llamadas de atención. Sentir el cariño de los lectores es el mejor premio al que puede aspirar un autor, pues eso significa que el río del lenguaje ha cumplido su función de comunicar dos almas. Una obra sigue viva mientras esa comunicación no se interrumpe. Cada lector es como un corredor que recoge un testigo y lo pasa a otro sabiendo que lo esencial no es llegar a la meta, sino prolongar la carrera el mayor tiempo posible.

La tristeza que me había acompañado desde casa se diluyó al sentir el calor de los que acudían a la caseta pidiéndome una dedicatoria. Nunca escribo dedicatorias escuetas y jamás repito las mismas frases. Cada persona es diferente y, por tanto, merece unas palabras que reflejen, aunque sea levemente, su peculiaridad. Entre mis lectores, había algunas parejas jóvenes, bastantes matrimonios de mi edad, solterones satisfechos de su independencia, viejos conocidos que reaparecían después de años sin ningún contacto, un entrañable perro mestizo de diecisiete años llamado Julito al que llevaban en un cochecito, dos profesoras que habían compartido instituto conmigo, mi prima Elena, que vive en Cádiz y a la que no veía desde hacía mucho tiempo, escritores como Mercedes Navío, psiquiatra, lesbiana y, como yo, neurótica y feminista, Nacho Gomá, notario, espíritu burlón y hermano de mi amigo Javier Gomá.

Durante dos horas y media sentí que era algo más que un individuo. El contacto con mis lectores disipó ese sentimiento de escisión que es el pecado original de nuestra especie. Amar no es un impulso, sino la forma genuinamente humana de existir. Cuando amamos, nuestra mirada se ensancha con otras miradas, adquiriendo una perspectiva que desplaza nuestro centro de gravedad. Nuestro ego deja de ser la raíz a la que nos aferramos con desesperación y experimentamos la dicha de ser en los otros.

Heidegger escribió aquello que ya mencioné al comienzo: que el hombre es un ser-para-la-muerte. Emmanuel Lévinas, más perspicaz, refutó esa idea, afirmando que el hombre es un ser-para-el-otro. Si el hombre es un ser-para-la-muerte, la estación final es la nada, la aterradora entropía que implica una dispersión absoluta y estéril. Si, en cambio, el hombre es un ser-para-el-otro, el destino final es el encuentro. La alteridad no es lo que se opone a mis proyectos, sino lo que me permite realizarlos. En esa alteridad, están el presente, el pasado y el futuro, mi paseo con Piedad por el estanque del Retiro, la página que escribo y un mañana que —según María Zambrano— es «la promesa de vida verdadera que el amor insinúa en quien lo siente», «la libertad sin arbitrariedades», «lo que no conocemos y nos llama a conocer. Ese fuego sin fin que alienta el secreto de toda vida. Lo que unifica con el vuelo de su trascender vida y muerte, como simples momentos de un amor que renace siempre de sí mismo». (*El hombre y lo divino*).

Mientras firmaba no pude evitar pensar en Javier Marías, con el que hablé e intercambié cartas al final de su vida. Durante ese intercambio, jamás se me pasó por la cabeza la posibilidad de que la muerte se inmiscuyera en nuestra incipiente relación, que yo anhelaba convertir en amistad. Hace poco Carme López Mercader, su viuda, ha publicado *Duelo sin brújula,* un pequeño libro sobre la pérdida de su marido. El color negro de la cubierta y el rojo de la flecha ascendente que apunta al título no evocan un réquiem, con su promesa de resurrección, sino a uno de esos poemas de George Trakl, con sus tristezas púrpuras y sus ocasos ahogados en la penumbra. Carme López Mercader sitúa en el umbral de su texto una cita del psiquiatra Sue Stuart-Smith:

> Aunque tenemos una gran capacidad innata para establecer vínculos, no hay nada en nuestra biología que nos ayude a lidiar con la ruptura de estos, lo que significa que el duelo es algo que tenemos que aprender por experiencia propia.

Ciertamente «nadie nos prepara para la pérdida», como escribe López Mercader, y cuando esta se produce, hay que partir de cero, afrontarla como el explorador que se adentra en una tierra incógnita habitada por dragones. Es un dominio particularmente hostil, donde no es posible utilizar brújulas ni mapas, pues todo es incierto, desconocido y despiadadamente abrupto.

La ausencia de alguien muy querido «cambia la inclinación del eje del mundo». El matrimonio es una institución narrativa, afirmaba Javier Marías, y por eso, cuando uno de los dos falta, la historia se interrumpe bruscamente. Carme no cree que los difuntos sobrevivan en la memoria de los que los amaron ni que exista algo más allá de la muerte. «Los muertos permanecen en el más absoluto silencio. [...] Javier no está en ninguna parte. Y eso me resulta inconcebible más allá de lo que soy capaz de expresar». Las fases del duelo solo son falsas estaciones de paso. El duelo nunca finaliza. Quizá te acostumbras a convivir con una ausencia particularmente dolorosa, pero ya nada vuelve a ser igual. El duelo no se supera. Sobrevives a él de mala manera, como el alpinista que casi muere en la montaña y vuelve a la vida con la mente contaminada por el recuerdo de las noches heladas, los aludes y el silencio sobrecogedor de la cordillera. Cuando crees que al fin has logrado algo de paz y serenidad, el dolor vuelve a golpearte con fiereza. No se avanza. Se camina en círculos.

Carme nos cuenta que Javier bailaba mal, pero le gustaba dar unos pasos con ella. Por ejemplo, cuando llegaba el Año Nuevo y sonaba *El Danubio azul*, el famoso vals de Johann Strauss hijo. Evocar esos momentos produce consternación, pero también cierto temor: «El miedo es un sentimiento que está siempre presente en el duelo, como he descubierto con infinito asombro». C. S. Lewis confiesa lo mismo en *Una pena en observación*. De hecho, comienza así el libro dedicado a narrar el duelo por la pérdida de su mujer, la escritora Joy Gresham. A los pocos días de morir,

Carme sintió el tacto de Javier en la cama y en el sofá: un brazo que se posaba en la cintura, una caricia en el cuello. Descarta que se trate de algo real, una especie de contacto entre el mundo físico y un hipotético más allá. Piensa que solo fue «una cruel elaboración de su mente afligida». Una hoja del manuscrito de *Tomás Nevinson* introducida en el bolso al azar volvió a crear la impresión de que era posible la comunicación con los difuntos, pues en ella se leía: «convenía que todo el mundo me creyera muerto y por lo tanto fuera de juego e inalcanzable». Carme descartó otra vez la posibilidad de una experiencia sobrenatural. La muerte solo es un vacío desolador, un espacio deshabitado, mudo. Sin embargo, al recordar su bondad, generosidad y paciencia mientras escuchaba sus explicaciones sobre las plantas que decoraban la terraza, Carme escribe: «No me cabe la menor duda de que está en el cielo, sea este real o inventado por nosotros, pobres seres desolados, derrotados y anhelantes».

Abatida por la pérdida, Carme descuidó las plantas de la terraza y murieron por culpa del calor y la suciedad, pero algo la impulsó a comprar un bambú y una orquídea. Aunque no se preocupó mucho de ellas, crecieron y, al llegar la primavera, adquirieron un aspecto luminoso. Gracias a ellas, sintió que los recuerdos podían dejar de ser una fuente de dolor y proporcionar consuelo. Una mimosa que pliega sus hojas al sentir el tacto de la mano traía a la memoria la amabilidad distante de Javier, su pudor y su humor delicado, nada ofensivo. Carme cita la frase que un viejo jefe indio le dice a una mujer blanca en una película: «Mi espíritu está dentro de ti y el tuyo dentro de mí». El recuerdo de los seres queridos no es solo evocación, sino una forma de fusión con el ausente. Se puede decir que recordar es una manera de ser otro, de hacerle un hueco al que ya no está, de mezclarse con él y transformarse en algo distinto y mejor.

Javier Marías se sentía atraído por los fantasmas. Su película favorita era *El fantasma y la señora Muir* (Joseph L. Mankiewicz, 1947) y, aunque no creía en lo sobrenatural, sí pensaba que de alguna manera los muertos acompañan a los vivos. Siempre tenía muy presente en su memoria a su madre, Dolores Franco, a su hermano Julianín, que murió con solo tres años, a su padre don Julián, a los escritores Juan Benet, Heliodoro Carpintero y Rosa Chacel. Todos estaban presentes en él y, de alguna manera, caminaban a su lado. Javier no tenía prisa por morir, pero a medida que pasaba el tiempo sentía que él también se convertía en un fantasma, y confiaba con reencontrase con sus seres queridos.

Carme se considera una mujer estrictamente racional, pero siente la presencia de Javier a todas horas y su mente comienza a abrirse a perspectivas hasta ahora desechadas por absurdas o ilógicas: «Ojalá, ojalá ese otro mundo exista y lo haya recibido con los brazos abiertos, ojalá mi Javier esté rodeado ahora del cariño de los que le faltaban en su vida mortal y nunca se ausentaban de su pensamiento». López Mercader finaliza su breve planto con una conmovedora rebelión contra la razón: «Que me lleve a creer que esa eternidad que decía concebir solo conmigo exista y que él esté aguardándome pacientemente en ella. Que me haga soñar con lo que no puede ser».

Julián Marías afirmaba que Lolita Franco, su mujer, estaba en todas las páginas que había escrito. En 1897 Ramón y Cajal describió a la mujer intelectual, poco frecuente en esa época por culpa de los prejuicios sociales y los impedimentos legales, como una mujer «inteligente y ecuánime, rebosante de optimismo y fortaleza». Heliodoro Carpintero utiliza esta cita para describir a Lolita en la nota de homenaje que escribió con ocasión de su muerte. Don Julián sufrió enormemente con su pérdida, pero halló consuelo en sus creencias religiosas: «Solo me sostenía la profunda fe en la resurrección».

Sé que Javier Marías no compartía la fe de su padre y Carme López Mercader deja muy claro que siempre ha sido escéptica. Entiendo su postura, pero yo prefiero guiarme por las razones del corazón y no por las evidencias empíricas. Por eso, prefiero pensar que hay otra vida, similar a la que comparten la señora Muir y el capitán Gregg y donde ahora se encuentra Javier Marías, acompañado por sus amigos y familiares y esperando a todos los que lo quisieron.

William Blake sostenía que la existencia no discurre en el tiempo y el espacio, sino en el fecundo seno de la imaginación. La imaginación, y no la materia, es la realidad primordial. Esa idea es la brújula que debe guiar nuestros duelos. Soñar es la mejor forma de vivir y la única alternativa para adentrarse en la tierra incógnita de la muerte con la esperanza de no extraviarse en la oscuridad y el silencio.

9

Una hora con Fernando Aramburu

> En ocasiones la lectura nos coloca ante la sencilla y humana verdad de un semejante.
>
> FERNANDO ARAMBURU, «80.000 soldados»

Durante mi primer día de firmas en la Feria del Libro de Madrid de 2024, Fernando Aramburu se acercó a saludarme, pero apenas pudimos hablar, pues una fila de lectores demandaba mi atención y a él le esperaba otra fila bastante más nutrida. Acordamos reunirnos al final de la tarde, cuando las casetas echaran el cierre.

Fernando me pareció desde el primer momento un espíritu sereno, templado. Yo, por el contrario, llevo un volcán en mi interior. Ríos de lava corren por mis venas. No controlo demasiado bien mis emociones. Todo me duele. Todo me atormenta. Todo me angustia. No sé si se advierte, pues curiosamente algunas personas me dicen que leer mis libros, artículos y notas les transmite paz. Imagino que vuelco en la escritura mi búsqueda de ese equilibrio del que carezco. No soy hipócrita. Simplemente, mantengo una lucha permanente conmigo mismo. Mi mente aloja grandes dosis de ansiedad, inseguridad y miedo, y la escritura es el arma que utilizo para espantar a esos demonios. Ojalá pudiera expulsarlos de mi cabeza y de la de los demás, pero son malas hierbas que se resisten a ser extirpadas. Cuando crees que te has librado de ellas, aparecen otra vez, pues sus raíces son muy profundas y obstinadas. Ser un neurótico es una desgracia, pero el mundo le debe mucho a los neuróticos. Por solo citar unos nombres, Proust, Kafka, Schumann, Virginia Woolf, Vivien Leigh, Alejandra Pizarnik, Van Gogh, Artaud, Schubert, Mark Rothko y Silvia Plath pertenecían a la estirpe de los neuróticos. Algunos se quitaron la vida, pero paradójicamente nos dejaron obras que constituyen un buen motivo para vivir.

La felicidad a veces es una experiencia muy sencilla. Basta escuchar los estudios sinfónicos de Schumann, leer una página de Proust, recitar un poema de Pizarnik o contemplar una obra de Van Gog. Curiosamente, los infelices son a veces los mayores proveedores de dicha. Yo he aprendido a coexistir con la neurosis, esa planta paradójica que genera a la vez sufrimiento y clarividencia. No creo que el dolor y la lucidez caminen necesariamente de la mano, pero la experiencia del dolor nos revela perspectivas que no habríamos atisbado con una existencia menos tempestuosa. Es como bajar al subsuelo o escalar un ocho mil. Ves cosas que otros no podrían imaginar.

Aramburu no pertenece al club de los neuróticos. Sosegado, austero y tranquilo, habla con esa calma que suele ser fruto de la sabiduría. Durante nuestro paseo, algo errático, pues nos extraviamos en un par de ocasiones (un incidente comprensible en su caso, pues no es su ciudad, pero inexcusable por lo que a mí respecta, ya que siempre he vivido en Madrid), hablamos sobre la difícil tarea de llegar masivamente a los lectores, una meta que él ha conseguido con *Patria* y que yo aún solo he vislumbrado en la lejanía.

Cuando arrojas las palabras sobre el papel, esperas que lleguen al mayor número posible de lectores. El libro nace con vocación de estrella. Anhela ser un gigantesco objeto luminoso con un poderoso campo gravitatorio, capaz de atraer a una buena cantidad de cuerpos celestes. Con *Patria*, Aramburu alumbró una galaxia. Sin embargo, el éxito no ha alterado su forma de ser. De hecho, no le agrada ser famoso. No escribe por vanidad, sino por necesidad. Su prosa —limpia, precisa y sin alardes retóricos— es un canto a la vida y a la literatura, donde hay espacio para los afectos, pero no para los vituperios. En *Las letras entornadas*, evoca su infancia de una forma conmovedora. Desde que empieza a despuntar su conciencia, experimenta fascinación por el mar, pues —al margen de su innegable belleza— aprecia que es una invitación a la libertad, un camino sin fronteras hacia tierras lejanas. La pluma de Aramburu muestra su profundidad y delicadeza al hablar de sus padres, dos personas sencillas que le inculcaron valores esenciales: compasión, humildad, amor al trabajo, decoro, tenacidad. Lejos de cortar sus alas, alimentaron su vocación literaria, incitándole a leer y estudiar. No es sorprendente que años más tarde el incipiente escritor se identificara con el Albert Camus de *El hombre rebelde* (1951), un alegato contra las ideologías que justifican los medios para alcanzar determinados fines. «Quien acumula víctimas encarna el mal —escribe Aramburu—. [...] Ningún verso, ningún renglón, saldría de mí sin haber atravesado un filtro ético. Intentaría ser libre sin causar daño». Aramburu nunca defrauda. Pienso que sus libros se disfrutan más sin se leen con una copa de buen vino en la mano. Son palabra impresa, pero proporcionan el placer de una buena conversación modulada por un grado razonable de embriaguez. Desde hace cuarenta años mantiene una estrecha amistad con el poeta Francisco Javier Irazoqui, al que despojó de la primera sílaba de su apellido, alegando que era «un hombre sin ira». Zoki vive en París y Fernando en Hannover, pero hablan por teléfono a diario.

Cuando hace unos años lo entrevisté, Aramburu me habló de Zoki:

> Pocas personas han tenido o tienen acceso a lo más profundo de mi persona, a la cámara que se esconde detrás de la última puerta. Zoki es una de ellas. ¿Por qué este hombre vive en mi abrazo permanente? Pues no me había parado a pensarlo. Lo que constato en primera instancia es un grado formidable de identificación. Me duele lo que a él le duele, me llena de alegría su fortuna. Nuestra amistad no excluye la discrepancia. Quienquiera que espiase nuestras diarias conversaciones telefónicas podría pensar que a menudo nos despellejamos mutuamente. No hay tal cosa porque no existe la posibilidad de la ruptura. Zoki es para mí una fuente de afecto, pero también de aprendizaje. Se aprende mucho con este hombre que es a un tiempo un abrazador nato y un moralista implacable [...]. Nos une una actitud vital semejante de clara raigambre estoica. Coincidimos en la afirmación de la vida y en la gratitud por todo lo bueno, bello, armónico, saludable que hay en ella, cosa que él acierta a expresar magistralmente en sus textos [...]. Siento gran aprecio por la capacidad de disfrute de Zoki y admiro el núcleo central de su filosofía, que considera como fin primordial del ser humano el hacer felices a los demás. No me gusta todo lo que a él le gusta; pero eso también me aclara la mirada. Zoki significa para mí un hermano de madre distinta. Si yo hiciera una lista de las personas a las que más he amado en esta vida, sin la menor vacilación pondría a Zoki en uno de los primeros puestos.

Desde hace diez años mantengo una comunión fluida con Zoki mediante mensajes de correo electrónico. Hace unas décadas, esos mensajes serían cartas manuscritas, un objeto mucho más valioso, pues la caligrafía es algo tan personal y revelador como el tono de voz o la mirada. En la primavera de 2024 Zoki perdió a su compañera, la profesora y ensayista Barbara Loyer. Cuando paseé con Aramburu por el Retiro, solo habían transcurrido dos meses del fallecimiento y no pude evitar preguntarle por el estado de ánimo de su amigo. Fernando me comentó algo que yo ya sabía:

> Zoki es la cuerda de un arpa. Le afecta mucho todo. El dolor ajeno y el propio. Antes hablábamos por teléfono a diario, a veces dos o tres veces. En ocasiones, para comprobar la pertinencia de una coma. Ahora está retraído, pero espero que el tiempo haga su trabajo y el dolor se aplaque.

Media hora más tarde Fernando y yo compartimos en un bar una cerveza sin alcohol y una pequeña ración de calamares. Una señora lo reconoció y lo felicitó por *Patria* asegurándole que había leído varias veces la novela y siempre le conmovía. Fernando agradeció el comentario con humildad. Vasco por los cuatro costados, su rostro, de rasgos vigorosos, y su forma de hablar, prudente y concisa, contrasta con mi temperamento excesivamente extrovertido. Como muchas personas de ascendencia andaluza (mi padre era de Córdoba), hablo como un arroyo que se desborda, un arroyo de aguas transparentes que muestra su fondo sin pudor. No me cuesta trabajo hacer confidencias, quizá por mi educación católica, que me inculcó la idea de que la confesión es una virtud. Lo más profundo de mi ser no está en una cámara sellada, sino en un escaparate con una iluminación algo chillona.

Días más tarde le hablé a Susana Garrido, la psicooncóloga, de mi paseo con Aramburu y del temperamento de los vascos. Ella, que nació en San Sebastián, me comentó que sus paisanos son así. «Les gusta observar. Tienen un gran sentido de la amistad, pero cultivan el pudor y la sobriedad». Me separé de Aramburu en una esquina de Madrid. Echaba de menos a Piedad, pero el afecto de los lectores y la cordialidad de Fernando habían ejercido un efecto balsámico. El amor es el mejor antídoto para el dolor.

Había anochecido y la ciudad parecía sumergida en un lago similar al de Valverde de Lucerna, ese pueblo salido de la imaginación de Unamuno donde se oye «el toque de agonía eterna» de un campanario sumergido bajo el agua. Firmé dos días más y el flujo de lectores no decayó. El sábado por la mañana di un pequeño paseo con un grupo de cuatro lectores poco antes de firmar en la caseta de una librería. La editorial organizó el encuentro. No he olvidado sus nombres: Pepe, Javier, Israel, Francisco. También había sido convocada una lectora, Isabel, pero no se enteró hasta que acudió a que le firmara su ejemplar y le expresé el pesar que me había causado su ausencia. Ella también lo lamentó explicándome que no solía prestar mucha atención al teléfono.

El paseo con los lectores me ayudó a corroborar que escribir es un acto de comunicación impregnado de amor. Aunque no hay un contacto directo, la escritura interpela indistintamente al autor y al lector escarbando en su interior. Las palabras son la correa de transmisión entre dos subjetividades que se acarician mediante el lenguaje. La conciencia apenas existe hasta que se topa con otra conciencia. Nuestra identidad es el producto de nuestra relación con los demás, y la escritura y la lectura constituyen una forma privilegiada de comunicación. Aunque era la primera vez que me reunía con los lectores con los que paseé por el Retiro, las palabras habían tejido un poderoso vínculo entre nosotros, creando una previa y misteriosa intimidad. No éramos simples extraños, sino personas que habían compartido ilusiones, temores y convicciones, hallando ecos, paralelismos y divergencias con sus propias experiencias vitales. Pienso que el encuentro nos acercó aún más, y reforzó nuestra pasión por el libro como espacio de reflexión y encuentro. Un libro puede alojarse bajo el brazo, pero su tamaño físico es engañoso. En sus exiguos límites físicos, cabe el universo, con su vasto espacio, casi infinito, y su asombroso caudal de tiempo, no menos ilimitado.

Al día siguiente Piedad me acompañó durante las firmas. Los efectos secundarios de la quimioterapia habían disminuido y se sentía con fuerzas para estar a mi lado. Con un sombrero panamá, su pelo aún intacto, una blusa estampada y unos pantalones blancos de algodón, su aspecto no podía ser más luminoso. Casi todos los lectores que acudieron a la caseta le dirigían unas palabras de afecto, pese a que se hallaba en la parte de atrás, pues no había espacio en el interior. Una puerta abierta dejaba a la vista a Piedad, sentada en una silla y acompañada por Sara Esturillo, una de mis editoras y una gran amiga. Una lectora le entregó a Piedad un ramo de flores, lo cual nos emocionó profundamente a los dos.

Y ya casi al final apareció Beatriz, una prima de Málaga a la que no veía desde la niñez. La escritura a veces actúa como un faro. Su luz revela tu presencia a los que te habían perdido de vista. Reencontrarme con Elena y Beatriz, dos primas que habían desaparecido de mi vida décadas atrás, me recordó la importancia de los lazos familiares. La sociedad no deja de envejecer y cada vez más personas viven solas. Muchos ancianos pasan sus días en apartamentos que no comparten con nadie. No oyen pisadas en los pasillos, ni voces en otras habitaciones. No comentan los incidentes cotidianos y, por las noches, su única compañía es la pantalla del televisor. Los vecinos no alivian su aislamiento, pues ya no se cultiva el sentido de la comunidad. El ocupante del piso contiguo es un perfecto desconocido, alguien al que apenas se saluda y al que a veces se evita en el ascensor, pues resulta embarazoso comunicarse cuando no se han tendido puentes con el pretexto de preservar la intimidad o por el miedo al rechazo. En las grandes ciudades se agrupan millones de personas, pero la aglomeración no significa convivencia, cercanía y, menos aún, complicidad. Entre un vecino y otro, a veces solo hay unos metros de distancia, pero esos metros representan una lejanía insalvable.

La familia tradicional, que acogía a varias generaciones y reunía bajo el mismo techo a padres, hijos, abuelos e incluso tíos y primos, se alzaba sobre un modelo hoy indeseable: la hegemonía masculina. No podemos volver atrás y restablecer ese estilo de vida, tan injusto para las mujeres, pero la soledad no es una alternativa razonable. El ser humano es un «animal social», como apuntó Aristóteles. Solo los dioses y las bestias soportan la soledad, añade el filósofo griego, pero cabría discutir esa hipótesis. Los dioses del panteón griego componían una compleja sociedad. No vivían aislados, sino enredados en disputas, idilios, alianzas y traiciones. Y en cuanto a las bestias, solo una minoría vive en soledad. El *Homo sapiens,* que también pertenece al reino animal, ha sobrevivido como especie gracias a su organización social.

Los humanos no somos criaturas solitarias. Necesitamos al otro. Material y afectivamente. Según Marvin Harris, la necesidad de afecto es tan vital como el alimento o el abrigo. Por eso hay que combatir la epidemia de soledad que se extiende por Occidente y la solución no es reproducir el pasado, sino avanzar hacia nuevas fórmulas de convivencia donde no se contemple ningún tipo de discriminación o exclusión. El *cohousing* y el *coliving* constituyen buenas alternativas para todas aquellas personas con el deseo de intercambiar experiencias, ideas y formas de ocio en un espacio compartido y sostenible.

El *coliving* nació en Silicon Valley como una extensión del trabajo cooperativo o *coworking*. Su intención inicial era agrupar a jóvenes creativos en un mismo edificio para estimular su desarrollo profesional. Se consideró prioritario conceder más espacio y variedad a los espacios compartidos, como el comedor, la biblioteca o la sala de estar, que a las habitaciones privadas, pues el objetivo era favorecer las relaciones personales. El *coliving* está concebido para cortos periodos de tiempo. En cambio, el *cohousing* es un proyecto con la voluntad de perdurar. Se trata de crear comunidad a partir de un conjunto de viviendas privadas agrupadas en un espacio compartido. Se comparten recursos, espacios y objetos. El origen del *cohousing* o covivienda se atribuye a una iniciativa surgida en Dinamarca en los años sesenta del siglo pasado, cuando el arquitecto Jan Gudmand-Høyer y un grupo de familias buscaron alternativas al modelo de vivienda existente. El concepto fue introducido en Estados Unidos por los arquitectos Kathryn McCamant y Charles Durrett tras visitar comunidades de covivienda en Dinamarca y no tardó en extenderse a Canadá. El *cohousing* puede ser urbano, suburbano o rural. Las viviendas se agrupan para crear un espacio abierto de uso común lo más grande posible. No se practica una economía común, ni se adoptan enfoques religiosos o ideológicos, pero se promueve el consenso en el marco de unas relaciones sin orden jerárquico y se busca un modelo de sostenibilidad ecológica y financiera.

Hay muchas modalidades de *cohousing,* pero la motivación siempre es la misma: vivir en comunidad, compartir, derribar los muros que aíslan a las personas. Se estima que en 2050 casi la mitad de los hogares japoneses serán unipersonales. En España el porcentaje previsto para esas fechas baja un tercio, pero sigue constituyendo un dato alarmante. Algunas personas eligen vivir solas, pero la mayoría no lo desea. De hecho, el suicidio entre mayores de sesenta y cinco años se ha incrementado casi un 10 por ciento desde 2019. En 2021 representó un 30,85 por ciento de un total de 4.003 casos. Es decir, 1.235 personas. El 75 por ciento fueron hombres (921) y el 25 por ciento mujeres (314).

No es un fenómeno aislado. En una escala global, la población de edad avanzada presenta las tasas más altas de suicidio. A veces el suicidio no se consuma de forma directa, sino de manera silenciosa. Se descuida la alimentación, la higiene, la vida social, la salud, hasta que el cuerpo y la mente colapsan. En una sociedad con escasez de amor, los más vulnerables son los primeros en caer: personas de la tercera edad, adolescentes, enfermos, marginados. No podemos resignarnos a esta catástrofe. Hay que levantar diques contra el sufrimiento de los que se sienten abandonados y carecen de vínculos afectivos.

Pasear por el Retiro con Fernando Aramburu e intercambiar unas palabras con los que se acercaron con una sonrisa a que les firmara un ejemplar son pequeños gestos, pero gracias a ellos yo recordaré la Feria del Libro de Madrid de 2024 como una de esas ocasiones en que el amor se manifiesta de forma tranquila y sencilla. La felicidad no es una escalada heroica hasta una cima inaccesible, sino un paseo sencillo donde los corazones se exponen sin miedo, buscando un poco de ternura.

10
Atticus Finch y el amor a los hijos

> Nunca subestimes el poder de una buena acción. Puede cambiar la vida de alguien para siempre.
>
> HARPER LEE,
> *Matar a un ruiseñor*

«La enfermedad es el lado nocturno de la vida», escribe Susan Sontag. Es posible, pero también esconde aspectos luminosos. Piedad ha perdido el pelo y resulta doloroso contemplarla con ese aspecto, pero ella se esfuerza mucho en cuidar su imagen. Se ha comprado pañuelos y turbantes de colores, se maquilla y se viste con ilusión, seleccionando las prendas veraniegas que más le favorecen. Sus ojos azules resaltan con las prendas oscuras. El negro, combinado con el blanco, destaca su mirada. No ha perdido peso y conserva su sonrisa. Antes de salir a la calle, escarba en su joyero. No le gustan las cosas caras, sino los colgantes y los pendientes de estilo étnico, casi siempre adquiridos en puestos callejeros. Yo siempre estoy pendiente de lo que pueda necesitar y le compro detalles a menudo. A veces aparezco con una pulsera o un pañuelo. O con una pamela. Le gustan mucho las pamelas. Cuando le compro algo, se viene a mi cabeza el recuerdo de mi padre apareciendo en casa con un *cowboy* o un piel roja de plástico. O un coche en miniatura. Cuidar a un ser querido afectado por una cruel enfermedad se aproxima al ejercicio de la paternidad. No hay que infantilizar al enfermo ni sobreprotegerlo, pero su vulnerabilidad despierta el instinto de amparo inherente al hecho de engendrar una vida y garantizar su bienestar.

Piedad y yo no hemos sido padres. No ha sido una elección deliberada. Los problemas de salud nos vetaron esa posibilidad y ni siquiera pudimos contemplar la adopción, pues no nos hallábamos en condiciones de asumir esa responsabilidad. Sin embargo, siempre me he preguntado cómo debería ser el amor a los hijos. En *El arte de amar,* Erich Fromm incurre en los estereotipos de su época estableciendo distinciones entre el amor paterno y el amor materno que han perdido su validez con el correr de los años. Su libro aparece cuando la revolución sexual y el movimiento feminista aún no habían transformado la sociedad. Quizá por eso afirma que el amor de la madre es incondicional y el del padre enteramente condicional. La madre no pide nada al hijo: «Es el hogar del que procedemos, la naturaleza, el suelo, el océano». En cambio, el padre representa el polo opuesto de la existencia: «el mundo del pensamiento, de la ley y el orden, de la disciplina, los viajes y la aventura. El padre es el que enseña al niño, el que le muestra el camino hacia el mundo».

Fromm habla de madres frías y chantajistas que manipulan a sus hijos, inculcándoles sentimientos de culpa e impotencia. Esa clase de madres suelen ser la causa principal de la neurosis. No es menos dañina la figura del padre autoritario e intransigente, que exige obediencia y sometimiento. Sin embargo, Fromm no contempla que la madre pueda enseñar igualmente «el camino hacia el mundo», estimulando en el hijo el deseo de comprender, saber, viajar y realizarse individualmente. Las madres sobreprotectoras son particularmente nocivas, pues obstaculizan e incluso frenan el proceso de maduración. No aceptan la separación del hijo, un paso que constituye el último y necesario tramo de una educación orientada hacia la constitución de una personalidad adulta y equilibrada.

Hoy sabemos que sobreproteger siempre es malo y no es sinónimo de amor. De hecho, algunos lo consideran como una forma de maltrato, pues impide el desarrollo de las herramientas necesarias para afrontar la vida adulta. Enseñar «el camino hacia el mundo» no es una tarea exclusiva del padre. Puede ejercerla la madre y, en general, cualquier adulto sensato. Es una tarea que exige amor e inteligencia.

Atticus Finch, el personaje creado por la novelista estadounidense Harper Lee en *Matar a un ruiseñor*, es un ejemplo de gran educador. Atticus es un homenaje al padre de Harper Lee, Amasa Coleman Lee, un abogado de Alabama que defendía a sus vecinos afroamericanos. Viudo, ejerce como abogado en el imaginario condado de Maycomb, Alabama. Cuida de sus dos hijos, Jem y Scout, a los que educa con su ejemplo de tolerancia, responsabilidad y solidaridad con los más infortunados. Asume la defensa de Tom Robinson, un hombre negro acusado falsamente de violación. A principios de los años treinta del siglo pasado no era una tarea sencilla en el sur de Estados Unidos, donde los prejuicios raciales aún se hallaban profundamente arraigados. Atticus defiende a Tom Robinson porque cree en la dignidad de todas las personas, con independencia del color de su piel, y porque intenta mirar al mundo con los ojos de los demás, trascendiendo la estrecha perspectiva del ego, un tirano que vive recluido en el pequeñísimo horizonte de la experiencia individual. Atticus explica a Scout que es necesario salir de uno mismo, conocer otras experiencias, «caminar un par de millas» con los zapatos de los demás, si no queremos caer en la ceguera del que no es capaz de establecer distinciones entre el mundo exterior y su universo personal.

Siempre dispuesto a escuchar y a interesarse por las vidas ajenas, Atticus Finch se abstiene de juzgar y condenar. No siente aversión por Mayela y su padre, Bob Ewell, cuyos falsos testimonios contra un vecino negro han avivado el odio racial. Aunque han sentado en el banquillo de los acusados a un hombre inocente, Atticus no les atribuye malicia, sino ignorancia. Con una perspectiva socrática, explica el mal como el fruto de la miseria y la incultura.

Es casi imposible experimentar empatía cuando se soporta una existencia paupérrima y se ha carecido de la oportunidad de forjar un criterio por medio de la educación. Las aulas siempre son la mejor escuela de ciudadanía, pero en esos años algunas familias del Sur apenas podían frecuentarlas, pues la necesidad de trabajar desde la infancia arrebataba a los niños esa posibilidad. Atticus nada contra la corriente, pero su cabeza se mantiene erguida, sin dejarse intimidar por el tumultuoso río de la opinión pública. Soporta la presión de la masa con sus firmes convicciones. No es un santo. Conoce el desaliento, la impotencia y la frustración, pero no se deja vencer por el pesimismo ni por la cólera. Su templanza es proverbial. Cuando el padre de la joven falsamente violada le provoca en presencia de su hijo Jem, responde con calma y dignidad. Aunque lo ha cubierto de insultos y le ha escupido en la cara, se limita a sacar un pañuelo y limpiarse. Podría responder, pues es más alto y corpulento, pero ni siquiera se le pasa por la cabeza. Solo le preocupa que su hijo haya presenciado la escena, no porque su comportamiento pueda confundirse con cobardía, sino porque le duele que haya sido testigo de la caída del ser humano en el pozo del odio y el resentimiento. Frente a esa calamidad, no cabe otra opción que dar ejemplo una vez más, enseñándole a su hijo que la violencia nunca es una alternativa ética.

Atticus nunca se impacienta, jamás sermonea, respeta la independencia de sus hijos, pero no renuncia a dialogar con ellos cuando cree que se equivocan. Scout se pelea en la escuela porque insultan a su padre. Algunos niños le recriminan que defienda a «un despreciable negro». Abatida, pregunta a su padre por qué lo hace reproduciendo las palabras de sus compañeros y sin ocultar que no entiende su comportamiento. Atticus la invita una vez más a ponerse en el lugar de los demás recordándole que la familia humana no contempla excepciones. Los «despreciables negros» son sus vecinos, gente sencilla y trabajadora que vive marginada, soportando una inmerecida segregación. Atticus no es un individualista. Magistralmente interpretado por Gregory Peck en la versión cinematográfica de Robert Mulligan (1962), jamás obra de espaldas a la comunidad. Tiene sentido de pertenencia y aprecia a sus vecinos, pero no está dispuesto a seguirlos en sus errores. Piensa que el amor se ejerce mediante un insobornable espíritu crítico.

Estados Unidos no será una verdadera democracia hasta que reconozca la igualdad de derechos de todos sus ciudadanos. Ser padre conlleva un amor incondicional, pero no un eclipse de la conciencia moral. El amor no puede ser ciego. El verdadero amor es un ejercicio de responsabilidad que exige buscar la verdad. La cercanía de un padre no debe consistir en una empobrecedora protección, sino en un estímulo permanente a la valentía y al examen de conciencia. La autocomplacencia es una forma de inmadurez. En cambio, el inconformismo, que plantea la necesidad de la autocrítica y enseña a esperar, es un gesto de sabiduría.

Como abogado, Atticus considera que el individuo no puede desobedecer la ley, pero sí debe luchar para que cambie cuando es injusta, insuficiente o absurda. Y la forma más eficaz de hacerlo es mediante el ejemplo. El testimonio individual de un hombre puede transformar la mentalidad colectiva. Este razonamiento se convierte en apremiante necesidad frente a un jurado compuesto por un grupo de ciudadanos blancos, cuya imparcialidad es dudosa, pues son esclavos de sus prejuicios. Aparentemente, Atticus fracasa con el jurado, que no atiende a sus argumentos, pero su defensa pública de la verdad siembra la duda y deja huella. Los espectadores blancos se marchan apresuradamente tras el final del juicio, pero los afroamericanos aguardan respetuosamente a que recoja sus cosas y abandone la sala, agradeciendo su defensa con la deferencia de ponerse en pie.

Situados en una planta superior, el punto de vista de esa parte de la comunidad, indignamente menospreciada y segregada, evoca la altura de miras de la conciencia, que siempre demanda levantar la mirada para despegar del suelo y no dejarse arrastrar por las pasiones más turbias. Atticus, con su defensa de Tom Robinson, ha dado ejemplo. Un ejemplo público, visible, valiente, pero sin alardes ni ostentación. Sobrio, prudente y generoso, solo se mueve por un inquebrantable compromiso con la verdad. Sabe que arroja un grave peso sobre sus espaldas, pero acepta esa carga. Podría apropiarse de unas palabras de Zygmunt Bauman: «La verdad que libera a los hombres suele ser la verdad que los hombres prefieren no escuchar».

Atticus no siente demasiado aprecio por lo material. Ayuda a sus vecinos pobres con enorme discreción y delicadeza, pues no quiere herir su orgullo. Es transparente y obra con determinación: quiere hacer el bien y lo hace. No hay asimetría entre sus convicciones y sus actos. Jamás piensa en sí mismo. Es un viudo relativamente joven y atractivo, pero no muestra interés por las mujeres. Su prioridad es cuidar a sus hijos y dejarles como legado una conducta intachable. Sabe que para madurar es necesario contar con un padre que vele por ellos mientras crecen, aprenden, obtienen sus primeros logros y descubren el fracaso. Quiere que sean felices, que no se sientan perdidos, que aprendan a relacionarse con sus semejantes, que superen las inevitables decepciones y no pierdan el fervor por la vida.

Su meta no es dejarles un capital material, sino un capital moral. El capital material puede agotarse; el moral, perdura e ilumina la existencia. Quiere que sus hijos sean libres y no débiles. No desprecia la debilidad, pero sabe que la debilidad puede llevar a ser gregario y a dejarse arrastrar por las masas. Es lo que le sucede al grupo de blancos que intentan asaltar la cárcel para linchar a Tom Robinson. Entre ellos se encuentra un vecino pobre y padre de un niño que asiste al colegio con Scout y Jem. No es un mal hombre, pero la precariedad y la desesperación han ofuscado su mente. Su frustración se alivia participando en un acto de odio. Piensa que de ese modo salva su dignidad herida. En cambio, Atticus es un hombre fuerte, con la dignidad intacta. Su coraje nace de una conciencia vigilante, que no se relaja ni se pavonea.

Boo Radley, un joven vecino con síntomas de autismo, parece lo más opuesto a Atticus: introvertido, con problemas para expresar sus emociones, retraído, inseguro, tímido. Sin embargo, será él quien salve a sus hijos de una brutal agresión. Dostoievski escribió: «Hoy el espíritu humano pierde de vista en todas partes, cosa ridícula, que la única garantía del individuo radica no en su esfuerzo personal aislado, sino en su solidaridad».

Somos seres sociales y afectivos. Vivir significa establecer vínculos. Entre las muchas virtudes de Atticus, sobresale la de ser un buen padre. Es particularmente conmovedora su expresión de seriedad y consternación cuando escucha a sus hijos hablar de su madre. Los niños están a punto de dormirse. Hablan desde la cama, con una voz somnolienta, mientras él está sentado en el balancín del porche, con la cabeza levemente inclinada y los ojos invadidos por el dolor. No es menos memorable la escena final, cuando Atticus vela el descanso de sus hijos. Scout dormita en sus brazos y Jem duerme en la cama, con un brazo roto y la cara magullada. Tardarán en superar la agresión que han sufrido, pero están tranquilos, pues su padre no se separará de su lado.

Ser padre es un ejercicio de amor y responsabilidad. Atticus es un perfecto educador, con la autoridad que proporciona la coherencia personal. Su ejemplaridad pública, trufada de indulgencia, corre paralela a su ejemplaridad privada, impregnada de ternura. Su casa no es un espacio opaco y cerrado, sino transparente y abierto. Si los muros fueran de cristal, no aparecería el zoo humano de Tennessee Williams, con sus existencias rotas y sus pasiones desordenadas, sino el perfecto equilibrio de una familia que se ama. No hay amargura ni desgarro, pese a la pérdida de la madre. El luto eterno no es ejemplar. El amor de Atticus fructifica en la vida plena de sus hijos, que crecen llenos de alegría. La paternidad es una experiencia baldía si no está bañada por la virtud. No por una virtud abstracta, sino encarnada y cotidiana. Atticus cuida de sus hijos y, al hacerlo, cuida de todos. Sus hijos, como niños, representan el futuro, y su hogar irradia esperanza. Su aportación a la comunidad es inconmensurable, pues un hombre bueno siempre despierta el deseo de imitación. Concepción Arenal escribió: «El mejor homenaje que puede tributarse a las personas buenas es imitarlas».

Si hubiéramos engendrado hijos, Piedad y yo habríamos deseado ser como Atticus Finch. No sé si lo habríamos logrado, pero creo que disponer de un buen modelo nos habría ayudado a inculcar valores como la tolerancia, el inconformismo y la solidaridad. La principal herramienta pedagógica de Atticus es el diálogo. Cuando habla con sus hijos, les pide que no se peleen con sus compañeros, sino que los escuchen. Si alguien levanta los puños, no deben imitar su gesto, sino mirarlo a los ojos e intentar comprender el motivo de su enfado. La violencia nunca es una alternativa razonable. La coacción mental tampoco es un camino fructífero. Manipular es tan obsceno como golpear. No hay que agasajar las conciencias con artificiales promesas de dicha, sino despertarlas.

Como señala con acierto José Carlos Ruiz, autor del ensayo *De Platón a Batman. Manual para educar con sabiduría y valores,* se ha impuesto una tiranía de la felicidad que no contribuye al desarrollo de la madurez y el equilibrio. La felicidad no es un sentimiento, sino un modo de ser que se adquiere superando retos y aprendiendo a tolerar el fracaso. Por eso hay que sacar a los niños de su zona de confort y de su ficticia seguridad. José Carlos Ruiz compara la caverna de Platón con el hipnotismo que ejercen las pantallas. Su poder de seducción es innegable, pero las imágenes —por muy atractivas que resulten— no pueden reemplazar al mundo real. Su función es ayudarnos a relacionarnos con él, no ocultarlo. Una felicidad fundada en ilusiones es tan frágil como una campana de cristal. Se romperá antes o después.

Así lo entiende el doctor Thomas Wayne. Cuando su hijo Bruce cae en un pozo lleno de murciélagos, le enseña que caerse no es malo, pero hay que ponerse de pie. Mucho después Bruce convertirá su miedo a los murciélagos en una inspiración. Serán su modelo para crear a Batman, el justiciero de Gotham, el Caballero Oscuro que lucha incansablemente contra el mal. Batman fue concebido por el escritor Bill Finger y el dibujante Bob Kane. No es una casualidad que su nacimiento se produzca en mayo de 1939, al filo de la Segunda Guerra Mundial. Su peripecia personal refleja el sentimiento de desamparo que experimentaba la sociedad en esas fechas, tras pasar por la crisis del 29, que arrojó a millones de personas a la precariedad y la intemperie, y allanó el terreno a los totalitarismos.

La historia de Bruce Wayne recoge el sentimiento de vulnerabilidad de un tiempo de incertidumbre y desesperanza. Bruce presencia el asesinato de sus progenitores cuando solo es un niño. Su padre es un famoso médico y filántropo cuyos antepasados participaron en la fundación de Gotham. Bruce goza de todo lo que un niño puede desear: afecto, bienestar material, un hogar. Todo se desploma cuando Joe Chill, un atracador, mata a sus padres a la salida de un cine. Años más tarde Bruce decide transformarse en un justiciero para que ningún niño vuelva a sufrir una tragedia similar. Al evocar su pérdida, reconoce con amargura: «Apenas conocí a mis padres como personas. Sin embargo, conocí el mundo de repente. Era duro, frío, oscuro y sin ley. Su rostro era feroz y bestial». Batman no tiene poderes sobrenaturales. Solo es un hombre que utiliza su ingenio y su fuerza para frenar los estragos de los villanos afincados en Gotham, metáfora de un mundo sumido en la oscuridad.

Joker es el principal antagonista de Batman. Su sonrisa perpetua delata su locura, pero no es un simple orate, sino un apóstol del nihilismo. La leyenda dice que enloqueció tras caer en una cuba de ácido mientras cometía un robo en una planta química. El fatal accidente tiñó su rostro de blanco tiza y su pelo de verde fluorescente. Joker se incorporó a la serie en 1940, cuando Hitler parecía imparable. Comparte con el líder nazi un profundo nihilismo impregnado de megalomanía. Ambiciona el poder para desatar el caos. Quiere destruir Gotham, reducirla a escombros. Como Hitler, explota el terror. Sabe que es el medio más eficaz para esclavizar al ser humano y despojarlo su dignidad.

Joker es el abismo del que surgió el mundo. Batman, el héroe que lucha incansablemente contra las fuerzas del mal. Joker pretende hacer con Gotham lo que Hitler hizo con Varsovia, que utilizó a la Wehrmacht para destruir el 90 por ciento de sus edificios y la totalidad de sus calzadas y puentes ferroviarios. El Joker de Joaquin Phoenix nos muestra los frutos envenenados del resentimiento. Es un villano porque ha conocido la humillación, el desprecio y la marginación. Un niño maltratado o acosado puede experimentar la misma evolución. Hitler sufrió la violencia de su padre en la infancia y eso le impidió madurar, además de transformarlo en un espíritu vengativo e insensible. Un hombre humillado puede ser más letal que una bomba atómica.

La pedagogía de Batman excluye el maltrato, pero no promueve la sobreprotección. Los padres deben acompañar a los niños, no encerrarlos en una burbuja de falso bienestar. Por mucho que nos escondamos, el mundo siempre nos encontrará. En cualquier esquina podemos toparnos con Joe

Chill, dispuesto a destrozar nuestras expectativas de felicidad. Hay que enfrentarse a la vida y aprender a convivir con su margen de incertidumbre. Un niño solo puede realizar ese viaje con unas alforjas cargadas de autoestima, ingenio, creatividad, autonomía y responsabilidad. Ser padre o madre es una de las tareas más difíciles, un oficio donde siempre es posible resbalar y caer al vacío. Por eso hay que contar con una hoja de ruta, como la que Atticus y Batman nos proporcionan con su mezcla de sabiduría, audacia y coraje.

11

Zoki y el amor a la vida

> La ciencia moderna no ha producido aún un medicamento tranquilizador tan eficaz como lo son unas palabras bondadosas.
>
> SIGMUND FREUD

No llegué a conocer a Barbara Loyer, esposa y compañera del poeta Francisco Javier Irazoqui, pero su muerte me entristeció profundamente. Irazoqui, al que sus amigos llaman Zoki, suele repetir que su pareja era un «alma grande», una expresión que utilizaba el padre de Barbara. No me cabe ninguna duda de que esas palabras no constituyen una hipérbole, sino una forma de describir a una persona compasiva, inteligente y con un gran sentido ético. Zoki también posee esas cualidades.

Fernando Aramburu lo describe como «un hombre intermitente, que deja de existir cuando no lo aman y, cuando lo aman, vuelve a la existencia». Zoki tiene una mirada limpia, transparente, y su abundante barba le hace parecer un santo humano, muy humano: «Lo mejor de mi cara es la lechuza. Vive impasible, subida a unas zarzas blancas». Hijo de una familia campesina, con un caserío en la pendiente de un monte, Zoki creció entre árboles, animales y prados. Conoció el zarpazo de la muerte muy temprano. Uno de sus hermanos falleció en el seno materno. En *Los hombres intermitentes,* escribe: «Los otros niños crecieron descubriendo aventuras. Para mí, crecer fue sentir el paso del tiempo al escuchar los mensajes que un muerto me enviaba desde sus frutos». En el internado de curas donde estudió, sufrió una caída que no recibió adecuada atención médica. Su columna vertebral quedó gravemente desviada, mermando su capacidad respiratoria. Todo sucedió de una manera inesperada: «La realidad disparó mientras yo dormía».

Zoki, el poeta sin ira, nos enseña a mirar el mundo con la sabiduría de un niño que ha descubierto el paraíso en lo terrenal, humilde y cercano. No puedo observar su rostro o leer sus poemas sin recodar al príncipe Mishkin, compasivo, inteligente e inmune a la malicia, pero con una importante diferencia: Zoki no huye del mundo, sino que lo transforma con su amor a la vida. En *Orquesta de desaparecidos,* apunta que la mirada del poeta no puede conformarse con producir asombrosas combinaciones y simetrías. Debe buscar sin miedo la verdad y celebrar la existencia desmontando las naderías de «los que caminan en el interior de los abismos». La verdadera lucidez es decir sí a la vida, sin lamentar sus limitaciones. Zoki es un poeta que «se sabe efímero y ensalza la vida que consume». No concibe que las fronteras separen a los seres humanos. Para él, la patria es la hermana muerta, una niña de pies descalzos que falleció prematuramente, pero que tuvo tiempo de acompañarlo hasta el umbral de una soledad indulgente y afable. Zoki no cree en el más allá, pero piensa que los seres queridos arrebatados por la muerte viven en su interior: «Las personas que se alejaron de mi vida forman la orquesta. Sus muertes o desamor se han convertido en música». Zoki no sueña con la gloria. No pide ser recordado como un poeta laureado, sino como una presencia circunspecta: «Me gustaría que sobre mi muerte se plantase el árbol de la discreción».

Al inicio de *El contador de gotas*, Zoki recoge una cita de Ramón Eder: «Sin compasión no hay cordura». Nuestros semejantes no son un escenario de fondo, sino una llamada permanente a la fraternidad. El decálogo moral de Zoki se condensa en unos pocos principios: no transigir con la amargura; utilizar el ingenio para combatir las supersticiones, especialmente las que disfrutan de un amplio crédito; alejarse de los placeres que esclavizan la mente y el cuerpo; espantar el dogmatismo con preguntas; no permitir que la ambición material nos robe la vida; no complacerse con las propias lágrimas; sitiar el rencor para que el perdón sea más fuerte que la herida. Para Zoki, el tiempo no es un tránsito doloroso, sino un suave movimiento hacia la plenitud de cada día. La vida no es pérdida, sino hallazgo. Su precariedad no le resta un ápice de belleza. En un documental de Oskar Alegria, declara:

> Yo soy un pequeño coleccionista de asombros. Desde niño, he descubierto en los objetos aparentemente más humildes todo un universo. Basta un guijarro para emborracharme. Pienso que me sobran motivos para ser humilde, pero siempre procuro —quizá con fracasos— ser un atleta de la mirada.

Zoki está enamorado de lo pequeño e insignificante: un guijarro, una nota, una fruta. No quiere ser el cantor de lo grande y heroico, como Kipling, sino de lo humilde.

Hace unos años entrevisté a Zoki y le pregunté por qué su amor a la vida era tan infrecuente entre los poetas. Y me contestó:

> No me considero optimista, sino agradecido. Como todas las personas, he conocido la angustia aguda y he intentado huir de su cárcel. Participar con placer en los campeonatos de dolor no me parece una forma de sabiduría. He llegado a la gratitud por un grado elemental de delicadeza. Fíjate en Billie Holiday. Su herida canta y suena una biografía de penurias, malos tratos, prostitución, adicciones. Billie combina sus desgracias para ofrecernos belleza. Otro ejemplo: en mi vivienda parisina existe una mesa que es una enseñanza. La fabricó un pariente cercano. Se suicidó la esposa de veinticinco años de este familiar y él, para combatir su dolor, necesitó construir un objeto. Un objeto que reconstruyera la vida rota de su fabricante. Diariamente me siento ante un mueble que me guía.

Al comentarle que su poesía desprendía bondad y templanza, Zoki matizó:

> Créeme, Rafael: soy una versión fallida de mi padre. Yo observaba a aquel hombre grande de estatura física y comportamiento. Nunca le oí hablar en contra de alguien. En una ocasión fui testigo de su entereza silenciosa frente a unos vecinos que lo hirieron gravemente con frases injustas. Luego, en casa, continuó con la misma serenidad. La templanza y la bondad no son regalos de la naturaleza, sino conquistas intelectuales.

Si tuviera que describir la poesía de Zoki, afirmaría que es una luminosa pedagogía de la vida. No alecciona ni sermonea, pero invita a no estancarse en el dolor y a disfrutar de los paisajes, la música, los libros, la amistad, el amor. Al escuchar mi definición de su poesía, Zoki contestó:

> Ojalá tengas razón. ¿Sabes? Lo que más me gusta es dar placer. En la intimidad y fuera de ella. Diariamente, con unas palabras o con un plato que cocino cuidando los detalles. Una cosa es segura: después de haber vivido tantos momentos hermosos, no cometeré la injusticia de morir amargado.

La poesía de Zoki nos enseña a mirar, escuchar, disfrutar, amar. No me sorprende que en *La nota rota* recoja una cita de Beethoven: «No reconozco en ningún hombre otro signo de superioridad que la bondad. Allí donde la encuentro está mi hogar». Zoki me recuerda a esos justos del poema de Borges: el que cuida su jardín, el que celebra la música, el que descubre con fruición una etimología, dos amigos que juegan en silencio al ajedrez, el ceramista que alumbra formas y colores, el tipógrafo que compone minuciosamente una página, la mujer y el hombre que leen los tercetos finales de un canto, el que acaricia un gato dormido, el que perdona una ofensa, el que se emociona con Stevenson, el que se alegra de que otros tengan razón. «Esas personas, que se ignoran, están salvando el mundo», concluye Borges.

Los hombres como Zoki nos salvan a todos, pues nos enseñan que la vida no es un acontecimiento aciago, sino el lugar donde brotan la belleza, el amor y la amistad. La vida es hermosa y extraña. No sé si Zoki y yo llegaremos a hablar algún día en una cafetería o si pasearemos por un parque, pero aunque nunca se produzca ese encuentro, yo me siento acompañado por su poesía y por los mensajes que intercambiamos. No me cuesta reconocer su superioridad moral. Su corazón es más limpio y generoso que el mío, y en ese corazón advierto el calor del hogar. Me duele saber que está sufriendo, pero sé que la pérdida de Barbara no le hará renegar de la vida.

No creo que sea posible amar a una persona sin amar la vida. Cuando se considera que la existencia es una desgracia, se abre paso el desapego y se pierde el aprecio por las cosas. ¿Por qué amar algo que está destinado a borrarse? Zoki acepta las pérdidas. Sabe que son inevitables y tal vez necesarias. Escribir es un acto de sinceridad, y sería deshonesto ocultar que yo no soy capaz de aceptar las pérdidas. Cada vez que he perdido a un ser amado, se ha abierto en mi interior una herida que nunca ha llegado a cerrarse. Al igual que Pascal, Kierkegaard y Unamuno, contemplo la muerte con angustia y horror.

El filósofo Hans Jonas no comparte ese punto de vista. En su opinión, la confrontación con la posibilidad de no ser, solo presente en el ser humano, nos ha permitido decir sí a la vida e incorporar a la evolución un gesto de afirmación cósmica. El miedo a morir nace de la convicción de que la vida merece la pena, de que existir no es una desdicha, sino algo positivo, un bien absoluto. En el ser humano, la vida se dice sí a sí misma, introduciendo la noción de valor en el universo. Según Jonas, esa novedad justifica el sufrimiento que nos provoca nuestra finitud. La carga de la mortalidad es a la vez «pesada y razonable». Pesada porque acarrea dolor, insatisfacción, angustia. Razonable porque incorpora al universo una dimensión racional, significativa. Sin una conciencia que reflexiona, solo hay inercias y reiteraciones, no un sentido. Los animales no saben que van a morir y, por eso mismo, no son capaces de comprender la peculiaridad y hondura de la vida.

¿Qué sucedería si no muriéramos?, se pregunta Jonas. Sin un relevo generacional, la historia se paralizaría. No habría cambio ni progreso. «La juventud, con todas sus torpezas y necedades, es la eterna esperanza de la humanidad.

Sin su constante llegada se secaría la fuente de lo nuevo», escribe Jonas en «La carga y la bendición de la mortalidad», un texto incluido en *Pensar en Dios y otros ensayos*.

Gracias a la diversidad inherente a la procreación sexual, nunca habrá dos individuos iguales, lo cual garantiza que la humanidad no se estancará en la repetición y la rutina. La mortalidad es la condición necesaria de la creatividad. Conviene recordar, además, que somos seres biológicos y la capacidad de almacenamiento de nuestro cerebro no es ilimitada. Si se lograra prolongar indefinidamente nuestra existencia, perderíamos nuestra identidad, pues el pasado se iría borrando de nuestra memoria para dejar un hueco a las nuevas experiencias. Nuestra capacidad de adaptación también es limitada. Las novedades acabarían desbordándonos. Llegaría un punto en que nos convertiríamos en anacronismos vivientes y no comprenderíamos el mundo. Saber que solo estaremos aquí un breve tiempo debería constituir un estímulo para aprovechar bien nuestros días y hacer de nuestra existencia algo fructífero.

La muerte irrumpió en mi vida cuando tenía ocho años, casi nueve. El 2 de junio de 1972 mi padre sufrió un infarto de miocardio. Volvió del trabajo fatigado. Hacía mucho calor y, en esa época, el decoro exigía que un hombre de su edad llevara traje y corbata en cualquier estación del año. Una dolencia cardiaca ya le había advertido sobre el riesgo que corría, pero todo indica que prefirió no pensar demasiado en ello, negándose a alterar su rutina. No sé si el malestar —opresión en el pecho, sudor frío— que lo asaltó mientras bajaba por la Gran Vía le infundió temor, pero cuando llegó a casa manifestó que le preocupaba nuestro futuro si llegaba a sucederle algo. Pensó que yo era demasiado pequeño para entender sus palabras. Como en otras ocasiones, se fue a su dormitorio para descansar un poco antes de comer, pues a primera hora de la tarde tendría que reanudar su jornada laboral, pero un estertor sacudió su cuerpo interrumpiendo bruscamente su vida. Solo tenía sesenta años.

Mi padre murió en un piso del barrio de Argüelles. Desde el balcón de su dormitorio podía contemplarse el parque del Oeste, con sus enormes cedros sombreando las praderas de césped y los caminos de tierra. Mi madre vivió en ese apartamento hasta los ochenta y siete años, cuando el alzhéimer hirió su mente y la obligó a mudarse a mi casa. Sus ojos azules cambiaron de paisaje y no pareció importarle. Enseguida se acostumbró a la planicie castellana, con sus cielos infinitos y sus horizontes de mar en calma. Cuando se acercaba a los noventa y tres, una embolia acabó con su vida.

Hace unos días me acerqué al barrio de Argüelles para comer con un amigo. Un restaurante italiano con una decoración austera, casi minimalista, nos proporcionó un par de horas de intimidad y confidencias. Cuando nos separamos, me acerqué al portal donde había convivido con mis padres y mis hermanos. Se trataba de una vivienda de renta antigua que volvió a su propietario cuando mi madre se trasladó a vivir conmigo. Alcé la vista y observé el balcón desde el que había contemplado tantas veces el parque del Oeste y descubrí que lo ocupaba un aparato de aire acondicionado. Es un balcón pequeño y estrecho, con una barandilla de hierro. Un simple mirador sin espacio para una mesa y unas sillas. De niño, fantaseaba que era la proa de un barco adentrándose en un océano con grandes bancos de coral. El aparato de aire acondicionado ya no permitía imaginar algo así, pues había invadido todo el balcón. Nadie podría ya asomarse a observar los cedros, los plátanos o el teleférico que cruza la Casa de Campo cabeceando como una canoa en un río tumultuoso. A la pérdida de mis seres queridos se sumaba una dolorosa transformación. Aquel balcón ya no era un mirador ni una proa, sino un espacio funcional carente de poesía y misterio.

Mientras volvía al pueblo donde vivo, situado a unos cincuenta kilómetros de Madrid, me pregunté por qué morimos. Se ha interpretado la muerte como un castigo, pero la experiencia nos enseña que es algo necesario. La inmortalidad terrenal nos llevaría a la situación descrita por Jonathan Swift y Borges en sus terroríficas fábulas. En ellas, los inmortales son seres embrutecidos por una existencia demasiado dilatada. La finitud es lo que nos permite forjar una identidad, ser alguien, tener un nombre. Ser indefinidamente nos abocaría a perder nuestros rasgos diferenciales en el turbio río del tiempo. En *El inmortal*, el famoso cuento de Borges, Homero —aparentemente un troglodita «infantil en su barbarie»— ha olvidado que escribió los hexámetros de la *Ilíada*. Cada generación aporta una perspectiva nueva, una creatividad que no existiría sin la renovación que representa cada vida. La finitud es lo que nos convierte en algo precioso e irrepetible.

¿Es la muerte la última palabra? En este mundo, sí, pero quizá hay otra vida, una forma de plenitud que desconocemos pero que se deja entrever y sentir. En el recuerdo de mis padres advierto esa belleza imperecedera que palpita en la música de Bach, la pintura de Vermeer o la poesía de Juan de la Cruz. La comunidad científica augura que el cosmos avanza hacia la muerte térmica. Indudablemente, el universo se extinguirá, algo que ya anunciaban los textos de las grandes religiones, pero yo creo —como Kant, Bergson, Hans Küng o Karl Barth— que la vida continuará de un modo que solo los poetas han logrado anticipar.

«Yo he dolido mucho para lograr vivir», escribió Luis Rosales en *La casa encendida*. Quizá en ese verso está todo el misterio de la existencia. Hay que transitar por este áspero mundo para vivir de verdad y, según María Zambrano, vivir de verdad es vivir con la expectativa de la eternidad.

12
La zona gris

> Es necesario esperar, aunque la esperanza haya de verse siempre frustrada, pues la esperanza misma constituye una dicha, y sus fracasos, por frecuentes que sean, son menos horribles que su extinción.
>
> Samuel Johnson

Dentro de unos días Piedad afronta su penúltima sesión de quimioterapia. Cada día está más agotada y siente un persistente hormigueo en las manos y los pies. Contemplar su estado me causa un profundo sufrimiento. De nuevo acude a mi cabeza la sensación de estar en el fuselaje de un avión estrellado en una remota cordillera nevada. Otra vez experimento la necesidad de releer los testimonios de los dieciséis supervivientes de la tragedia de los Andes.

Un día antes de ser rescatados, Coche Inciarte, al borde de la muerte por inanición y con una pierna gravemente lesionada, repasaba sus experiencias y su concepción de la vida:

> Había aprendido en esos últimos días de moribundo que la vida había que merecerla, no se recibía de regalo, y para merecerla había que entregar algo, fundamentalmente afecto,

> y vaya si lo habíamos entregado a los amigos vivos y muertos en todos esos días.

Tras la avalancha que mató a ocho de los que habían sobrevivido al impacto inicial, Coche Inciarte apunta que se produjo un cambio determinante:

> Cuando permanecimos sepultados bajo la nieve durante tres días después del alud, se creó un antes y un después, separando dos historias diferentes. Cuando al fin salimos, el paisaje era otro, la gente era otra. Salimos ocho menos, pero salió uno más, y ese «más uno» inmaterial nos advirtió que se terminaban definitivamente las «mezquindades» de la sociedad civilizada entre comillas.

Saber que somos frágiles y mortales acarrea —según Inciarte— un «hueco metafísico», un vacío interior que es necesario llenar de algún modo.

> Allá arriba, en la miseria más absoluta, hallé la respuesta [...]. No hay nada mejor y que dé más tranquilidad de espíritu que brindarse al otro, este es el principal aprendizaje que he recibido y con él que me siento en paz.

Sufro con la enfermedad de mi mujer, pero estar a su lado, cuidarla, atender sus necesidades, agarrarle la mano, acariciar su frente, prepararle la medicación, ayudarla a vestirse, acompañarla al hospital, compartir con ella las seis horas de quimioterapia en una sala con impersonales sillones azules, me proporciona cierta tranquilidad de espíritu. Ese «hueco metafísico» del que habla Inciarte se llena con la conexión espiritual que se produce entre los sanos y los heridos, los que acompañan o curan y los que soportan una cruel enfermedad.

El amor, un término del que se ha abusado tantas veces, no es una palabra hueca, sino el sentimiento que rescata al ser humano de vivir en un cosmos absurdo y sin propósito. Amar es la verdadera finalidad de la vida, la brújula que nos rescata del martirio de Sísifo, condenado a repetir una tarea inútil hasta desembocar en una conciencia desalojada de cualquier idea o afecto. Cuidar causa fatiga —me atrevo a decir que una dulce fatiga—, pero al mismo tiempo enciende en nuestro interior la convicción de que nuestra peripecia vital no es un viaje hacia ninguna parte. Al cuidar aplacamos el temor de haber sido arrojados a un universo absurdo. El destino genuinamente humano es abrazar al otro. Un individuo que no ama es un individuo incompleto, un ser extraviado y sin hogar. Tal vez camina entre multitudes, pero siente que no está vinculado a nada ni a nadie. Yo sí sé hacia dónde voy y a qué y a quién estoy vinculado. Y no lo he aprendido por medio de la razón, sino del corazón.

Desgraciadamente, la lógica conspira contra la esperanza. Daniel Fernández, otro de los supervivientes del vuelo 571 de la Fuerza Aérea Uruguaya, no se libró del sufrimiento al volver a la civilización. Su mujer pasó por un cáncer, pero lo superó. Su hijo sufrió un aparatoso accidente y los médicos le pidieron que se preparara para lo peor. Sin embargo, mientras lo observaba en la UCI, inconsciente y con escasas posibilidad de sobrevivir, nunca dejó de pensar que se salvaría. Y así sucedió.

> Ya conocía esa zona gris entre la lógica y la esperanza más porfiada. La ciencia, a la que dediqué buena parte de mi vida,

> es duda; la espiritualidad es fe. Siempre eduqué a mis hijos en esa actitud, que es como la silueta de la cordillera.

Coche Inciarte había descubierto «la zona gris» en los Andes. Es una expresión que utiliza Primo Levi en *Si esto es un hombre* para referirse a la ambivalencia moral reinante en Auschwitz. Inciarte le atribuye un significado diferente. La zona gris es ese lugar intermedio entre la lógica, que incita al escepticismo y la prudencia, y la esperanza, que abre las puertas a lo inaudito e improbable, como la existencia de Dios: «Es fácil no creer desde el llano; es imposible no creer cuando estás a solas con la montaña». Creer en Dios no significa inclinarse ante la majestad de un poder superior, sino comprender que el encuentro con el otro abre un nuevo horizonte más vasto y luminoso.

Es lo que Emmanuel Lévinas llama «altura», es decir, la escala donde la responsabilidad hacia el prójimo se convierte en un imperativo ineludible y liberador. Para dejar atrás la zona gris, hay que rebasar los estrechos límites de nuestra subjetividad. En ese momento dejamos de ser cautivos de nuestro ego y la esperanza ya no se percibe como una imposibilidad. El yo y el tú se revelan como aspectos de una totalidad indivisible y necesaria. Escribe Daniel Fernández:

> En la montaña no me reservaba nada, metía todo mi ser en el otro, y él metía todo adentro de mí, de modo que terminábamos siendo un solo organismo. Hasta físicamente, el hecho de vivir abrazados los unos a los otros en un espacio tan reducido para no congelarnos te da una conexión diferente. Eso era el grupo, una solo persona fraccionada en muchas más.

La esperanza está más allá de la razón, pero eso no significa que vaya contra la razón, como ya advirtió Julián Marías. En el siglo XXI, hablar de esperanza resulta embarazoso, pues se interpreta como una regresión a una mentalidad arcaica y prerracional. La idea de Dios parece la muleta de una conciencia sumida en el desamparo. Sin embargo, creo que esa muleta no es un signo de debilidad o impotencia, sino una pregunta que se vuelve inaplazable cuando advertimos que nuestro tiempo no es ilimitado y que nuestra carne no logra satisfacer el anhelo de plenitud inherente al hecho de ser individuos racionales. Según Cioran, «estamos todos en el fondo de un infierno donde cada instante es un milagro». No creo que nadie pueda convivir con esa convicción sin hundirse en el cinismo o la desesperación.

La esperanza es uno de los caracteres esenciales de la naturaleza humana. O, si se prefiere, uno de los ejes que articulan nuestra relación con el mundo. La esperanza no es una ilusión, sino una apertura a posibilidades que fluctúan en los inciertos límites del conocimiento humano. Hablar de Dios resulta incómodo porque no es posible definir un término cuyo significado excede cualquier alarde semántico. El teólogo brasileño Leonardo Boff sostiene que el término *Dios* expresa «la utopía suprema de orden, de armonía, de conciencia, de pasión y de sentido supremo que mueven a las personas y a las culturas». Las religiones han banalizado ese término para ajustarlo a su ambición de poder y a los mitos del inconsciente colectivo. El ateísmo ha aprovechado esa deformación para convertir a Dios en un ente, sin comprender que Dios no pertenece al orden de los entes, sino al campo de las interrelaciones y las conexiones que están en el origen de todo lo existente. El universo no es un caos, sino un conjunto de procesos complejos con una impecable lógica. La muerte no existe. Solo es una transición a nuevas formas de vida. Como afirmó Heisenberg, uno de los padres de la mecánica cuántica, «el universo no está hecho de cosas, sino de redes de energía vibratoria, emergiendo de algo todavía más profundo y sutil».

El ser humano solo ve cosas, entes, sin comprender que la materia es energía que se organiza en campos y redes. Nuestra especie es una plasmación complejísima, sutil y extremadamente interactiva de energía, no materia limitada por el tiempo y el espacio. La ciencia no ha logrado explicar qué es esa energía de fondo que se manifiesta bajo tantas formas. Solo ha aventurado metáforas, como que esa energía de fondo, anterior al espacio y el tiempo, es una especie de útero infinito donde se hallan todas las posibilidades y virtualidades de ser. Otros prefieren hablar de un vasto océano sin márgenes, ilimitado, inefable, indescriptible y misterioso.

Personalmente, solo concibo una salida a ese infierno del que habla Cioran: la posibilidad —en palabras de Leonardo Boff— de «entrar en contacto consciente con esta energía. El ser humano puede invocarla, acogerla y percibirla en forma de vida, de irradiación y de entusiasmo». La filosofía oriental prefiere hablar del tao en vez de energía, pero el concepto es similar: «El tao es vacío, imposible de colmar, y por eso, inagotable en su acción. En su profundidad reside el origen de todas las cosas y unifica el mundo».

Cioran, demasiado apegado a lo inmediato, no fue capaz de concebir algo más allá del instante, salvo una nada aterradora. La esperanza es posible y más racional, pero no consiste en augurar el regreso al orden de los entes, formas efímeras, sino en vislumbrar una plenitud basada en una conexión profunda, consciente e ininterrumpida con la fuente originaria del ser.

Esa fue la revelación que experimentaron los pasajeros del vuelo 571 de la Fuerza Aérea Uruguaya, quizá porque —como apunta Adolfo Strauch, otro de los supervivientes— en una situación de absoluto desamparo el ego se encoge y lo material pierde importancia:

> En la montaña nadie se vanagloriaba de nada, ni de haber creado esto o inventado lo otro, se hacía para el conjunto y no había más recompensa que el bienestar del grupo. Y cuando no hay ego, tu cuerpo y tu mente funcionan como un radar muy sensible, se absorbe más de los otros, más del entorno, de la naturaleza, eventualmente de una fuerza superior, Dios, que en ese ambiente te llega de otro modo, porque cuando estás atribulado por las cuestiones cotidianas de la civilización no lo dejas ingresar.

Adolfo Strauch habla de un «sexto sentido» en la montaña, una cuarta dimensión «que no es brujería, ni superchería, sino otra forma de conocimiento a la que accedimos en un espacio y un tiempo donde el aprendizaje normal y racional tenía pocas posibilidades de ofrecer soluciones. Nos vamos convirtiendo en locos que funcionan por amor y sensibilidad».

En el Valle de las Lágrimas, un entorno hostil a la vida, especialmente en invierno, emerge el amor como fuente de sentido y fundamento de una convivencia verdaderamente humana. En mitad del horror, irrumpe la esperanza, es decir, la idea de que todas las vidas se comunican mediante el afecto y traspasan el umbral de la muerte. Los difuntos no eran simple materia preservada de la putrefacción por el frío, sino alimento físico y espiritual. Una especie de eucaristía donde las proteínas y minerales de los cadáveres no eran un mero aporte de calorías, sino una forma de comunión que vivificaba a los moribundos y hacía fructificar a los difuntos. Un tabú —no comer carne humana— se transfiguró en un acto de amor y sensibilidad.

El fuselaje —y Piedad y yo nos encontramos en ese espacio angosto, frío y áspero— es verdaderamente una zona gris, donde la lógica y la esperanza parecen ruedas dentadas con una trayectoria opuesta. Su antagonismo produce estridencias, pero son estridencias fecundas. En ese entorno la supervivencia ya no depende de la razón, sino del calor que proporcionan otros corazones. Corazones que sufren y que se arriman para apaciguar su aflicción. Entiendo que Adolfo Strauch experimentara nostalgia del fuselaje mientras lo evacuaban en helicóptero. Pese a todas las penalidades sufridas, allí había «un mundo en gestación, un proceso que todavía no había decantado y que no terminó nunca de fraguar, porque quedó inconcluso». No sé si Piedad y yo sentiremos algo similar cuando acabe el tratamiento, pero en la sala de quimioterapia hemos advertido ese mundo en gestación, un orbe donde el yo pasa a segundo plano, los bienes materiales se revelan superfluos y la esperanza crece. Un mundo donde el amor no es una simple emoción, sino la balsa que mantiene a flote a la especie humana en un universo de silencios insondables.

El día anterior a la última sesión de quimioterapia Piedad leyó en voz alta algunos poemas de *La Realidad y el Deseo*. La poesía de Luis Cernuda es áspera y fría, quizá porque exalta lo material y sensual sin ignorar su irremediable finitud. Cuando se ama mucho algo, perderlo resulta insoportablemente doloroso. En «Escrito en el agua», un breve texto en prosa publicado en *Ocnos*, Cernuda admite que desde niño anheló la eternidad. La aparente inmutabilidad del universo infantil alimentaba su ilusión de que la vida era indestructible. El poeta afirma que su niñez finalizó cuando advirtió que las gentes morían a su alrededor y que las casas más prósperas perdían su esplendor, convirtiéndose en ruinas. Aparentemente, la muerte es la última palabra, pero algunos poetas, como Luis Rosales, han escrito que «cuando la noche llegue y la verdad sea una palabra igual a otra / [...] crecerán los muertos y los vivos, / unos dentro de otros / hasta formar un solo árbol que llenará completamente el mundo». Para Rosales, la vida es un latido que nunca se interrumpe. Nada se pierde. Todo permanece. El tiempo no es una línea que se rompe, sino una espiral que comunica el ayer y el ahora, alumbrando un mañana de plenitudes y reencuentros.

La experiencia del amor alejó de la mente de Cernuda la idea de la muerte. Al abrazar un cuerpo, sintió que la eternidad anidaba en su interior. El amor no era simple deseo, sino un fervor que se extendía a todo: «Amé los animales, los árboles (he amado un chopo, he amado un álamo blanco), la tierra». Pero todo desaparecía. «El sentimiento amargo de lo efímero» disolvió el consuelo del amor revelándole que amaba sombras, formas fugaces con una existencia breve y dolorosa.

Contemplar que todo se deshacía le hizo entender que su destino no sería diferente y pidió a Dios que no le permitiera morir. Dios se le antojó «el amor no conseguido en este mundo, el amor nunca roto, triunfante sobre la astucia bicorne del tiempo y de la muerte». Sin embargo, solo fue un breve idilio. «Dios no existe. Me lo dijo la hoja seca caída, que un pie deshace al pasar. Me lo dijo el pájaro muerto, inerte sobre la tierra el ala rota y podrida». Cernuda comprende que la inexistencia de Dios no es una simple deducción de la razón, sino una catástrofe cósmica. «Y si Dios no existe, ¿cómo puedo existir yo? Yo no existo ni aun ahora, que como una sombra me arrastro entre el delirio de sombras, respirando estas palabras desalentadas, testimonio (¿de quién y para quién?) absurdo de mi existencia».

Unamuno llega a una conclusión parecida en *La oración del ateo:* «Sufro yo a tu costa, / Dios no existente, pues si Tú existieras / existiría yo también de veras». La física cuántica sostiene que no se puede hablar de existencia sin un observador. Como ya advirtió Berkeley, las cosas solo existen en la medida en que son percibidas. Si nosotros no ocupamos un lugar en una conciencia infinita, Cernuda no se equivocaba: no existimos «ni aun ahora». Escribir solo es testimoniar el absurdo de nuestra vida, abocada a extinguirse sin dejar huella. Nuestra conciencia finita no es un simple hecho natural. No engendra el universo, pero lo saca de su oscuridad transformándolo en algo inteligible y con sentido.

En *Naturaleza, Historia, Dios*, Xavier Zubiri, comentando el pensamiento de Hegel, sostiene que «la existencia humana no tiene más misión intelectual que la de alumbrar el ser del universo». El hombre es «la verdadera luz de las cosas». Hay infinidad de planetas sin vida inteligente, pero esos lugares no existen realmente. Ocupan un lugar, están sometidos a las leyes de la naturaleza, pero son un pozo ciego, casi una oquedad, una especie de no-ser, salvo que una conciencia repare en ellos.

Las cosas no son «más que a la luz de la existencia humana. Lo que se constituye en luz no son las cosas, sino su ser; no lo que es, sino el que sea; pero recíprocamente, esa luz ilumina, funda, el ser de ellas, de las cosas, no del yo, no las hace trozos míos». El ser y el pensar se necesitan mutuamente. No son flujos separados y estancos, sino las dos caras de una totalidad incomprensible sin su concurrencia. Pensar es inherente a nuestra condición de seres humanos, pero no podríamos hacerlo sin las cosas y estas no serían inteligibles sin una mente que les asignara un origen y un significado.

Zubiri afirma que el tiempo no es sucesión, sino acumulación, crecimiento, densidad: «El pasado no sobrevive en el presente bajo forma de recuerdo, sino bajo forma de realidad». Es el cimiento sobre el que se despliega la vida, el pilar que sostiene el devenir. Sin ese sostén, nada tendría sentido. Sería como rodar en el vacío.

Algunos filósofos marxistas han entendido la importancia de la teología y han recurrido a ella para explicar la realidad. Es el caso de Walter Benjamin, que en su ensayo «Tesis sobre la filosofía de la historia» afirma que el pasado «relampaguea» y fecunda el presente. Benjamin cita el *Angelus Novus,* de Paul Klee, un dibujo a tinta china, tiza y acuarela sobre papel pintado en 1920. El ángel de Klee da la espalda al futuro para salvar el pasado. Las ruinas de la historia no son simple arqueología, sino la cosecha que nos empuja hacia un porvenir luminoso, redimiendo el dolor que ha sembrado la injusticia. El progreso no es una tendencia ascendente que impulsa exclusivamente hacia delante, sino un movimiento que también mira hacia atrás, rescatando las oportunidades perdidas. La historia se reescribe a sí misma desde una perspectiva mesiánica.

Ernst Bloch también invoca la teología para desplegar su pensamiento, no menos utópico que el de Benjamin. Para Bloch, la esperanza no es una experiencia secundaria, sino lo primero y fundamental: «Lo que importa es aprender a esperar». Y no hay que ser realista, prudente o tímido en esa espera, pues —como dice Heráclito— «quien no espera lo inesperado no lo encontrará». La conciencia no cesa de proyectarse hacia el futuro. Tiene hambre de nuevas posibilidades, de nuevos acontecimientos que renueven y purifiquen el mundo.

La esperanza es un principio ontológico, no un simple estado psicológico. En todo lo que existe apreciamos una apertura que es consecuencia de la sensación de lo inacabado, de un «todavía no» que demanda una ampliación del horizonte. El tiempo es potencialidad y lo es gracias al ser humano, «que no se agota como la bellota en la realización fija y definida de la encina». La esperanza no es conformismo que acata el presente, fantaseando con un más allá que reparará todos los agravios, sino protesta, apertura, utopía.

La desesperación de Cernuda convierte cualquier gesto en absurdo e innecesario. Si al mundo le espera la nada, si el final del cosmos consistirá en un océano de frío, oscuridad y silencio, ¿qué sentido tiene escribir, amar, soñar? La esperanza no nace de la ingenuidad, sino de la búsqueda de sentido. No es una concesión a lo irracional, sino una insurrección contra lo irracional. Vivir sin esperanza significa vivir con miedo y, por tanto, sin libertad. La esperanza no es una ilusión, sino la matriz del amor, el arte, la justicia.

Yo prefiero pensar que al final no están el frío, el silencio y la oscuridad, sino la vida y la plenitud, que los vivos y los difuntos no están trágicamente segregados, sino temporalmente escindidos, que la última palabra del universo no será la nada, que hay esperanza para todo lo que irrumpe en el mundo, incluso para la más insignificante brizna de hierba, como aventuraba María Zambrano, que la luz vivificará lo que hoy es polvo y ceniza. «Porque lo quiere Dios», como escribe Luis Rosales. Porque lo que está escrito en el agua no viaja hacia el olvido, sino hacia una casa encendida donde «vivir es ver volver».

Piedad y yo no podemos prescindir de esa esperanza. Joseph Ratzinger describe la esperanza como «una opción por el primado del logos». Cabe preguntar: ¿qué significa *el primado del logos*? La convicción de que «la libertad y el amor no solo están al final, sino también al principio», como causa primera y última. Sin esa expectativa, la existencia nos parece un «delirio de sombras», tal como escribió Luis Cernuda, abrumado por «el sentimiento amargo de lo efímero».

13

Cuando me necesites estaré junto a ti

> Un amigo es alguien que te da total libertad para ser tú mismo.
>
> JIM MORRISON

Se atribuye a Jorge Luis Borges un poema sobre la amistad que María Kodama, su viuda, ha declarado apócrifo. Ciertamente, el estilo no parece del escritor argentino, poco propenso a expresar sus emociones, pero sus dos primeros versos pueden servir como una precisa definición de la amistad: «No puedo cambiar tu pasado ni tu futuro. / Pero cuando me necesites estaré junto a ti».

La amistad es una forma de amor que implica una cercanía basada en la afinidad y la reciprocidad. No es un sentimiento asociado al parentesco, ni a la idea de solidaridad que nos vincula con todos los seres humanos. Sabemos que debemos cuidar a nuestros padres, hijos y hermanos, con independencia del grado de entendimiento que hayamos logrado establecer con ellos, pues nos unen lazos de mutua dependencia y una historia compartida. También sabemos que debemos ser solidarios, tolerantes y respetuosos con todos los seres humanos, ya que albergamos esperanzas, temores y flaquezas similares. Sin embargo, el cuidado de los familiares y la solidaridad con nuestros semejantes no pueden equipararse con la amistad. El cuidado de los seres queridos es un mandato incondicional y, en cambio, la amistad siempre es una elección personal. En cuanto a la solidaridad, se trata de una obligación impersonal. No podemos establecer exclusiones, pasar de largo ante una persona herida, pero auxiliarla no presupone un trato íntimo y cercano. La amistad no es posible con un desconocido, pero sí la compasión.

La amistad es una conexión profunda que brota de un alto grado de afinidad en lo afectivo, emocional e intelectual. La afinidad es una de las claves de esa conexión. Es improbable que una persona fría e insensible establezca una relación muy estrecha con alguien cálido y compasivo. Del mismo modo, un carácter ambicioso, autoritario y narcisista nunca se sentirá cómodo con un temperamento desprendido, humilde y generoso. La posición económica o la diferencia de edad no son barreras insalvables; los valores y las emociones, en cambio, sí abren abismos. Yo no podría ser amigo de alguien que justifica el racismo, maltrata a los animales, no se conmueve con el bochornoso espectáculo de la pobreza o desprecia a las mujeres. Esa persona tampoco se sentiría a gusto a mi lado. Es evidente que la amistad no implica —ni debe implicar— unanimidad. Discrepar es saludable, pero dentro de unos márgenes razonables. Un ateo y una persona religiosa pueden ser grandes amigos. Un liberal y un socialdemócrata pueden sentir un afecto mutuo y respetar el punto de vista del otro. Por el contrario, un apologista del odio y el autoritarismo jamás podrá ser amigo de un partidario de la libertad y la tolerancia.

La amistad no es un complemento, sino un aspecto esencial de la vida. Desde que nos comunicaron el diagnóstico de cáncer, Piedad y yo habríamos sufrido infinitamente más sin el afecto y la cercanía de los amigos. Afortunadamente, hemos gozado del apoyo de Silvia y Diego, Damián y Rosa, Fernando, Álvaro, Juan Manuel, Carlos y Teresa, todos ellos extraordinarios. No han sido los únicos, pero sí los que más tiempo han dedicado a acompañarnos, reconfortarnos y consolarnos.

Aristóteles no se equivocaba al afirmar que no es posible cultivar la amistad con una persona indigna, pues profesar afecto a alguien que actúa de forma inmoral significa excusar o minimizar el mal que causa a otros, lo cual constituye una forma de complicidad. Al igual que la ejemplaridad, la malicia es contagiosa e incita a la repetición. En cambio, la amistad con un alma digna, buena y generosa nos eleva y despierta el deseo de emulación, que no es simple repetición, sino un tributo a los valores que admiramos.

Séneca atribuye a Teofrasto un razonamiento sobre la amistad en sus *Epístolas a Lucilio*:

> Examina todas las cosas con el amigo, pero antes que nada a él mismo: una vez contraída la amistad hemos de confiarnos, antes de contraerla hemos de juzgar. Mas invierten el orden de su actuación quienes, en contra de los principios de Teofrasto, juzgan después de haberse encariñado en vez de encariñarse después de haber juzgado. Reflexiona largo tiempo si debes recibir a alguien en tu amistad. Cuando hayas decidido hacerlo, acógelo de todo corazón: conserva con él la misma franqueza que contigo mismo.

De forma intuitiva, siempre he seguido el consejo de Séneca, cultivando la amistad de las personas inteligentes y de buen corazón. Conocí a Silvia en 2011 en la sala de profesores del instituto donde impartía clases de Filosofía, situado en Alcalá de Henares, una ciudad que ha sido escenario de mis paseos con Piedad durante las dos últimas décadas, especialmente el casco antiguo, con sus librerías de segunda mano y sus soportales de aire renacentista. Silvia había finalizado el bachillerato con excelentes calificaciones y acababa de comenzar Historia. Acudió a visitar a una profesora que le había impartido clases y que en ese momento hablaba conmigo. Al ver que yo llevaba un ensayo de Eric Hobsbawm sobre el capitalismo y las revoluciones, me hizo varias preguntas sobre la obra y escuchó mis opiniones con atención y espíritu crítico. Después de unos minutos de conversación, los tres nos trasladamos al bar y continuamos intercambiando impresiones sobre literatura, historia, arte y filosofía, pero también charlamos sobre cosas banales y, no por eso, menos importantes.

Lo minúsculo desempeña en nuestras vidas un papel increíblemente grande y muchas veces no lo advertimos. ¿Acaso no es importante comentar las pequeñas incidencias del día? ¿No se abastecen los sueños de esas menudencias? ¿No llenamos nuestras horas con bromas, proyectos intrascendentes y observaciones pueriles? Esas bagatelas tejen complicidades y nos ayudan a habitar el mundo de una forma más ligera y desenfadada. Además, una charla superficial puede ser el preámbulo de una confesión o la semilla de un nuevo enfoque vital.

Silvia, cada vez más relajada, nos habló de su ilusión de ser periodista, de la ambición de escribir columnas y reportajes, del miedo a la precariedad de un oficio en crisis por culpa de la revolución digital. Desde el principio me sorprendió su madurez. Solo tenía diecinueve años, pero se expresaba con sensatez, prudencia y realismo. Me pareció un poco tímida, pero no fría o introvertida. En los años siguientes nos mantuvimos en contacto mediante las redes sociales, lo cual me permitió seguir sus progresos. Tras acabar la carrera con muy buenas notas, disfrutó de una beca Erasmus y pasó una temporada en Francia. Después estudió un máster y comenzó a trabajar en un periódico. Habían transcurrido diez años desde nuestro primer encuentro y pensé que era el momento de pasar del diálogo virtual al presencial.

Piedad y yo la invitamos a merendar a casa, y acudió acompañada por un compañero del periódico, Diego. Por entonces aún no eran pareja, pero se apreciaba que entre ellos había algo más que amistad. El tiempo así lo confirmó. Bonachón, divertido, perspicaz y entrañable, Diego se ganó de inmediato nuestro afecto. Alto y corpulento, recordaba al «gigante egoísta» del relato de Oscar Wilde, pero sin un ápice de mal genio. Frente a la templanza de Silvia, siempre sensata y responsable, Diego destacaba por su sentido cómico de la vida. Gracias a él, las conversaciones siempre adquirían un tono festivo y ligero.

El humor es una gran cualidad. Nos rescata de esa tendencia a la melancolía que acompaña a nuestra especie. Conocer nuestra fragilidad nos hace propensos a la tristeza. A menudo he recordado las palabras de Luis Cernuda en «Regreso a la sombra», un pequeño poema en prosa de su libro *Ocnos*:

> Como Orfeo afrontarías los infiernos para rescatar y llevar de nuevo contigo la imagen de tu dicha, la forma de tu felicidad. Pero ya no hay dioses que nos devuelvan compasivos lo que perdimos, sino un azar ciego que va trazando torcidamente, con paso de borracho, el rumbo estúpido de nuestra vida.

Es cierto que la vida a veces parece un azar ciego con un rumbo estúpido, pero la dicha que proporciona el encuentro con un amigo disipa esa impresión. El amor quizá es ese dios cuya ausencia deploramos, pero que en realidad se inmiscuye en nuestra existencia de forma silenciosa.

Cernuda compara el mundo con un vestíbulo vacío poco antes del alba. En ese espacio no hay nada, salvo desolación. Yo creo que el mundo no es un vestíbulo desierto y oscuro, sino una mesa que nos invita a disfrutar de un banquete en compañía de los seres queridos. No lo advertimos porque no sabemos apreciar el carácter extraordinario de lo cotidiano. Solo el que reconoce la grandeza de lo insignificante, como la belleza de una flor de almendro, el olor de los jazmines o la delicadeza de unas sencillas palabras de afecto, puede escribir: «Camino a la verdad / con la mirada abierta / y el corazón en paz». Son versos de Ernestina de Champourcín, una poeta embriagada por la vida y sin miedo a la muerte: «La muerte huele a dulce, a panal de colmena». Diego, con su alegría y optimismo, ha aportado paz y claridad a nuestras vidas, alejando esa sensación de ser las marionetas de unos dioses ociosos. Existir no es acumular pérdidas, sino crear vínculos que echan raíces e imprimen un rumbo fecundo a nuestro paso por la tierra.

Durante cinco años, Silvia, Piedad, Diego y yo hemos compartido cenas, paseos, lecturas, películas. Y cuando llegó la terrible noticia, los dos nos acompañaron a las consultas médicas proporcionándonos el cariño que tanto se necesita en esas ocasiones, especialmente si careces de un círculo familiar o mantienes con él una relación tibia e insuficiente. Tras una serie de exploraciones y pruebas bastante desagradables, Piedad fue hospitalizada para someterse a una histerectomía con doble anexectomía. Diego y Silvia pasaron muchas horas con nosotros, creando ese ambiente cálido que ayuda a transitar por la enfermedad sin caer en la desesperación.

También nos acompañó Damián, que había sido mi alumno en 2005. Entonces, con solo dieciséis años, ya tenía muy claro que deseaba ser médico. De hecho, sus compañeros ya le habían otorgado simbólicamente el título de doctor. Al igual que Silvia, Damián destacaba por su madurez, equilibrio e inteligencia. Yo escribí sobre él en *Maestros de la felicidad*, pero le cambié el nombre. En vez de Damián lo llamé David y lo presenté como neurocirujano. En realidad, es ginecólogo oncológico, lo cual parece una señal del destino. Se ha enfrentado a muchos casos como el de Piedad y puede resolver con autoridad todas nuestras dudas. Damián y yo habíamos pasado varios años sin contacto, pero cuando nos reencontramos, solo necesitamos un par de horas para restablecer el afecto que había surgido entre nosotros en un instituto de las afueras de Madrid.

Al igual que mi bisabuelo Domingo Picornel, Damián es un médico humanista que atiende a gente humilde. Desdeñó la oferta de atender en un hospital privado a pacientes de alto poder adquisitivo a cambio de un abultado sueldo. Prefirió continuar tratando a las familias de Vallecas y la Cañada Real en el Hospital Universitario Infanta Leonor. Damián siempre ha considerado que el dinero no es una prioridad. Piensa que con un salario digno se vive mejor que con grandes ingresos adquiridos a base de realizar tareas ingratas y sin ningún valor intelectual, moral o social.

Su forma de pensar se ajusta a las reflexiones sobre la riqueza formuladas por Séneca en sus *Epístolas a Lucilio*:

> Lo superfluo nos hace sudar; ello es lo que nos desgasta la toga, lo que nos obliga a envejecer en la tienda de campaña,

> lo que nos empuja a regiones extranjeras: lo suficiente está al alcance de la mano. Quien de buen grado se acomoda con la pobreza es rico.

A Damián no le importa sudar, siempre y cuando se trate de algo verdaderamente importante. En más de una ocasión ha acudido a su consulta fuera del horario de trabajo al enterarse de que uno de sus pacientes había recaído e ingresado con un cuadro grave. Otras veces ha visitado a pacientes derivados a otros hospitales por la necesidad de recibir atención de un cirujano especializado en un área que no cubría su centro. La reaparición de Damián en nuestras vidas ha sido providencial. Siempre está ahí, dispuesto a hacer cualquier cosa por Piedad. Sabe transmitir serenidad, esperanza, cariño. No es un simple médico, sino un hombre bueno y sabio. Rosa, su esposa, le proporciona el afecto y la estabilidad necesarias para soportar los aspectos más ingratos de su trabajo. Los dos han conocido el lado más áspero de la medicina: horarios agotadores, guardias extenuantes, escaso reconocimiento social, pacientes ingratos, problemas con la Administración. Sin embargo, los dos conservan la determinación de ayudar a mitigar el sufrimiento de los otros, sin escatimar esfuerzos ni sacrificios. Damián y yo hablamos a menudo de cómo debe ser un médico. Ambos opinamos que ser un buen especialista no es suficiente. Al conocimiento y la destreza, hay que sumar el propósito de aliviar el dolor emocional. Un enfermo no es un conjunto de síntomas o el portador de una patología específica, sino una persona asustada y vulnerable. La precisión del bisturí no es suficiente. Las palabras tal vez no sirven para extirpar un tumor, pero salvan del miedo y la impotencia.

En la tragedia de los Andes, cada uno de los supervivientes asumió una tarea diferente. Coche Inciarte nos lo cuenta:

> Los quebrados fundían agua, otros cortaban carne, otros planificaban. Fuimos costureras del saco de dormir, fuimos madres, padres, enfermeros. Creo que mi rol fue el de contención psicológica: con una pierna lastimada, es lo que podía hacer, contener a los otros para poder resistir hasta mañana.

Un médico que se inhibe ante una reacción de angustia, pensando que el apoyo emocional es una tarea reservada a los psicólogos y a los familiares, traiciona el sentido más profundo de su trabajo: aliviar el dolor ajeno, acompañar al que sufre, curar las heridas del cuerpo y el alma. Damián lo sabe y por eso siempre acompaña los diagnósticos, tratamientos e intervenciones quirúrgicas de gestos de afecto y pequeñas bromas. Sabe comunicarse con sus pacientes porque sabe escuchar y adaptarse a las necesidades de cada paciente. No ve solo síntomas, sino personas que necesitan sentirse cuidadas, comprendidas y arropadas.

Pocas semanas después de que Piedad comenzara la quimioterapia, tuve que viajar a Vigo para hablar de mi último libro. Lo hice sin ganas, pero con la ilusión de conocer al poeta Antonio García Teijeiro, padre de mi gran amigo Antón García Fernández, profesor de español en una universidad de Tennessee y gran experto en Tintín, una pasión que yo comparto y a la que he dedicado un ensayo. En cierto sentido, Antón y yo vivimos en Moulinsart, una hermosa utopía donde el bien y la belleza siempre prevalecen sobre el mal, simbolizado por el ridículo y repelente Rastapopoulos. Los veinticuatro álbumes de Tintín son las moradas de un paraíso donde resplandecen la alegría, el humor y la aventura. No se me ocurre ningún lugar más adecuado para forjar y fortalecer una amistad.

Cuando Antón se enteró de que había sido invitado a Vigo para hablar de *Maestros de la felicidad*, me ofreció la casa de su familia y yo le pedí ilusionado que su padre presentara mi libro. Antonio, un hombre bueno y sabio, aceptó inmediatamente y acudió a recogerme al aeropuerto con Susi, su mujer. Ambos me trataron con gran generosidad y delicadeza. La presentación en el salón de actos de *El Faro de Vigo* no pudo ser más gratificante. Acudió bastante público, y Antonio, con sus preguntas agudas y sus comentarios lúcidos, convirtió el encuentro en una experiencia sumamente enriquecedora. Después, compartimos una cena, acompañados por Susi, Noa, la hermana de Antón, el cantautor Iván Ferreiro, su pareja y Alba, amiga de todos ellos. Con una mente chispeante y creativa, Iván introdujo la nota de humor, con salidas dignas de una *screwball comedy.* Una vez más comprobé que la mejor terapia para el sufrimiento es el cariño, especialmente cuando está salpicado de un ingenio exento de malicia. No me cuesta trabajo imaginar a Iván trabajando con Billy Wilder y su fiel colaborador I. A. L. Diamond en el guion de una comedia disparatada.

Antes de irme a la cama, pude disfrutar de la vasta biblioteca de Antonio y de sus paredes decoradas con dibujos y poemas de Rafael Alberti y fotografías dedicas de Paco Ibáñez. Una casa con libros siempre es un bálsamo para un espíritu doliente. Los anaqueles rebosantes de volúmenes son como gigantescas cornisas que nos protegen de las inclemencias de la vida. La biblioteca ocupaba toda la casa y otra vivienda situada en la planta de encima. No parecía una de esas malezas invasivas que derriban muros, sino un gigantesco árbol que se adentraba en las alturas, creando un puente ente el cielo y la tierra. Antonio, con su melena blanca y su pipa, parecía el guía que el destino había reservado para que yo pudiera ascender a un territorio donde la vida impera sobre el tiempo y su guadaña. Premio Nacional de Literatura Infantil y Juvenil, carece del vicio más habitual de los escritores: la vanidad. Gracias a eso, su compañía es una fuente de esperanza, pues al estar en su compañía adviertes en cada palabra y en cada gesto su deseo de acercarse a los otros desde la honestidad, la sencillez y el afecto. No le gusta escucharse a sí mismo. Prefiere escuchar a los demás, asomarse a su interior y romper los diques del egotismo y la autocomplacencia. De ese modo logra trenzar un diálogo cálido y fecundo, iluminado por esa dulzura típica de los gallegos.

Al día siguiente un taxi me recogió a primera hora de la mañana para trasladarme al aeropuerto. Piedad y yo nos habíamos mantenido en contacto por medio del teléfono y, aunque la separación apenas había durado veinticuatro horas, los dos deseábamos volver a estar juntos. Nos sentíamos como dos caminantes exhaustos que solo hallan consuelo apoyando una espalda contra la otra. El contacto físico no es la simple fusión entre dos pieles, sino el gesto por medio del cual se acarician dos almas. El taxista notó mi tristeza y me preguntó si me sucedía algo. Por su acento, pensé que era argentino, pero me aclaró que había nacido en Uruguay, y yo no pude evitar la tentación de hablar de los supervivientes del accidente de los Andes. Para mi sorpresa, el taxista, un hombre muy cordial de unos setenta años, me contó que había trabajado como electricista en el hospital donde Roberto Canessa ejercía como cardiólogo infantil:

> Pasé allí catorce años. Roberto es extraordinario. Es un hombre grande y fuerte, con una energía inagotable. De otro modo, no habría podido caminar por los Andes durante diez días con su amigo Nando. Tiene algo especial. Cuando llegaba al hospital, se propagaba una sensación de seguridad y optimismo que reconfortaba a todos. Un gran médico, pero sobre todo un gran ser humano.

Pienso que Damián se parece a Canessa y creo que habría mantenido la calma en el avión accidentado, auxiliando a los pasajeros con los precarios medios a su disposición. Piedad y yo deseamos abandonar cuanto antes el fuselaje en el que nos sentimos atrapados, pero saber que está a nuestro lado, dispuesto a cuidarnos y tranquilizarnos, nos ayuda a soportar los momentos en que el desaliento se apodera de nosotros.

Al escribir sobre Silvia, Diego, Damián y Rosa, he releído las reflexiones de Aristóteles y Séneca sobre la amistad, no sin ignorar el abismo que separa a la cultura clásica de las sociedades modernas, con valores a veces antagónicos. En la *Ética a Nicómaco,* Aristóteles sostiene que «la amistad es lo más necesario para la vida», pues es el «único refugio» en la adversidad. «Con amigos los hombres están más capacitados para pensar y actuar». Según el filósofo griego, la amistad de una persona mayor aleja a un joven de las reacciones imprudentes, guiándolo por el camino de la sabiduría. Y el joven, con su energía y frescura, mitiga la impotencia y fragilidad de la vejez. Aristóteles cita el famoso verso de la *Ilíada:* «Dos marchando juntos». Dos marchando juntos son algo más que dos personas en movimiento. Dos marchando juntos son una fuerza que propaga el bien, la concordia y la belleza. La amistad es hermosa, afirma Aristóteles, y no se equivoca. La amistad es una obra de arte, pues siempre implica la elección del bien mayor. Cuidar a un amigo enfermo o afligido embellece el mundo. El amor a los amigos no es un aspecto de la vida social, sino el acontecimiento que transforma la vida social en una experiencia profundamente humana.

Séneca escribe: «Si quieres que te quieran, quiere tu primero». No puedo estar más de acuerdo. No puedes pedir afecto si tú no lo prodigas. Amar al que te desprecia es un gesto irracional y hondamente autodestructivo. Hay personas que se esfuerzan en conseguir el aprecio de los que se muestran con ellos fríos, arrogantes y despectivos. Es una actitud que revela graves problemas de autoestima o, lo que es lo mismo, una dramática incapacidad de amarse a uno mismo. Pienso que Silvia, Diego, Damián y Rosa son nuestros amigos porque primero se han sentido queridos por nosotros, ya que la diferencia de edad nos situaba en la tesitura de dar el primer paso. Ahora son ellos los que nos aportan cariño y compañía. La amistad es como un árbol. Nunca cesa de crecer, buscando el cielo con hambre de luz.

Y en ese árbol han brotado ramas como Raimundo, el padre de Diego, también afectado por un cáncer. Hemos hablado con él varias veces y su coraje y optimismo nos han conmovido. Sobrelleva la enfermedad con enorme entereza y anima a los que están alrededor. Séneca aconseja evitar a «las personas tristes, que se lamentan de todo, sin que haya cosa alguna de la que no hagan motivo de queja, pues es enemigo de la tranquilidad el compañero agriado y que se lamenta de todo». Yo, ¡ay!, soy una persona algo triste, pero intento no reflejarlo en lo que escribo. Sin embargo, ese gesto no puede compararse con el carácter luminoso de Raimundo. Cuando unos voluntarios se dirigieron a él en la sala de quimioterapia y le preguntaron cómo se encontraba, respondió: «Muy bien. Tengo una mujer maravillosa, dos hijos estupendos y grandes amigos. ¿Qué más puede pedirse?».

Escoger bien a los amigos es esencial. Un buen amigo es un ejemplo viviente y se aprende más con un ejemplo que con una colección de preceptos. «El camino es largo a través de los preceptos —escribe Séneca—, breve y eficaz a través de los ejemplos». No suele mencionarse que la amistad no fructifica si no llegamos a ser amigos de nosotros mismos. Séneca cita una frase de Hecatón: «¿Me preguntas en qué he aprovechado? He comenzado a ser mi propio amigo». Ser amigo de uno mismo está al alcance de todos y es un poderoso recurso para combatir la soledad. Ser amigo de uno mismo no es un ejercicio de narcisismo, sino una forma de luchar por la propia dignidad. La amistad con uno mismo es algo que debemos ganar, no un derecho que podamos reclamar en cualquier circunstancia. El que verdaderamente se ama a sí mismo está en paz y siempre encuentra fuerzas para soportar la adversidad.

Shopie Scholl afrontó su terrible destino con admirable coraje, pues su conciencia albergaba la satisfacción de haber alzado la voz contra los crímenes del nazismo. En cambio, Hitler murió miserablemente, escondido en su búnker. Ser amigo de uno mismo es una noble tarea, pero exige honestidad, espíritu autocrítico y humildad. A veces se ha identificado la virtud con el conocimiento, pero yo creo que la amistad, un río obstinado, caudaloso e incesante, es una de las formas más hermosas de virtud.

14
La tarea de educar

> La educación es el arma más poderosa que puedes utilizar para cambiar el mundo.
>
> Nelson Mandela

El cometido de un educador consiste en ayudar a que cada chaval saque lo mejor de sí mismo. No se puede enviar a un adolescente o a un niño el mensaje de que no vale para nada. Otro mundo es posible, sí, más humano e inclusivo, pero el primer paso debe consistir en reformar la educación. No creo que lo hagan los políticos. Tendrán que hacerlo los profesores, los maestros. Si no aceptan ese reto, el futuro no se mostrará muy indulgente con ellos.

Otra forma de enseñar alumbraría un porvenir donde el ser humano podría soñar con ser algo más que capital variable sujeto a las oscilaciones del mercado. Como profesor, yo hubiera deseado parecerme a Manuel Fidello, el pescador portugués interpretado por Spencer Tracy en *Capitanes intrépidos*, la hermosa película de Victor Fleming estrenada en 1937. *Capitanes intrépidos* es la adaptación cinematográfica de la novela homónima de Rudyard Kipling publicada en 1897. Narra el proceso de educación y redención de Harvey Cheyne (Freddie Bartholomew), el hijo malcriado de un magnate. Manuel Fidello es un hombre bueno y sencillo, hijo de otro humilde pescador que solo le dejó un acordeón, pero que le enseñó a sentirse bien por dentro y por fuera cultivando el amor al trabajo, el sentido del compañerismo, el buen humor, la integridad, el respeto a sus semejantes y la confianza en Dios. En cambio, Harvey es hijo de un poderoso hombre de negocios que le dejará como herencia un imperio económico. Manuel es feliz con lo poco que tiene; Harvey no. Tener todos sus caprichos no puede compensar la ausencia de su madre —fallecida prematuramente— y de su padre, que apenas pasa tiempo con él, pues sus empresas e inversiones lo absorben por completo. Harvey ha crecido bajo la sombra protectora del dinero, gozando de toda clase de privilegios. Despótico, intransigente y manipulador, no le interesa la amistad, sino la sumisión. Piensa que todos están a su servicio y jamás se pone en el lugar de los demás. Intenta sobornar a los profesores y chantajear a sus compañeros. Cuando no lo consigue, recurre a la mentira fingiendo que sufre el acoso de sus maestros y el maltrato de sus condiscípulos.

Durante un crucero con su padre, Harvey se cae al mar. Se habría ahogado sin la milagrosa intervención de Manuel, que lo pesca como si fuera un atún y lo ayuda a expulsar el agua que ha tragado. Harvey pasa a convertirse en el pasajero de una modesta goleta de pesca. Tendrá que ganarse el sustento con su trabajo, pues circula la superstición de que un pasajero ocioso trae mala suerte. Al principio se niega, adoptando una conducta desafiante, pero Manuel le baja los humos, obligándolo a limpiar la cubierta de desperdicios. Por primera vez Harvey se topa con un límite insuperable, lo cual le deja estupefacto. Su arrogancia se desinfla por completo y su insolencia se convertirá poco a poco en afán de superación.

Entre los marineros, se encuentra Dan (Mickey Rooney), hijo del capitán. No quiere ser menos que él. En el mundo de los pescadores, el respeto no se adquiere por ser hijo del capitán, sino por trabajar duramente, sin rehuir las tareas más ingratas. Ya no le servirán el desayuno en la cama. Tendrá que madrugar, esperar su turno para llevarse algo al estómago, limpiar pescado y fregar. Su inteligencia y su ahínco despertarán la simpatía de Manuel, que accederá a llevarlo como compañero en su barca. Poco a poco se convertirán en compañeros inseparables.

Manuel le enseña que lo esencial no es el dinero, sino la honradez, la entereza y la laboriosidad. Harvey no comprende que esté orgulloso de su padre, pues no le dejó nada material, pero Manuel le contesta que le debe cosas mucho más importantes, como la nobleza de espíritu, el amor a la vida, el respeto por uno mismo, el sentido de la amistad, la lealtad y el pundonor profesional. Su padre era pescador, como los apóstoles, y sembró en su interior paz, sencillez y alegría.

Harvey no lo comprenderá hasta que utiliza una detestable artimaña para ganar una apuesta. Long Jack (John Carradine) y Manuel, al que todos llaman el Portugués, rivalizan en su capacidad de atrapar peces con métodos distintos. Para averiguar quién tiene razón, acuerdan comparar sus capturas de un día. Sin consultar con Manuel, Harvey enreda la noche anterior el albareque de Jack, lo cual provoca que los anzuelos se claven en su carne y no pueda trabajar. Cuando Manuel descubre lo sucedido, expulsa a Harvey de su barca y entrega a su rival la navaja de afeitar que se había jugado en la apuesta. Avergonzado, Harvey se retira a su litera, pero Manuel alivia su pesar explicándole que «todos tenemos que avergonzarnos alguna vez para no volver a hacer aquello que nos avergüenza».

El aprendizaje ha finalizado. Harvey es otro niño. Trabaja sin descanso, no gimotea ni se queja cuando algo sale mal, soporta las contrariedades y tolera el dolor. Cuando se le clava un anzuelo, aprieta los dientes y contiene las lágrimas mientras Manuel lo extrae con un cuchillo. En unos meses ha madurado, situándose en el umbral de la conciencia adulta. No ha dejado de ser un niño, pero ya se intuye el hombre que será.

Con solo diez años ha aprendido a ser paciente y trabajador. Acepta las correcciones, sabe esperar y actúa con humildad, ganándose la confianza de los demás. Ha comprendido que en la vida el éxito y el fracaso van de la mano, prodigándose lecciones mutuas, pero aún le queda una última lección: afrontar la muerte. La pérdida de su madre se produjo cuando era demasiado pequeño para comprender lo que significaba. La inesperada muerte de Manuel por culpa de un accidente abrirá en su corazón una herida inconmensurable, pero logrará superarlo. El Portugués ha realizado bien su trabajo preparándolo para soportar las experiencias más amargas.

Harvey se reencuentra con su padre y empieza una nueva etapa a su lado. Ambos han aprendido mucho de la experiencia de la separación. Harvey, que al principio se muestra distante y resentido con su progenitor, no tarda en abrirle su corazón. Ambos acuerdan ir a pescar, pero no en un yate, sino en la humilde barca de Manuel. La imagen sonriente del Portugués flotando sobre padre e hijo mientras ríen animadamente pone fin a una historia de indudable ejemplaridad.

Como profesor de enseñanzas medias, siempre he sentido predilección por los *malos alumnos*. Algunos eran mucho más creativos e inteligentes que sus compañeros, con notas más brillantes y actitudes más previsibles. Conservo un recuerdo particularmente afectuoso de Jimmy. Era un chico delgado, con el pelo alborotado y unas gafas de pasta roja. Se pasaba las clases dibujando. No le preocupaba suspender. Era educado y respetuoso, pero se aburría y prefería dar rienda suelta a su imaginación. Sus dibujos reflejaban sus lecturas: Poe, Tolkien, Lovecraft. Hablar con él resultaba agradable, pues era apasionado, reflexivo y soñador. Vivía en un mundo diferente al de los demás. Sus compañeros lo tenían por un bicho raro y le hacían el vacío. Suspendía cinco o seis materias cada trimestre, pero aprobaba las recuperaciones y, a duras penas, pasaba de curso. Los profesores lamentaban su escasa motivación. Lo consideraban un vago y un irresponsable. Por supuesto, ninguno se planteaba que el problema no era Jimmy, sino el sistema educativo.

Los alumnos como Jimmy inspiran miedo, pues rompen o cuestionan el discurso de la enseñanza tradicional. Son chicos con inquietudes, con un temperamento artístico y una curiosidad inagotable. No se adaptan a la rutina de escuchar pasivamente, memorizar y aprobar mediante exámenes que solo miden el grado de adaptación al sistema. Muchos escritores han sido pésimos estudiantes. En *Memorias de un loco,* Gustave Flaubert escribe:

> Llevado a un colegio desde la edad de diez años, pronto fui ofendido en todas mis inclinaciones: en clase, por mis ideas; en el recreo, por mi tendencia a una recelosa soledad. Viví solo y aburrido, atormentado por mis maestros y escarnecido por mis compañeros. Tenía un carácter mordaz e independiente y mi cínica ironía no perdonaba ni los caprichos de uno solo ni el despotismo de todos.

Tal vez Flaubert emplea un tono excesivamente airado que refleja resentimiento, pero no es fácil mostrarse templado cuando has sufrido el autoritarismo de los profesores y la incomprensión de tus compañeros. Muchas veces Jimmy y yo hablábamos en el patio, sin disimular nuestro entusiasmo por *Los crímenes de la calle Morgue* o *Los mitos de Cthulhu*. Creo que me sentía identificado con él. Yo fui un estudiante de características similares, pero en un colegio de curas, donde al tedio de las clases magistrales se sumaban los castigos físicos y las vejaciones. Yo era profundamente desdichado en la escuela, pero entonces se consideraba que la felicidad no era un objetivo pedagógico. Los que hoy hablan de «cultura del esfuerzo» reproducen la visión pedagógica de mis curas. Ya no se dice que «La letra con sangre entra», pero se presupone que el estudio se basa en el sufrimiento y la disciplina. ¿Cuándo ha sido divertido estudiar gramática o aprender física o matemáticas?

Fui tan mal alumno como Jimmy, pero aprobé las oposiciones de profesor de Filosofía de la Comunidad de Madrid con el número uno. No fue gracias al sufrimiento y la disciplina, sino a infinitas horas de lectura que me enseñaron a amar las distintas formas de conocimiento. Con dieciséis años leí *Crimen y castigo*, de Dostoyevski. Me fascinó la historia, a medio camino entre la novela policiaca y el ensayo filosófico. De inmediato, quise saber más, conocer la filosofía nietzscheana del superhombre, que Raskólnikov empleaba como coartada para justificar el asesinato de una usurera. No me resultaba menos atractiva la figura del autor, confinado en Siberia y sometido a un simulacro de fusilamiento por conspirar contra el zar Nicolás I. Así que seguí tirando del hilo y acabé leyendo sobre el nihilismo, las utopías, las revoluciones, el pacifismo, las crisis de fe y la historia de Rusia. Incluso investigué un poco sobre la epilepsia y la ludopatía, dos graves patologías que complicaron la vida de Dostoyevski causándole infinidad de disgustos. Sin darme cuenta, había establecido un diálogo interdisciplinar entre el todo y las partes. Ese fue mi punto de partida para una «segunda navegación», que me ha permitido mantener despierto mi afán de aprender hasta hoy. Por supuesto que es divertido aprender, pero hace falta una motivación que encienda el deseo de saber más.

Nunca he creído en las clases magistrales, los libros de texto y los exámenes. De hecho, son los tres pilares de una filosofía autoritaria y profundamente antipedagógica. Durante mucho tiempo la escuela ha desempeñado un papel semejante al de los manicomios y las cárceles. Su función ha sido adocenar, reprimir, normalizar. O dicho de otro modo: imponer un modelo de sociedad basado en la desigualdad y el principio de autoridad. Este propósito era evidente en las escuelas decimonónicas, donde los pupitres copiaban la organización del trabajo en las fábricas, con sus oficiales supervisando la producción en cadena. En Alemania se llamaba a los profesores *apaleadores,* pues se consideraba que su atributo distintivo no era un libro, sino una vara dura y flexible. La tarima, que aún existe en muchas aulas, dejaba muy clara la asimetría entre el maestro y los alumnos.

Mientras estudiaba Filosofía en la universidad, conocí las ideas de Rousseau sobre la educación, la pedagogía libertaria de Tolstói y Ferrer Guardia, el espíritu de la Institución Libre de Enseñanza, el método Montessori, la Educación en el Hogar teorizada por John Holt, la antipedagogía de Alice Miller, el carácter asambleario y horizontal de la Escuela de Summerhill. Por supuesto, no adquirí esos conocimientos en las aulas universitarias, sino en los libros. Solo dos o tres profesores se apartaban de la enseñanza tradicional para evaluar por trabajos y proyectos. En los años noventa empecé a dar clases en institutos de la periferia de Madrid. En esa época se intentaba implantar la LOGSE, con la oposición de la mayoría de los docentes, que no aceptaban la idea de ser educadores y reivindicaban su condición de especialistas de una materia. Por primera vez se hablaba de integración, materias transversales, diversificación y adaptaciones curriculares. Sin una financiación adecuada, la reforma fracasó y no tardó en aparecer la contrarreforma, con sus controles de calidad y sus criterios excluyentes.

Aunque se afirme retóricamente que el sentido de la escuela es formar hombres y mujeres libres, con las herramientas necesarias para desarrollar su potencial humano e intelectual, la realidad es que la enseñanza tradicional mata la curiosidad y la creatividad, pues actúa conforme a un patrón cultural apolillado que ni siquiera se corresponde con las necesidades del siglo XXI, donde el saber no es un adorno social, sino una fuente de riqueza y prosperidad. La escuela decimonónica es un atavismo inútil en una sociedad cuya economía ya no descansa sobre las grandes fábricas, sino en la capacidad de innovación y en la flexibilidad para adaptarse a los cambios. El profesor no puede estar maniatado por programaciones oficiales y criterios fijos de evaluación, pues cada clase es un grupo con una personalidad propia.

Nunca olvidaré la experiencia de un compañero de instituto, un profesor de Dibujo que se enfrentó a un grupo de 1.º de ESO con una motivación inexistente y escasa autoestima. Eran chicos y chicas de doce años con un bajísimo rendimiento y una sensación generalizada de fracaso personal. Casi todos habían pasado por primaria cosechando calificaciones mediocres. Desanimado, mi compañero me contaba que no atendían, que le entregaban los ejercicios en blanco, que respondían con desgana a sus preguntas. De acuerdo con el programa, les enseñaba los trazados geométricos básicos, los polígonos, la simetría, el color, el espacio, la luz, la forma humana. «Lo más desesperante —me confesó— es que dibujan garabatos mientras explico».

Después de un primer trimestre catastrófico, cambió de estrategia. Se olvidó de los apuntes y el libro de texto, y les encargó que dibujaran un cómic. No sería un trabajo individual, sino por grupos y él supervisaría sus avances y dudas, ayudándolos a terminar el proyecto. Al principio los alumnos se desconcertaron, pero enseguida cambiaron de actitud, entusiasmándose con la idea. En menos de dos semanas la desidia se convirtió en frenética actividad. Elaboraron guiones y se distribuyeron las viñetas. Casi todas las historias se ambientaron en zonas urbanas. Otros escogieron escenarios fantásticos, como fortalezas, castillos o aldeas medievales. Eso los obligó a realizar trazados geométricos, cuidar la simetría, dibujar polígonos, distribuir el espacio, manejar la luz, emplear el color y dibujar la figura humana desde distintos ángulos y perspectivas.

El resultado fue increíble. Mi compañero me enseñó los cómics, donde se notaba su talento para inspirar, coordinar y motivar. Todos los grupos se habían esmerado, sin descuidar ningún detalle. Pude comprobarlo, pues hice varias guardias en el aula y aprecié el cambio, que tampoco pasó desapercibido para el resto de los profesores. Incluso se produjeron progresos en otras asignaturas, pues los alumnos habían mejorado su autoestima y confiaban más en sus posibilidades para afrontar cualquier reto. Le sugerí a mi compañero que presentara su experiencia a algún certamen educativo, pero me dijo que no quería problemas, pues había actuado a su aire, sin consultar con la inspección y no quería exponerse a una sanción.

Se considera que *Emilio, o de la educación,* publicado por Jean-Jacques Rousseau en 1762, es el primer tratado sobre filosofía de la educación en la cultura occidental. Quemado en París y Ginebra, inspiró el nuevo sistema educativo propuesto por la Revolución francesa. Rousseau señaló que la curiosidad es un impulso natural del niño y que el aprendizaje es tan inevitable como la respiración. El conocimiento se adquiere mediante el juego, el contacto físico, la especulación sin trabas. Si el niño se limita a escuchar a un adulto, perderá su capacidad innata de razonar. Y de disfrutar. Como libro de referencia, Rousseau no recomienda un tratado filosófico, sino el *Robinson Crusoe,* de Daniel Defoe.

Las autoridades educativas no han hecho mucho caso a Rousseau, pero su influencia nunca se ha extinguido. A principios del siglo XX María Montessori afirmó que «el niño, con su enorme potencial físico e intelectual, es un milagro frente a nosotros». Los niños son esponjas con una capacidad de absorción infinita. Su inconsciente asimila las lecciones del entorno. El profesor debe estar a su servicio, creando espacios luminosos y acogedores, que propicien el encuentro con el lenguaje, la música, las matemáticas, las plantas y el arte. En los años sesenta, John Holt cuestionó la escolarización forzosa y afirmó que afectaba negativamente al aprendizaje, pues en un ambiente de competitividad y ansiedad por las notas muchos niños se retraen por temor a ser castigados y humillados. Holt se hace eco de la pedagogía anarquista de Lev Tolstói, que creó una escuela libre, popular y abierta en Yásnaia Poliana, una propiedad situada al suroeste de Tula, Rusia. Tolstói rechaza los exámenes, la asistencia obligatoria y cualquier idea preconcebida, pues el papel del profesor no es imponer, sino adaptarse al alumno, avivando su curiosidad por las artes y las ciencias.

En nuestro país, cada vez hay más escuelas libres y algunos centros educativos oficiales han relajado su metodología permitiendo ciertas innovaciones. Algo se mueve. Muchos padres quieren una educación diferente para sus hijos y se rebelan contra las evaluaciones externas, que solo miden el cumplimiento de los objetivos establecidos por las programaciones oficiales. Los *malos alumnos* como Jimmy encarnan la rebeldía del ser humano, que opone su creatividad a la productividad, el ingenio a la repetición, la evocación a la memorización, el sentido lúdico a la rutina. Sin *malos alumnos,* el mundo se parecería a *1984*, *Un mundo feliz* o *Farenheit 451*. Quizá el primer paso para conjurar ese riesgo sea reconocer que no hay *malos alumnos*, sino malas escuelas.

15

El amor en los tiempos de la posguerra

> La felicidad no reside en encontrar a alguien perfecto, sino en amar a alguien imperfecto de manera perfecta.
>
> LEV TOLSTÓI, *Anna Karénina*

«Todas las familias felices se parecen, pero cada familia desgraciada lo es a su manera». Casi nadie ignora que esa frase marca el comienzo de *Anna Karénina.* La historia de mi familia no ha sido fácil. De entrada, el idilio de mis padres soportó grandes dosis de injusticia, incomprensión y sufrimiento. No conservo ninguna fotografía de la boda e ignoro su fecha exacta. Lo único que sé es que se produjo alrededor de 1948 y se celebró en la parroquia madrileña de San Ginés. Según mi madre, solo asistió un amigo, que hizo de testigo. Mis primas aseguran que también hizo acto de presencia su hermano Carlos, algo más joven. No sé mucho más.

Mi madre, María Rosa, se casó con mi padre, el escritor Rafael Narbona Fernández de Cueto, con la oposición de mis abuelos. Mi padre era un viudo con dos hijos y trece años mayor. Por entonces trabajaba como periodista, escritor y maestro en un colegio de Cuatro Caminos. Al parecer, mi abuela Rosa creía que no era el hombre más indicado para su hija de veintitrés años, una joven bastante atractiva que se parecía a Barbara Stanwyck.

Mi abuela falleció cuando yo tenía doce años. Siempre mantuvimos una relación fría y distante. Nunca se me ocurrió preguntarle nada, pero no he olvidado la indiferencia que mostró cuando mi padre murió prematuramente de un infarto. De hecho, discutió a gritos con mi madre sin ocultar el menosprecio que sentía por su yerno, y cuando yo, con ocho años, supliqué que dejara de chillar, me propinó una bofetada. Indignada, mi madre la echó de casa y ella, lejos de intentar disculparse o rebajar la tensión, se marchó dando un portazo.

¿Por qué odiaba de ese modo mi abuela a su yerno? Mi padre nunca maltrató a mi madre y siempre se caracterizó por ser una persona sumamente cálida y humana. A veces he pensado que mis padres mantuvieron relaciones íntimas antes de casarse y alguien se lo contó a mis abuelos. En aquella época, con una España sometida al yugo del nacionalcatolicismo, algo así parecía imperdonable. Mariano, mi abuelo, era un hombre débil y, al parecer, se mostró menos beligerante, pero mi abuela Rosa, un mujer dominante y temperamental, siempre fue propensa a juzgar con dureza las flaquezas ajenas.

¿Cómo fue el noviazgo de mis padres? Al parecer, se conocieron en una boda. Mi madre, con veintiún años, aún recordaba los horrores de la guerra y, como muchas jóvenes de su generación, buscaba consuelo en la poesía de Bécquer, las películas de Hollywood, casi siempre mutiladas por la censura, y las comedias de Benavente y los hermanos Quintero. Con unos enormes ojos azules, un rostro agraciado y una hermosa figura, suscitaba bastantes pasiones, pero nunca concedía citas. Prefería pasear con sus amigas y primas por la Gran Vía, cogidas del brazo e intercambiando bromas. Era una joven algo tímida que no había superado la experiencia de los bombardeos en Madrid y Barcelona. Imagino que mi padre le pareció diferente a otros pretendientes, con sus treinta y tres años y su trayectoria como autor de novelas, ensayos, artículos de prensa y tertuliano radiofónico. Mi padre también era tímido, pero se esforzaba en superarlo, pues su trabajo no le permitía mostrarse retraído e inseguro. A pesar de su visión trágica de la vida, muy similar a la de Unamuno, Dostoyevski y Quevedo, sus tres autores de referencia, se apasionaba con la perspectiva de comprar libros en la Cuesta de Moyano, pasear por Recoletos, visitar a Pío Baroja, que solía recibir a autores jóvenes, o escribir hasta la madrugada combatiendo el sueño a base de cafés.

Mi madre me contó que le escribía cartas a diario y que de vez en cuando paseaban por el centro de Madrid. En el Madrid de la posguerra había pocas distracciones. Si los novios cometían la imprudencia de besarse en un parque, se arriesgaban a ser multados con diez pesetas. Se podía bailar, pero no cualquier cosa. Por ejemplo, el tango estaba prohibido, pues se consideraba indecente, y en los cines los acomodadores se paseaban con sus linternas para asegurarse de que las parejas no cometían actos obscenos, como hacer manitas o rozar sus cabezas. En esas fechas aún seguían existiendo las cartillas de racionamiento (no desaparecieron hasta 1952) y los españoles sufrían las dentelladas del hambre. Se calcula que, entre 1939 y 1942, la mala alimentación causó entre 200.000 y 600.000 defunciones. Había cartillas de primera, segunda y tercera categoría. La posición social y el estado de salud determinaban la clase de cartilla que se asignaba. Las raciones se fijaban por porcentajes. Los hombres adultos podían acceder al cien por cien, según el trabajo que realizaban, mientras que las mujeres adultas y los mayores de sesenta percibían una ración ligeramente inferior (un 20 por ciento menos). Los menores de catorce solo tenían derecho a un 60 por ciento. El pan blanco se consideraba un producto de lujo. En cambio, el tabaco estaba clasificado como artículo de primera necesidad. El estraperlo proporcionaba a las familias que podían permitírselo alimentos especialmente codiciados, como carne y mantequilla, y hasta el 7 de abril de 1948 se mantuvo el estado de guerra, pues en Teruel, Tarragona, Castellón, Valencia y Cuenca seguía activo el maquis protagonizando pequeñas escaramuzas con la Guardia Civil. El régimen franquista continuaba torturando y ejecutando a los activistas de izquierdas que actuaban en la clandestinidad y no se toleraba el más mínimo gesto de inconformismo o disidencia.

Imagino que mis padres se adaptaron a ese clima de represión con la misma resignación que todos los españoles que no simpatizaban con la dictadura. Ambos habían sufrido durante la guerra, pero les había afectado de distinta manera. Mi madre no quería hablar de lo sucedido y aún se sobresaltaba cuando oía algún ruido similar al de la artillería o los bombarderos de la aviación. Mi padre, que había participado en la defensa de Madrid, ocultaba su pasado como soldado republicano, pero cuando se reunía con algún amigo, evocaba las vivencias de esos días lamentando el triunfo de Franco, lo cual no impedía que a veces publicara artículos a favor del Régimen para protegerse de posibles represalias. No era un reaccionario, pero sí un hombre tan tradicional como todos los de su época en lo relacionado con el sexo femenino.

Ser mujer no era fácil en aquellos años. Según un corresponsal del *New York Post,* en la España de Franco se había vuelto a la Edad Media en las relaciones entre los sexos. Las mujeres carecían de derechos civiles y se consideraba que su única misión era casarse, cuidar de su marido, engendrar hijos y ocuparse de las tareas domésticas. José Antonio Primo de Rivera, el mártir supremo de la Cruzada, había declarado en un acto público celebrado en Don Benito el 28 de abril de 1935: «No entendemos que la manera de respetar a la mujer consista en sustraerla a su magnífico destino [...]. El hombre es torrencialmente egoísta; en cambio la mujer casi siempre acepta una vida de sumisión, de servicio, de ofrenda abnegada a una tarea». Su hermana, Pilar Primo de Rivera, fundadora y jefa de la Sección Femenina, expresaba ideas similares: «Las mujeres no descubren nada: las falta el talento creador, reservado por Dios para inteligencias varoniles; nosotras no podemos hacer nada más que interpretar mejor o peor lo que los hombres han hecho». En un editorial del 20 de marzo de 1941 de la revista femenina *Medina,* se podía leer: «Amamos a la mujer que nos espera pasiva, dulce, detrás de una cortina, junto a sus labores y sus rezos. Tememos instintivamente su actividad, sea del tipo que sea».

Mi abuela Rosa, pese a su antipatía por el franquismo, suscribía la perspectiva moral de la Iglesia católica, según la cual las mujeres debían ser castas y pudorosas y obedecer ciegamente a sus padres y maridos. He aventurado que tal vez mis padres mantuvieron relaciones prematrimoniales, pero no dispongo de ninguna prueba que acredite esa especulación. Quizá lo que no pudo soportar mi abuela fue la actitud desafiante de mi madre, el simple hecho de que eligiera a un hombre mayor, con dos hijos y un sueldo mediocre, y no a uno de los abogados o ingenieros que la cortejaban. Ambas familias procedían de la escasa burguesía ilustrada de la época. Mi padre era hijo de un abogado represaliado por sus ideas republicanas, y mi madre, nieta de un médico liberal e hija de un licenciado en la carrera de Comercio que mantenía a su familia con tres empleos: funcionario de un ministerio, contable de varias empresas y administrador de fincas. Tal vez mi abuela deseaba un partido mejor, un hombre que garantizara un buen porvenir para su hija.

La historia de amor de mis padres está sumida en silencios y secretos. Solo sé que se amaron apasionadamente en sus inicios, pero con los años la relación se enfrió. Mi padre soñaba con el éxito como autor y solo conoció un discreto reconocimiento. Los dos hijos de su primer matrimonio no se entendieron demasiado bien con mi madre, a la que consideraron una intrusa, y mi hermana Rosa, que nació ocho años después de la boda, vino al mundo con graves discapacidades físicas. Yo aparecí cuando mi madre rozaba los cuarenta y mi padre había cumplido los cincuenta y dos. Solo dispuse de ocho años para observarlos, y el punto de vista de un niño, especialmente en cuestiones como el amor, siempre es incompleto y sesgado. Únicamente vi a mis padres besarse en una ocasión. Fue en la playa y lo hicieron con suma discreción. Se querían, pero la vida les había arrojado muchos obstáculos en su camino y los dos parecían algo tristes y desilusionados. Sus sueños, como los de la mayoría de las personas, no se habían cumplido, quizá porque aguardaban un estado de gracia y plenitud que suele estar vedado al ser humano.

Mi madre enviudó relativamente joven. Solo tenía cuarenta y siete años cuando mi padre murió de un infarto de miocardio. No volvió a casarse y jamás mostró interés por encontrar pareja. Al igual que en su juventud, prefirió cultivar la relación con un grupo de amigas. Un día a la semana solía quedar con su pandilla en una cafetería de Goya o el barrio de Argüelles. El resto del tiempo lo dedicaba a sus hijos. No era una mujer alegre, pero sí extrovertida. En eso se parecía a mi padre. Los dos albergaban en su interior un inamovible fondo de melancolía, semejante a la pátina de un viejo óleo. Era la huella de todas las desgracias vividas: la violencia de la guerra, la miseria de la posguerra, la incomprensión de mi abuela Rosa, los problemas de mi hermana. Durante años mi madre besaba —y yo con ella— una fotografía de mi padre antes de marcharnos cada uno a su alcoba. Nos separaba un largo pasillo, pero hablábamos antes de dormirnos, casi siempre de cosas sin importancia. Mi hermana, que prefería dormir, se quejaba y nos pedía que nos calláramos. Yo echaba de menos esas mañanas de domingo en que me colaba en la cama de mis padres y me colocaba entre los dos, feliz de sentir el calor de sus cuerpos. Ni siquiera se me pasaba por la cabeza que aquello pudiera acabarse un día.

¿Qué nos enseña la historia de mis padres sobre el amor? Que el amor es obstinado y se enfrenta a todo lo que se opone a él. Que la libertad es el sustento de la vida. Sin ella, la existencia se convierte en algo miserable y los afectos se mueren o se degradan. Que las grandes expectativas suelen desembocar en grandes decepciones. No hay que pedir a la vida más de lo que razonablemente puede darnos. Mis padres se amaron con fervor y determinación al inicio de su idilio; después ese amor se convirtió en un afecto tranquilo. Es el curso natural de la pasión y no hay que lamentarlo. Su relación no estuvo exenta de conflictos. No podía ser de otra manera. La ausencia de conflictos es ausencia de vida. Los conflictos pueden destruir a las parejas o ayudarlas a crecer. Yo creo que mis padres crecieron como seres humanos gracias a su relación, pero ese progreso siempre implica asumir que la vida es tan hermosa como imperfecta. Por eso la sabiduría siempre está teñida de melancolía.

¿Cómo afrontar la pérdida de un ser querido que ha llenado de sentido nuestra propia vida? ¿Se puede seguir adelante cuando experimentas una abrumadora sensación de vacío? ¿Hay alguna forma de mitigar el dolor, de aliviar la sensación de haberse quedado mutilado? Mi madre no se hundió en la desesperación al quedarse viuda, pero sí en una tristeza que duró hasta el final de su vida. Se notaba que le faltaba algo, que no sabía qué hacer con su vida, que se sentía incompleta.

Miguel Delibes perdió a su esposa, Ángeles de Castro, en 1974. Compañera, cómplice y madre de sus siete hijos, su muerte prematura lo dejó sumido en una profunda tristeza, que oscurecería el resto de su obra, introduciendo una perspectiva cada vez más melancólica, pero nunca desengañada o escéptica. El escritor vallisoletano nunca fue un pesimista existencial. Nunca renegó de la vida y, menos aún, de sus valores, donde destacaban el amor a la familia, la compasión por los más infortunados, una fe sin estridencias y un inconmovible apego a su tierra natal. Podríamos utilizar el título de un famoso libro de Xavier Zubiri para expresar sus preocupaciones esenciales: *Naturaleza, Hombre, Dios*. Hasta 1991 no logró escribir sobre la experiencia del duelo, alumbrando una de sus novelas más emotivas: *Señora de rojo sobre fondo gris*. Su prosa elegante, sencilla y precisa condensó en apenas cien páginas la felicidad de ser amado y la tragedia de quedarse sin ese alimento esencial. Para el catolicismo, el matrimonio es un sacramento cuando implica comunión absoluta, entrega mutua sin límites, fidelidad creadora, compenetración espiritual. Todo indica que el matrimonio de Miguel Delibes y Ángeles de Castro cumplió todas esas exigencias, encarnando el ideal —o, si se prefiere, el milagro— de fundir dos vidas en una aventura común sostenida por una firme voluntad de permanencia.

Delibes alteró ligeramente la realidad para hablar de los hechos. En *Señora de rojo sobre fondo gris,* el protagonista se llama Nicolás y es un pintor consagrado, pero con dolorosas crisis de creatividad. Ángeles se convierte en Ana y muere con cuarenta y ocho años. Eso sí, todo sucede en la misma época, la España de principios de los años setenta, cuando un franquismo agonizante juzga a los dirigentes de Comisiones Obreras, por entonces un sindicato clandestino. El Proceso 1001 será el telón de fondo de los últimos meses de un matrimonio con una hija y un yerno en prisión preventiva, acusados de asociación política ilegal. La sombra del Tribunal de Orden Público planea sobre el progreso de un tumor cerebral que no consigue derrotar a una mujer enérgica e independiente. La principal preocupación de Nicolás es que torturen a sus hijos, una práctica habitual en aquellos años de represión y falta de libertades. Ana se entrevista con el fiscal, que la cortejó sin éxito en su juventud, pidiéndole un trato digno y humano para los detenidos.

Señora de rojo sobre fondo gris es una novela antifranquista, pero su mayor mérito no está en la crítica del Régimen, sino en su delicada recreación de la esposa fallecida, una mujer que «con su sola presencia aligeraba la pesadumbre de vivir». Ana no es una compañera silenciosa y sumisa. Con una personalidad vigorosa, su presencia nunca pasa inadvertida. No le gusta llamar la atención, pero sus gestos e iniciativas dejan una profunda huella en su entorno, propagando oleadas de inteligencia, ternura y optimismo. Aunque dejó sus estudios universitarios a medias, nunca ha abandonado su pasión por la lectura: «Amaba el libro, pero el libro espontáneamente elegido». Su espíritu crítico le impidió adaptarse al ambiente de las aulas, donde ser alumno consistía en seguir una rutina con escasos alicientes intelectuales. Con un sentido estético innato, supervisa el trabajo de su marido. No pretende dirigirlo, sino inspirarlo y pulir sus obras.

Nicolás no se imagina su vida sin Ana: «Ella era equilibrada, distinta; exactamente el renuevo que mi sangre precisaba». Sabe cuánto le debe, especialmente en el terreno creativo: «Descubría la belleza en las cosas más precarias y aparentemente inanes. Y donde no existía, era capaz de crearla rompiendo todos los valores establecidos, asumiendo todos los riesgos». Esa cualidad había impulsado el afán de superación de Nicolás alejándolo de cualquier concesión a lo fácil o banal. Primitivo Lasquetti, escritor maldito y amigo del matrimonio, conocía esa virtud y le rendía homenaje con una amistad leal y sincera. Ana era incapaz de sentir rencor, ni siquiera hacia «ese hombre» que enviaba a obreros y estudiantes a la cárcel de Carabanchel por luchar contra su Régimen. El odio le era un sentimiento completamente ajeno. Le producía fatiga y aburrimiento. Cuando los funcionarios de Prisiones se mostraban despectivos con las familias de los presos políticos, se escondía para llorar, pero ni el recuerdo de las duras mañanas de invierno frente a la cárcel lograba sembrar en su interior la semilla del odio.

Su encanto natural se manifestaba de la forma más inesperada. Cuando en una ocasión subió al autobús sin dinero y el cobrador le exigió el pago del billete, los pasajeros resolvieron de inmediato el problema prestándole los preceptivos dos reales. En realidad, se trató de una ofrenda, pues Ana despertaba una «fascinación colectiva». Por su indudable belleza, pero sobre todo por su espontaneidad, bondad y cercanía. Nicolás lamenta que el tiempo no ofrezca una segunda oportunidad, pues considera que fue ingrato en muchas ocasiones. Su mujer se lo dio todo. Se entregó en cuerpo y alma. Siempre se preocupó de que dispusiera de tiempo y espacio para pintar. Sin sus cuidados, su pintura no habría fructificado. De hecho, su muerte lo ha dejado varado, atrapado por un dolor que agarrota su mano y embota su cerebro. Intenta consolarse con el retrato que hizo de su mujer García Elvira. Ana posó con un vestido rojo de cuello redondo y sin mangas, un collar de perlas de dos vueltas y guantes hasta el codo. El pintor escogió como fondo «una mancha gris azulada, muy oscura». Entendió que lo esencial era destacar la luz interior de Ana, que borraba todo a su alrededor. Nicolás siente celos del cuadro. Le duele que haya sido otro quien la inmortalizara en todo su esplendor. La luz de Ana brotaba de su gran corazón, que abrigaba a los ancianos y a los más pequeños. Cuidó a su nieta con desvelo y acogió en su hogar a padres y abuelos, criaturas desamparadas «a quienes la insolidaridad de la vida moderna había cogido desprevenidos». Su generosidad no se olvidará. En el funeral, el silencio solo se rompía con los frecuentes y sinceros llantos. Nicolás vivirá la situación «desdoblado», como si ese día viviera «dentro de otra piel».

La noticia del tumor no provoca el derrumbamiento de Ana. Nadie se plantea ocultarle el diagnóstico, pues su clarividencia desarmaba cualquier engaño o disimulo: «Veía detrás de los ojos, de las palabras, en particular de los míos, tan trasparentes». Ana no solloza ni maldice la fatalidad. Quiere vivir, pero sabe que ha sido feliz, que sus cuarenta y ocho años han estado plagados de alegrías. Otros no han conocido ni cuarenta y ocho horas de dicha. No tiene derecho a quejarse. Contemplar la belleza del mundo ha sido una bendición. Su mente aguda y despierta le enseñó que lo más hermoso está en lo humilde e imperfecto. Una sola flor contiene más belleza que un ostentoso arriate. César Varelli, amigo del matrimonio, acudirá desde París al entierro, dejando una corona de claveles rojos sobre la tumba. Horas más tarde comprenderá su error y regresará al cementerio cuando ya ha anochecido. Saltará la tapia solo para desparramar los claveles, homenajeando a la amiga muerta con un gesto que sería de su agrado. Ana sabe que va a morir pronto, pero compra ropa para cuando su nieta cumpla años: «Fue una chifladura circunstancial. Probablemente veía en la niña un eco o intuyó, en esta subrogación, la inmortalidad».

Cuando el tumor comienza a afectar a sus movimientos, causando situaciones embarazosas, Ana se refugia en la poesía. Nicolás encuentra un libro abierto boca abajo y, al abrirlo, se topa con un poema de Giuseppe Ungaretti. El título le encoge el corazón: *Agonía*. Lee unos versos que reflejan fielmente la actitud de Ana ante su deterioro e inminente muerte: «Morir como las alondras sedientas / en el espejismo. / O, como la codorniz / una vez atravesado el mar / en los primeros arbustos [...]. / Pero no vivir del lamento / como un jilguero cegado».

Nicolás se asoma al abismo, pensando cómo será la vida sin ella. Siempre ha sentido que los ángeles guiaban su mano. Ahora descubre que la energía creadora procedía de ella, de su fe en su talento, de su riqueza interior. Había soñado con envejecer a su lado, pero la muerte ha frustrado sus expectativas. Durante el funeral Primo Lasquetti le hace sentir con su «pesada mirada de miope» que «las mujeres como Ana no tienen derecho a envejecer». Abrumado por la pérdida, Nicolás no es capaz de decir nada. Solo gimotea, desolado. Su hija Alicia lo abraza y lo consuela, diciendo que habría sido más doloroso presenciar una larga y humillante agonía. Ha fallecido poco después de una complicada intervención quirúrgica. Hasta el último momento ha conservado su identidad y sus afectos.

Señora de rojo sobre fondo gris es un libro sobre la pérdida y el duelo, pero también es una lección sobre la felicidad. La felicidad no es algo complejo, sino una vivencia sencilla que casi siempre pasa inadvertida:

> Nos bastaba mirarnos y sabernos. Nada importaban los silencios, el tedio de las primeras horas de la tarde. Estábamos juntos y era suficiente. Cuando ella se fue todavía lo vi más claro: aquellas sobremesas sin palabras, aquellas miradas sin proyecto, sin esperar grandes cosas de la vida, eran sencillamente la felicidad.

Miguel Delibes, un humanista que sabe tocar el corazón de los lectores con pudor y sobriedad, nos dejó un planto que nos ayuda a sobrellevar nuestros duelos, enseñándonos que es posible amar más allá de la muerte.

Mi madre lo hizo, pues nunca olvidó a su marido. Fue el único hombre de su vida y, en cierto sentido, la acompañó hasta el final. Siempre he creído que de algún modo siguen juntos, desafiando a ese frío racionalismo que solo cree en lo que puede tocarse, medirse y pesarse. Aplicando ese criterio, el amor es algo irreal, pues —al igual que la belleza— desborda cualquier límite o medida.

16
Amar a los enemigos

> Solamente sabe amar aquel que es bastante fuerte para perdonar una ofensa.
>
> MAHATMA GANDHI

Piedad ya ha pasado por la penúltima sesión de quimioterapia. Han transcurrido veinticuatro horas y de momento solo siente fatiga. Antes de que el cóctel de carboplatino y el paclitaxel circulara una vez más por su torrente sanguíneo, hablamos con el oncólogo que supervisa el proceso, Jesús García-Donas, jefe de la Unidad de Tumores Ginecológicos y Genitourinarios del centro Clara Campal.

Jesús es un hombre cordial y respetuoso. No infantiliza a los pacientes y sus familiares con comentarios paternalistas, pero —como muchos médicos— considera que el aspecto esencial de su trabajo es el dominio de su especialidad. Yo, que vivo con mucha angustia la enfermedad de mi mujer, no pude evitar plantearle la necesidad de la empatía en el ejercicio de la medicina, sobre todo cuando se lucha contra patologías graves. García-Donas admitió que la empatía es importante, pero me hizo una pregunta que ya había escuchado en otras ocasiones en los labios de otros médicos: «¿Qué es preferible, la profesionalidad o la cordialidad?,

¿un buen especialista o alguien que te da una palmadita en la espalda y posee menos conocimientos?».

Le contesté que un buen especialista es una persona inteligente y, como tal, comprende que la empatía, lejos de estar reñida con la profesionalidad, constituye un complemento necesario de la praxis médica. No solo alivia la ansiedad y el miedo. Además, crea una comunicación fluida y un clima de confianza mutua que favorece la adhesión al tratamiento. La sensación de incomprensión puede acarrear que se descuiden las recomendaciones prescritas y se incumplan los plazos de las revisiones, lo cual empeora el pronóstico. Como ejemplo de lo que yo decía, le hablé de Irene López Carrasco, la ginecóloga que atiende a Piedad en el hospital. Irene es una excelente profesional y trata a los pacientes con enorme ternura y delicadeza. Cada vez que hemos pasado por su consulta, hemos salido reconfortados y esperanzados. García-Donas asintió: «Es un amor y una ginecóloga muy competente».

Los médicos cálidos y humanos casi siempre obtienen mejores resultados. Sucede algo similar en la docencia. Yo, con veinte años de experiencia en las aulas, he comprobado que fomentar la autoestima de los alumnos mejora las calificaciones. El «ánimo, tú puedes» es la regla de oro de la pedagogía. Si, por el contrario, los alumnos aprecian indiferencia, escepticismo o lejanía en sus profesores, su confianza disminuye y las notas suelen ser más mediocres.

García-Donas no impugnó mis argumentos. De hecho, reaccionó con afabilidad y animó a Piedad asegurándole que todo marchaba muy bien. Ser oncólogo no debe ser fácil. Es una especialidad que te obliga a convivir con situaciones muy complicadas. No creo que ningún médico contemple con indiferencia el sufrimiento de un paciente. Hallar el punto medio entre la empatía y la necesaria distancia emocional para soportar una rutina salpicada de circunstancias aciagas debe ser una tarea tan compleja como no perder el equilibrio mientras caminas por la cornisa de un rascacielos.

Durante la penúltima sesión de quimioterapia, las enfermeras nos atendieron una vez más con cariño y humanidad. Montse, una de las enfermeras, nos comentó que le gustaban mucho los animales y, tras hablar un rato, acabamos compartiendo fotografías de nuestros perros y gatos. Nos contó que había trabajado en la primera línea de la epidemia de COVID-19, cuando aún no se habían inventado las vacunas y, a pesar del enorme riesgo asumido, no se contagió, algo tan infrecuente que había animado a los médicos a estudiar su caso. Al despedirse, Montse ayudó a Piedad a colocarse el pañuelo y el sombrero que utiliza para esconder su calvicie y nos estrechó a los dos las manos con afecto.

Es fácil sentir cariño y respeto por las personas que nos cuidan y nos tratan con delicadeza, pero ¿se puede amar a los que nos hieren, desprecian, maltratan o marginan? La mayor innovación del cristianismo consistió en predicar el amor a los enemigos. Ninguna Iglesia ha respetado ese mandato, pero la monja católica Helen Prejean sí ha cumplido ese imperativo. Famosa activista contra la pena de muerte en Estados Unidos, Prejean ha aclarado que asiste a los reos condenados a la pena capital para ofrecerles compañía, consuelo, alivio, y no para aleccionarlos o infundirles sentimientos de culpa:

> Mi trabajo con los presos que están en el corredor de la muerte es acompañarlos; no aconsejarlos ni convencerlos de que preparen su alma... No, es solo acompañarlos; como una hermana, como una amiga.

Su motivación esencial es la compasión, no el proselitismo. En sus encuentros con los medios de comunicación o con el público que acude a sus conferencias, la hermana Helen ha repetido que el reo muere mil veces antes de enfrentarse a la inyección letal o la silla eléctrica. Cuando se espera la ejecución, cada día es una tortura. Prejean sostiene que la pena capital no es un acto de justicia, sino de venganza que produce en la sociedad un efecto pernicioso y desmoralizador.

Elmo Patrick Sonnier, electrocutado en la penitenciaría del estado de Luisiana el 5 de abril de 1984, fue el primer reo al que atendió la hermana Helen. Junto a su hermano menor Eddie, Elmo secuestró a Loretta Ann Bourque, de dieciocho años, y a su novio David LeBlanc, de diecisiete. Después de violar a la chica, los hermanos dispararon a sangre fría contra la pareja y abandonaron sus cuerpos en una zanja. Eddie, con problemas de salud mental, obedeció a su hermano mayor, que planificó todo y lo persuadió de matar a la pareja para eludir la prisión. Eddie fue condenado a cadena perpetua sin derecho a libertad condicional, y Elmo a muerte.

En su libro autobiográfico *Dead Man Walking*, que inspiró la excelente película homónima de Tim Robbins estrenada en 1995, la hermana Helen nos cuenta que creció en un hogar privilegiado de Baton Rouge (Luisiana) disfrutando de toda clase de comodidades. En su casa trabajaba un matrimonio afroamericano. La mujer limpiaba y su marido se ocupaba del jardín. Comían en la cocina y no podían utilizar el baño. La segregación racial se percibía como algo natural. En las escuelas, los hospitales y las iglesias, blancos y negros vivían separados. Los negros habitaban barrios miserables e insalubres, sin otro horizonte que la pobreza o la cárcel.

Monja desde los dieciocho años, la fe de Helen no incluía ninguna clase de inquietud social. En el Evangelio de Mateo había leído que Jesús dijo: «A los pobres siempre los tendréis con vosotros». Aparentemente, Jesús había aprobado las desigualdades como algo natural y tal vez necesario. En cualquier caso, una monja no debía inmiscuirse en cuestiones políticas y sociales. Su misión consistía en rezar y acatar la voluntad divina esperando la gracia de la salvación.

Después del Concilio Vaticano II la congregación de Helen comenzó a reflexionar sobre su papel en el mundo. Las Hermanas de San José consideraron que debían acercarse a los pobres para ayudarlos a mejorar sus condiciones de vida. Dios no aprobaba la pobreza. En la Primera Epístola de Juan se lee: «Si alguien que posee bienes materiales ve que su hermano está pasando necesidad, y no tiene compasión de él, ¿cómo se puede decir que el amor de Dios habita en él?» (3, 17). Inicialmente la hermana Helen no se sintió atraída por ese planteamiento, pero después de escuchar en un retiro a la hermana Neal, socióloga y principal relatora de la orden, cambió de opinión.

Neal sostenía que Jesús se había encarnado para traer la buena nueva a los pobres de la tierra y aliviar su miseria moral y material. La hermana Helen leyó los Evangelios desde otra óptica y le conmovió especialmente un fragmento de Mateo: «Estuve en la cárcel y acudisteis a visitarme» (25, 36). Poco después se instaló en Saint Thomas, un barrio popular de Nueva Orleans, y conoció de cerca las penurias de los más pobres. Descubrió que el estado de Luisiana no cesaba de construir nuevas cárceles al tiempo que recortaba las ayudas sociales. Entre 1975 y 1991 la población penitenciaria se había incrementado en un 250 por ciento. En

Saint Thomas todas las familias tenían algún ser querido en la cárcel, casi siempre menores de veintinueve años. Los más ancianos comentaban: «De aquí los jóvenes solo salen en coche patrulla o en coche fúnebre».

La hermana Prejean advirtió enseguida que no había ricos en el corredor de la muerte. Todos los que podían pagar una buena defensa se libraban de la pena capital. En Luisiana, el 90 por ciento de las personas asesinadas son afroamericanas, pero el 75 por ciento de los condenados a pena de muerte son negros acusados de matar a blancos. No parece fruto del azar que tres de cada cuatro ejecuciones en Estados Unidos se lleven a cabo en Luisiana, Georgia, Texas y Florida, los estados que se resistieron con más tenacidad al fin de la esclavitud y la discriminación racial.

Elmo Patrick Sonnier se encontraba a la espera de su ejecución cuando recibió una carta de la hermana Helen Prejean, que había aceptado la propuesta de cartearse con un reo condenado a la pena capital. Un amigo que trabajaba como voluntario en las cárceles lo había animado a dar ese paso, y ella lo interpretó como una señal de Dios. Sonnier no era negro, sino blanco, pero era un blanco pobre. Cuando la hermana Helen le envió la primera carta, reaccionó con estupor. Tardó un tiempo en contestar, pero lo hizo con amabilidad y agradecimiento. «Yo aborrecía su crimen —reconoce Prejean—, pero había en él una humanidad pura y esencial que me atraía». A pesar de lo que había hecho, era un ser humano y merecía respeto, afecto y apoyo, algo que apenas había conocido en su desgraciada vida y que en el corredor de la muerte se le negaba por completo: «Un condenado a muerte recibe mil señales, todas en el mismo sentido: es tan solo un desecho. Ya no tiene dignidad, no vale nada. Ahora recibía una señal diferente».

En la película de Tim Robbins, Helen Prejean, magníficamente interpretada por Susan Sarandon, exhibe desde su niñez una acusada sensibilidad por el sufrimiento ajeno. Las primeras imágenes muestran su ordenación. Es una joven de dieciocho años, casi una niña, que sonríe ante la expectativa de una nueva vida, consagrada a la oración y la meditación. Sin embargo, su espiritualidad no es meramente contemplativa. En su infancia participó con otros niños en el apaleamiento de un topo hasta la muerte. Quizá se dejó llevar o se asustó ante un animal salvaje. O tal vez cedió ante la tentación de la crueldad, que nos acecha a todos. Su acto le provocó amargas lágrimas de arrepentimiento. Si hubiera crecido en un hogar como el de Matthew Poncelet (el personaje basado en Elmo Patrick Sonnier e interpretado por Sean Penn), ¿cómo habría sido su vida? ¿Sería la misma persona o se habría precipitado por los mismos abismos? En la película todos los encuentros entre Matthew y la hermana Helen se producen en locutorios o en pasillos. Siempre están separados por un cristal blindado o una reja. Solo se produce un contacto físico cuando el alcaide de la prisión permite que Prejean apoye la mano en el hombro de Poncelet para confortarlo mientras camina hacia la muerte.

Tim Robbins concede al rostro un protagonismo casi absoluto. El rostro de la hermana Helen es compasivo y desprende convicción, pero se estremece cuando se interna en el mundo interior de Matthew, dominado por la cólera, la frustración y el resentimiento. Poncelet puede ser realmente escalofriante. De hecho, intenta flirtear con ella, sin importarle su condición de monja. Sus ojos están llenos de odio y victimismo. Su mirada solo cambia cuando quedan pocas horas para la ejecución y entiende el dolor que ha causado. Durante la aplicación de la inyección letal (en realidad,

Elmo Patrick Sonnier murió en la silla eléctrica), la hermana Helen y Matthew intercambian una mirada a través del cristal y se declaran su afecto. Ambos susurran: «Te quiero». Hay una cercanía muy real, una especie de comunión en el sufrimiento.

En su autobiografía, la hermana Helen Prejean lamenta no haber prestado la atención debida a las familias de las víctimas de Elmo Patrick Sonnier: «Temiendo que me echasen de su casa, me mantuve alejada de ellos. Probablemente ha sido el peor error de mi existencia». Lloyd LeBlanc, católico y padre de David, buscó a la hermana Helen para que conociera el punto de vista de las familias: «Me cogió de la mano y me presentó a los padres de Lorena. Empecé así a hacer experiencia del otro lado de la cruz». Rezar con Lloyd le confirmó que el amor es una fuerza suficientemente grande para sostener a todos. Prejean continúa luchando contra la pena de muerte: «Al final, lo mejor para un ser humano es servir de ayuda. Ser parte de algo superior a ti, no quedar atrapado en esa pequeña cosa del ego, la competición, la envidia, el siempre tener que superar a otros». La historia de la hermana Helen Prejean, que ha acompañado a muchos reos de muerte hasta el final, recuerda unas palabras del Evangelio que revelan la trascendencia y el poder transformador del amor: «Nosotros sabemos que hemos pasado de la muerte a la vida porque amamos a los hermanos. El que no ama permanece en la muerte» (1 Juan 3, 14).

Algunos objetarán que el amor de Prejean por los reos de muerte surge del hecho de no estar afectada directamente por sus crímenes, pero hay ejemplos de víctimas que han acabado perdonando e incluso apreciando a los asesinos de sus seres queridos. Es el caso de Joanna Cynthia Berry, hija de Anthony Berry, diputado conservador del Parlamento británico asesinado por el IRA Provisional en un atentado con bomba perpetrado en el Brighton Grand Hotel. El objetivo era la primera ministra Margaret Thatcher y su gabinete, pero la Dama de Hierro se libró. Patrick Magee fue el encargado de colocar y detonar el explosivo que mató a cinco personas. Sentenciado a ocho cadenas perpetuas, salió de la cárcel en 1999 por los Acuerdos de Viernes Santo. Un año más tarde Jo Berry quiso conocerlo y, aunque Magee se mostró reacio, finalmente se produjo un encuentro que fructificó en el compromiso de trabajar juntos por la paz impartiendo conferencias por todo el mundo.

En una entrevista, Jo Berry declaró que había aprendido a «dejar atrás los juicios y las culpas» para abrirse a «escuchar y empatizar». Después de conocer la discriminación que sufrían los católicos en Irlanda del Norte y descubrir que Magee había pasado por la experiencia de la tortura, reconoció que si se hubiera encontrado en su lugar, tal vez habría tomado las mismas decisiones equivocadas. Jo Berry no quería que Patrick le pidiera perdón: «Quería escuchar su historia y verlo como un ser humano porque eso me devolvería también a mí mi humanidad».

Magee, que al principio habló de política, acabó adoptando una perspectiva exclusivamente humana y reconoció que lamentaba haber matado al padre de Jo. «La disculpa no fue lo más importante —aclaró Berry—, lo fue el hecho de que ahora estaba viendo a mi padre como un ser humano real, lo que no hizo al principio de la reunión. Fue una transformación enorme. No me reuní con Patrick para cambiarlo, sino para cambiarme a mí misma, pero en el proceso él también cambió». Magee corrobora el punto de vista de Berry: «Antes vivía en un mundo de etiquetas [y, gracias a Jo], mis puntos de vista se expandieron».

Nelson Mandela es otro ejemplo de que sí es posible comprender al enemigo e incluso llegar a amarlo. Al comienzo de su lucha política Mandela era partidario de la violencia. De hecho, consiguió que su partido, el Congreso Nacional Africano, abandonara la resistencia no violenta y adoptara la lucha armada, creando una guerrilla llamada Umkhonto we Sizwe (La lanza de la Nación), cuya jefatura asumió él mismo. En esa época Mandela desconfiaba de la comunidad india y de los blancos comunistas que luchaban contra el apartheid. No era un pensador y, menos aún, un pacificador, sino un hombre de acción, pero durante su estancia en la durísima prisión de Robben Island entendió que solo sería posible acabar con el apartheid superando el odio y la incomprensión mutua. La única alternativa fecunda —y eficaz— era el diálogo, no la violencia.

Por eso aprendió afrikáans, el idioma del enemigo, y empezó a comunicarse con los funcionarios de Prisiones, respondiendo a su desdén con cortesía y dignidad. Al principio solo consiguió gestos de desprecio, pero poco a poco se ganó su respeto. Y no lo hizo con actitudes desafiantes ni con sumisión, sino con inteligencia, autoestima y paciencia. Trasladado a otra prisión menos estricta, el presidente Pieter Botha, feroz defensor del apartheid, accedió a que Mandela fuera operado de próstata en un hospital «solo para blancos» de Ciudad del Cabo. Kobie Coetsee, ministro de Justicia, lo visitó por sorpresa y se quedó vivamente impresionado: «Era un genio. Me di cuenta desde el mismo momento en que lo conocí. Era un dirigente nato. Se mostró cordial. Estaba sentado en una silla, con la bata del hospital, pero hasta esa ropa la llevaba con dignidad».

Años más tarde, Mandela finalizó un debate televisivo con el presidente Frederik de Klerk elogiando a su rival y calificándolo como un «auténtico hijo de África», lo cual le ganó la simpatía de la audiencia blanca. En 1995, ya elegido presidente, apoyó a la selección sudafricana durante la final del Campeonato Mundial de Rugby, que se disputaba en Johannesburgo. El rugby siempre había sido el deporte de los blancos y los negros preferían apoyar al equipo rival, fuera el que fuera. Mandela apareció en el estadio con la camiseta verde de la selección, hasta entonces uno de los símbolos del apartheid, y el público, compuesto en su mayoría por afrikáners, comenzó a gritar de forma espontánea: «¡Nelson, Nelson!». Sudáfrica ganó la final y los negros de Soweto salieron a la calle a celebrarlo. Mandela bajó al campo y entregó la copa al capitán François Pienaar, un blanco alto, corpulento y rubio. Su gesto liberó indistintamente a blancos y negros. Los blancos dejaron de experimentar miedo por una posible revancha y los negros ya no volvieron a sentirse ciudadanos de segunda categoría.

En su autobiografía *El largo camino hacia la libertad*, Mandela cuenta cómo superó su radicalismo juvenil: «La reclusión tiene al menos la ventaja de ofrecer una buena ocasión para trabajar sobre tu conducta, corregir lo malo y desarrollar lo bueno que hay en ti». Apostar por la moderación no significa renunciar a las convicciones:

> En la cárcel, mi rabia contra los blancos se apaciguó, pero mi odio al sistema se intensificó. Quería que Sudáfrica viera que amaba incluso a mis enemigos, pero a la vez odiaba el sistema que había dado origen a nuestro enfrentamiento.

En la cárcel sufrió la actitud racista, cruel y zafia de los guardianes blancos, pero también se topó con vigilantes que actuaban con humanidad. Eso le hizo llegar a la conclusión de que «todos los hombres, incluso los que parecen más insensibles, tienen un fondo de honestidad y pueden cambiar si sabemos llegar a ellos». La integridad y la empatía nunca son baldías. Si se utilizan de forma constante y tenaz, acaban sacando a la luz lo mejor de los demás. A pesar de las casi tres décadas de reclusión y la brutalidad del apartheid, Mandela formula un juicio benévolo y optimista sobre la condición humana: «Siempre he sabido que en lo más profundo del corazón del hombre residían la misericordia y la generosidad».

Mandela y Jo Berry son ejemplos de ese amor a los enemigos que parece una quimera irrealizable. Amar al enemigo no significa transigir con el mal. De hecho, Mandela luchó siempre contra el apartheid y Jo Berry ha condenado firmemente la violencia, asegurando que solo extiende y agrava los conflictos.

La insensibilidad casi siempre brota de la incapacidad de mirar el mundo desde el punto de vista del otro. Si algún día la humanidad logra aclarar y ampliar su mirada, el otro ya no será un enemigo potencial, sino un semejante con el que se podrá caminar en paz.

17

¿Es posible amar al ser humano?

> No busques seguridad en la vida exterior, busca seguridad en el amor que está dentro de ti.
>
> Etty Hillesum

Cuando escribo estas líneas, la población civil de Gaza sufre un infierno. 43.000 personas han perdido la vida por culpa de los bombardeos de las Fuerzas de Defensa de Israel. La mayoría de las víctimas son mujeres y niños. Al mismo tiempo, más de un centenar de rehenes israelíes secuestrados por Hamás continúan sumidos en el miedo, la angustia y la incertidumbre. La guerra en Ucrania ha cumplido dos años y medio. No se sabe con exactitud el número de víctimas, pero todo indica que ya superan las 300.000.

Hace unos meses comencé a ver el documental *20 días en Mariúpol,* del cineasta, fotoperiodista y escritor ucraniano Mstyslav Chernov, y no pude soportar más de veinte minutos. Apagué el televisor tras contemplar la agonía de un niño de dos o tres años herido por la metralla. Los médicos intentaron salvarle la vida en presencia de sus jóvenes padres, pero sus esfuerzos resultaron inútiles. El niño agonizó en un quirófano con escasez de material y los cristales protegidos con cinta adhesiva.

Actualmente hay cincuenta y seis guerras en curso. La mayoría apenas despierta el interés de la opinión pública mundial, pues ocurren en países hundidos en la pobreza o con poca relevancia política, como Yemen, Somalia, Burkina Faso, Nigeria o Siria. Casi todos los años pierden la vida 250.000 personas en distintos conflictos bélicos. Si a esa cifra sumamos el dato escandaloso de 24.000 muertes diarias por hambre o enfermedades derivadas de una nutrición deficiente, resulta tentador pensar que somos la especie más perversa del planeta. Las grandes matanzas del siglo XX (la Shoá, el gulag, Hiroshima, Nagasaki, Nankín, los genocidios de Armenia, Ruanda y Camboya, por solo citar algunas de las páginas más negras de este periodo histórico) corroboran esa visión pesimista. ¿Es posible amar al ser humano? ¿Por qué nos compartamos así? ¿Podríamos ser de otra manera?

Cuando a Piedad comenzó a caérsele el pelo por culpa de la quimioterapia, acudimos a una peluquería oncológica. La perspectiva de raparse al cero parecía menos traumática que la experiencia de levantarse de la cama y descubrir grandes mechones en la almohada. Piedad se sentó en el sillón preparándose para que la máquina rasurara su cabeza y yo no pude reprimir las lágrimas. María José, la peluquera, me abrazó para aplacar mi malestar. Después abrazó a mi mujer, que no lloraba pero apenas lograba disimular su tristeza. La operación de eliminar el pelo fue rápida, pero nos hizo sentir frágiles e impotentes.

María José intentó rebajar nuestra consternación elogiando los ojos azules de Piedad y asegurándonos que dentro de poco todo aquello solo sería un mal recuerdo. Se notaba que sabía escuchar y que comprendía que su labor no concluía con el mero trámite de cortar el pelo o vender algún producto de su establecimiento. Familiarizada con el sufrimiento de los pacientes oncológicos, asumía sin esfuerzo la tarea de proporcionar consuelo. Sus palabras de afecto no eran una estrategia comercial, sino su respuesta natural al dolor de los demás.

¿Qué es más característico del ser humano? ¿Lo que hizo María José, que intentó sanar las heridas que nos laceraban por dentro, o la orden de rapar a los deportados a los campos de concentración nazis para utilizar su pelo en la fabricación de material textil? En mi opinión, la conducta de María José nos devuelve una imagen más exacta de la especie humana que la crueldad de los nazis, fruto de una intoxicación ideológica y no de impulsos naturales.

El historiador neerlandés Rutger Bregman no se equivoca al afirmar en *Dignos de ser humanos* que «la mayoría de la gente es buena». ¿De dónde procede entonces el mal? Según Bregman, Rousseau nos proporcionó una explicación que no ha perdido validez en su *Discurso sobre el origen de la desigualdad entre los hombres,* publicado en 1755:

> El primer hombre que cercó un terreno y se atrevió a decir «Esto es mío», y a continuación encontró a gente lo bastante ingenua como para creerlo, fue el verdadero fundador de la sociedad civil. ¡Cuántos crímenes, guerras y asesinatos, cuántos horrores y desventuras se habría evitado la humanidad si en aquel momento alguien hubiera arrancado las estacas o cegado el foso y hubiera advertido a los demás: «¡Guardaos de prestarle oídos a ese impostor! ¡Si algún día olvidamos que los frutos de la tierra nos pertenecen a todos y que la tierra misma no es de nadie, estamos perdidos!».

Todo podría mejorar si la historia lograra superar el pecado original de nuestra civilización: privatizar los frutos de la tierra, tolerar la desigualdad, acumular bienes y poder a costa de los demás. Suele citarse *El señor de las moscas*, de William Golding, como un análisis esclarecedor de la especie humana. Apenas surge una guerra o se produce una catástrofe, las normas creadas por la civilización se esfuman y se propaga la barbarie. Casi siempre se omite que Golding era un hombre atormentado. Abusaba del alcohol y maltrataba a sus hijos. «Siempre he comprendido a los nazis —confesó en una ocasión—, porque yo también era así por naturaleza». Admitió haber escrito *El señor de las moscas* porque quería expresar «la triste idea que tenía de sí mismo». Lo cierto es que la realidad desmiente su fábula sobre los impulsos antisociales del ser humano.

En 1966 seis adolescentes tonganos naufragaron en la isla deshabitada de 'Ata y permanecieron en ella año y medio hasta que un barco los rescató. No se produjeron incidentes violentos ni se pisotearon los valores de la civilización. Por el contrario, reinaron la solidaridad, el respeto mutuo y el espíritu de equipo. «Las catástrofes —escribe Bregman— siempre sacan a la luz lo mejor de la gente. No se me ocurre ningún otro hallazgo de la sociología tan bien documentado y, al mismo tiempo, tan olímpicamente ignorado. Los medios de comunicación ofrecen una y otra vez la imagen opuesta de lo que ocurre realmente después de una catástrofe».

Bregman cita como ejemplos los bombardeos de la Luftwaffe sobre Londres durante la Segunda Guerra Mundial, la devastación causada por el huracán Katrina en Nueva Orleans y el atentado contra las Torres Gemelas el 11 de septiembre de 2001. En todos los casos, el dolor y la rabia no impidieron que prevalecieran las conductas altruistas, la cortesía e incluso el sentido del humor. En Londres los comerciantes colocaron letreros en las fachadas de sus tiendas bromeando sobre los cristales rotos y las paredes reventadas: «Estamos más abiertos que de costumbre». En las Torres Gemelas las personas que bajaban por las escaleras o los ascensores se cedían el paso y conservaban la calma. En Nueva Orleans disminuyeron los crímenes, las violaciones y los robos, pero eso no impidió que la gobernadora enviara un ejército de 72.000 hombres con órdenes de disparar a matar. En el puente Danzinger, la policía disparó contra seis afroamericanos desarmados que se asustaron al ver los coches patrulla, famosos por su brutalidad contra la población negra. Un joven de diecisiete años y un discapacitado mental de cuarenta murieron a consecuencia de las balas. Más tarde, cinco agentes fueron condenados a largas penas de prisión, tras demostrarse que las víctimas no habían realizado ningún acto que justificara el uso de armas de fuego.

Para explicar el incidente, Bregman cita a Rebecca Solnit, que en *Un paraíso en el infierno* escribe: «Mi impresión es que el pánico de la élite se debe a que los más poderosos tienen una imagen de la humanidad basada en cómo se perciben ellos mismos». Bregman añade: «Reyes y dictadores, gobernantes y generales creen que la gente corriente es egoísta solo porque ellos lo son, y recurren a la fuerza bruta para prevenir peligros que solo existen en su cabeza».

El sesgo negativo que imponen las noticias, donde casi nunca se habla de los gestos de honradez y solidaridad, alimenta la idea de que vivimos en un mundo cruel, una creencia que promueve la misantropía, el pesimismo y el cinismo. Se destaca lo malo porque lo bueno resulta insípido y aburrido. Desde la popularización —y deformación— de las teorías de Darwin, se afirma que la evolución se basa en la supervivencia del más apto. Ayudar a sobrevivir a los débiles y enfermos solo debilita a la especie dificultando su perfeccionamiento progresivo. La compasión atenta contra las leyes de la naturaleza. Hitler convirtió esa idea, ya expresada por Nietzsche, en el centro de su filosofía política y ya sabemos cuáles fueron las consecuencias.

Si nos repiten una y otra vez que somos violentos y egoístas, asimilaremos esos rasgos. Nuestra identidad se gesta a partir de las ideas que se repiten de forma recurrente y masiva. Bregman cita a Agustín de Hipona y Juan Calvino. Según el padre de la Iglesia, «nadie está libre de pecado, ni siquiera el niño que ha vivido un solo día». Calvino suscribe esta perspectiva: «El ser humano es incapaz de hacer el bien y se muestra inclinado al mal». No son perspectivas aisladas. Maquiavelo afirma que todos los hombres desearían ser tiranos, Hobbes reitera la frase de Plauto según la cual «el hombre es un lobo para el hombre» y Sigmund Freud sostiene que el ser humano lleva en la sangre el placer de matar.

El pesimismo sobre la especie humana no es una idea inofensiva. No se trata de una mera especulación teórica, sino de una poderosa herramienta para justificar las leyes represivas y los gobiernos autoritarios. Dado que el ser humano tiende al mal, hay que educarlo desde niño en la obediencia y la sumisión, pues si le dejamos obrar libremente, solo cometerá fechorías. Sin embargo, los seis náufragos de 'Ata hicieron un pacto que cumplieron en ausencia de leyes coercitivas: no pelearse jamás, resolver los conflictos mediante el diálogo, cuidarse mutuamente. Sus condiciones no eran tan adversas como la de los supervivientes del vuelo 571 de la Fuerza Aérea Uruguaya, pero se hallaban incomunicados y con escasas esperanzas de ser localizados. A veces llovía mucho y el viento soplaba con fuerza, pero la temperatura era tolerable y podían alimentarse con plátanos, taro y huevos de gaviota. En ocasiones comían pollo, pues la isla había estado habitada y aún vagaban gallinas por su accidentada geografía. Los antiguos habitantes habían construido rudimentarios depósitos para almacenar agua y eso les permitió combatir la sed durante las épocas en que apenas llovía. Uno de los jóvenes construyó una guitarra para combatir el tedio y el miedo con bailes y cantos. Cuando uno de los náufragos se rompió una pierna, sus compañeros lo cuidaron, inmovilizándole la extremidad y proporcionándole agua, comida y abrigo. Si alguna vez surgía una discusión, se acordaba una separación temporal. Los protagonistas del desencuentro se alejaban y meditaban sobre el incidente hasta que superaban la ira y el rencor. Dieciocho meses después un barco los rescató y los seis náufragos conservaron un vínculo muy estrecho el resto de sus vidas.

En 1976 Richard Dawkins alcanzó un éxito extraordinario con su ensayo *El gen egoísta.* Dawkins sostenía que el egoísmo de los genes, cuyo objetivo es sobrevivir en cualquier circunstancia, explica la conducta humana. Somos agresivos por naturaleza, pues competimos sin tregua para subsistir y propagar nuestros genes. El altruismo no es un gesto de generosidad, sino un impulso dictado por el instinto de supervivencia. Los sacrificios individuales siempre están asociados a esa estrategia inconsciente. Los humanos se inmolan por sus hijos o por su grupo porque comparten genes con los sujetos que se benefician de su sacrificio. Por tanto, estamos condenados a luchar entre nosotros hasta el último aliento.

El biólogo ruso Dmitri Beliáyev no suscribía esta teoría. Por el contrario, opinaba que la supervivencia del ser humano no era fruto de la competencia, sino de la colaboración. Los individuos más amistosos y afables tejieron una red de relaciones que se reveló extraordinariamente eficaz para conservar la vida y garantizar su continuidad. Beliáyev llegó a esta conclusión domesticando a zorros plateados, un objetivo aparentemente irrealizable. Los zorros seleccionados por su mansedumbre mostraban una inteligencia muy superior a los agresivos y gozaban de vidas más largas. Su docilidad se transmitía a su descendencia y creaba lazos entre los individuos de su propia especie. En su estado natural los zorros son solitarios y solo emiten aullidos, pero los zorros de Beliáyev se agrupaban en manadas y llegaban a ladrar.

La sociabilidad no propicia la vulnerabilidad, sino la supervivencia. Es lo que sucedió en la isla de 'Ata y en los Andes. Si los supervivientes hubieran competido por los recursos mediante la fuerza, probablemente habrían muerto todos. Colaborar y ser compasivo siempre es más inteligente que luchar sin descanso, pensando que cualquier gesto de generosidad constituye un despilfarro.

La gran ventaja evolutiva de los humanos es su sociabilidad, su capacidad de aprender y tejer vínculos, muchas veces mediante juegos pueriles, semejantes a los de una manada de cachorros. Según Brian Hare, el blanco de los ojos y la desaparición del arco de las cejas, dos rasgos surgidos de nuestra evolución como especie, nos permiten adoptar miradas y gestos sumamente expresivos. La capacidad de ruborizarnos y el lenguaje son la culminación de un proceso orientado a la mejora de nuestra sociabilidad. Se ha aventurado que el sapiens exterminó al neandertal, pero es más probable que lo asimilara e integrara en su organización social, mucho más eficaz gracias al espíritu de colaboración y ayuda mutua.

Amar y compartir es una buena estrategia para sobrevivir. «Puede que Dios no exista —escribe Bregman— y que no haya ningún plan cósmico. Puede que nuestra existencia sea fruto de una increíble casualidad, después de millones de años de evolución aleatoria. Pero no estamos solos. Nos tenemos unos a otros».

Al igual que Bregman, pienso que el ser humano es digno de ser amado. Es cierto que ha perpetrado actos crueles y violentos, pero esa no es su inclinación natural. Durante la guerra del Pacífico, el coronel e historiador Samuel Marshall descubrió que la mayoría de los soldados de su batallón disparaban al aire, pues les repugnaba la idea de matar. Solo 36 de sus 300 hombres reconocieron haber apuntado al cuerpo del enemigo. No somos «chimpancés neuróticos», como se ha llegado a sostener, pero se nos puede manipular y programar para matar. Durante la guerra de Vietnam, los altos mandos militares diseñaron un programa de instrucción capaz de disipar la resistencia a herir, torturar y aniquilar.

Stanley Kubrick reconstruyó ese aprendizaje en *La chaqueta metálica* (1987), un film antibelicista que contó con Ronald Lee Ermey, un exsargento del centro de instrucción de reclutas de los marines en San Diego, California. Kubrick decidió asignarle el papel de sargento de Artillería Hartman tras escuchar una prueba de quince minutos en la que encadenó insultos y obscenidades «sin parar ni repetir dos veces la misma palabra». En esencia, Ermey se interpretó a sí mismo. No necesitó esforzarse para ponerse en la piel del sargento Hartman. Su comentarios racistas, homófobos y misóginos siempre servían de pretexto para repetir una pregunta dirigida a los reclutas: «¿Para qué os alistasteis en el cuerpo de marines?». Y la respuesta siempre era la misma: «Para matar, señor». Durante la guerra de Vietnam, los sargentos como el instructor de *La chaqueta metálica* cumplieron su misión: transformar a jóvenes normales en «ministros de la muerte».

El 16 de marzo de 1968 la sección del teniente William Laws Calley asaltó la aldea vietnamita de My Lai. Violó a las mujeres y a las niñas, mató al ganado y quemó las casas. Después alineó a los supervivientes junto a una acequia y los fusiló. El fotógrafo del Ejército Ronald L. Haeberle captó la matanza con su cámara y, tras licenciarse, contactó con el editor Seymour Hersh, que publicó las imágenes el 13 de noviembre de 1969 en el diario *Saint Louis Post-Dispatch*. Seymour Hersh escribió: «Ninguno de los entrevistados por el incidente negó que se hubiera disparado sobre mujeres y niños. Lo que les asombraba es que la historia hubiera llegado a la prensa». El teniente Calley fue juzgado, pero solo permaneció tres años bajo arresto domiciliario. En *Dispara a todo lo que se mueva,* el historiador y periodista Nick Turse señala que My Lai solo fue «una operación más» de una estrategia inspirada en la política japonesa de los «tres todos» en la China ocupada: «Matar todo, saquear todo, destruir todo».

Nick Turse visitó los Archivos Nacionales de Estados Unidos y, gracias a la cortesía e involuntaria indiscreción de un funcionario, accedió a la documentación del Grupo de Trabajo sobre los Crímenes de Guerra en Vietnam, un destacamento de fuerzas secretas del Pentágono creado tras la matanza de My Lai para realizar un seguimiento de los incidentes violentos. Centenares de declaraciones juradas y resúmenes de incidentes referían que los asesinatos de civiles, las violaciones sexuales y las torturas eran pura rutina. La matanza de My Lai solo fue una masacre más, no algo excepcional. La destrucción de aldeas y el exterminio de sus habitantes formaba parte de un plan concebido para privar a la guerrilla comunista de provisiones y posibles voluntarios.

¿Cómo fue posible que jóvenes estadounidenses con edades comprendidas entre los dieciocho y los veinticinco años se convirtieran en asesinos despiadados? La durísima instrucción militar despersonalizaba, desorientaba y humillaba a los reclutas inculcando una obediencia ciega e irreflexiva que se reforzaba mediante brutales castigos físicos y psicológicos. Además, se deshumanizaba al enemigo hasta despojarle de los derechos más elementales. Los instructores nunca hablaban de vietnamitas, sino de «basura humana», «bazofia», «comedores de arroz», «ojos oblicuos» o «amarillos» y repetían una y otra vez: «¡Matadlos a todos! ¡Destruidlo todo! ¡Disparad a todo lo que se mueva! ¡No hagáis prisioneros! No importan que sean niños. Si los dejáis crecer, os matarán a vosotros. Son infrahumanos».

En Vietnam no se utilizó el mismo napalm incendiario y gelatinoso de la Segunda Guerra Mundial, concebido para pegarse a la ropa y la piel, sino un napalm modificado que ardía a una temperatura mayor y durante más tiempo. Se estima que Estados Unidos arrojó cuatrocientas mil toneladas de napalm en el Sudeste Asiático. El 35 por ciento de las víctimas tardaban entre quince y veinte minutos en morir, soportando dolores inhumanos.

El 8 de junio de 1972 el napalm destruyó Trang Bang, la aldea donde vivía Phan Thi Kim Phúc con su familia. Solo tenía nueve años. La niña resultó alcanzada y sus ropas comenzaron a arder, por lo que se despojó de ellas mientras huía por una carretera. Nick Ut le hizo una fotografía que captó su piel abrasada y sus gestos de dolor. La imagen fue galardonada con el Premio Pulitzer. Kim Phúc necesitó diecisiete operaciones quirúrgicas y nunca pudo liberarse de sus recuerdos traumáticos: «El napalm es el dolor más terrible que pueda imaginarse [...], el agua hierve a cien grados Celsius y el napalm genera temperaturas de ochocientos a mil doscientos grados centígrados».

Bregman apunta que los soldados que cometían atrocidades buscaban la aprobación de sus camaradas, superiores y compatriotas. Pensaban que hacían lo correcto. El sentimiento tribal, inherente a nuestra condición de seres sociales, les impedía ponerse en el lugar de sus víctimas, a las que ya no percibían como individuos de su propia especie. Sin embargo, ese giro no se producía de forma inocua. No solo mataban a otros seres humanos. Además, morían en su interior. De hecho, muchos no lograron adaptarse a la vida civil. Al regresar a sus hogares, se comportaron violentamente con familiares y extraños. Algunos cometieron crímenes o se suicidaron. Otros se hundieron en interminables depresiones o se engancharon al alcohol y las drogas.

El ser humano no es violento por naturaleza. Sus genes le han enseñado que la solidaridad y la compasión no son gestos inútiles, sino herramientas al servicio de la supervivencia. Por eso, cuando hace daño a los otros, experimenta una conmoción que desestabiliza su mente. Amar es una acción saludable que repercute positivamente en el grupo y en el propio individuo. Odiar solo deja un rastro de destrucción.

María José, la peluquera que rapó la cabeza a Piedad, no parecía infeliz cuando nos abrazó. Al revés, su cara transmitía alegría y paz interior. Pienso que ese es el verdadero rostro del ser humano y la razón por la cual nuestra especie no merece ser execrada, pese a sus terribles caídas en el lodazal del odio. La voluntad de poder, el miedo a lo diferente y el apego desmedido a los bienes materiales son la principal causa de las guerras y las injusticias. Esas desviaciones no son un destino irreversible, sino comportamientos adquiridos y pueden erradicarse. Se aprende a odiar. En cambio, amar es un sentimiento innato. Quizá la tarea más importante de la humanidad consista en volver a conectar con sus inclinaciones naturales desprendiéndose del lastre de violencia, intolerancia y avaricia adquirido a lo largo de la historia.

18

Vera: un amor inesperado

> Quien alimenta a un animal hambriento alimenta su propia alma.
>
> CHARLES CHAPLIN

Ya solo queda una sesión de quimioterapia. Nos acercamos al final del tratamiento y nuestra familia ha crecido inesperadamente. Hace un par de semanas vi en las redes sociales de la protectora Nueva Vida una fotografía de una perrita que había sido rescatada en un pueblo de Toledo. Abandonada cuando esperaba cachorros, los voluntarios de la protectora habían logrado ponerla bajo su tutela tras unos días de búsqueda infructuosa. La perrita se había refugiado en una enorme tinaja rota para dar a luz cinco cachorros. Las primeras fotografías de la desdichada familia eran desoladoras. Con los ojos inundados de miedo y los cachorros agarrados a sus mamas, la madre mostraba claros signos de abandono y maltrato: delgadez extrema, pelo sucio y enredado, cuerpo tembloroso y encogido.

De inmediato me pregunté si algún día superaría la sensación de impotencia y desamparo. Se considera que el amor es un sentimiento que solo puede proyectarse sobre los de tu propia especie. No entiendo esa restricción. De hecho, no me parece muy alejada de la discriminación racial. En Estados Unidos las relaciones sexuales y afectivas entre blancos y negros constituían un delito hasta 1967. En Sudáfrica la prohibición estuvo en vigor hasta 1992. En el caso de los animales sería aberrante plantear o reivindicar la posibilidad de establecer un vínculo sexual, pero no me parece menos reprobable excluir los lazos afectivos. Al contemplar las imágenes de la perrita y sus cachorros, comprendí que la falta de amor había creado esa escena de sufrimiento e incertidumbre y pensé que solo el amor podría reparar las heridas abiertas. Los cachorros aún no habían desarrollado la madurez necesaria para entender lo sucedido, pero la madre había conocido la crueldad humana y necesitaría tiempo para olvidarla.

Nueva Vida asignó a la madre el nombre de Belena y le proporcionó los cuidados necesarios: un buen baño, unas pastillas de desparasitación —las deposiciones estaban llenas de gusanos—, una alimentación adecuada y muchos mimos. Yo descubrí su caso por casualidad. Me llamó la atención su parecido con Vilma, una perrita que mi hermana Rosa adoptó en Nueva Vida en 2012 y que ahora vive con nosotros. Mi hermana falleció en 2018 y Piedad y yo nos hicimos cargo de Vilma y de Bambi, un chihuahua que le habíamos regalado cuando se agudizaron sus problemas de movilidad. Rosa pasó los dos últimos años y medio de su vida en nuestra casa, pues sus múltiples discapacidades físicas le impedían continuar viviendo sola. En esa época había otros siete perros en casa, casi todos rescatados de situaciones de abandono y maltrato. Nunca surgió ningún conflicto entre ellos. Muchas veces me preguntaban quién era el líder de la manada, pero yo nunca advertí que ninguno ocupara ese puesto. Se movían a su aire, sin disputarse el territorio ni la comida. Cuando les colocaba sus cuencos, cada uno ocupaba el lugar que les habíamos asignado y los que acababan antes que el resto se acercaban a los otros platos, con la intención de conseguir un poco más de comida, sin que su intrusión provocara gruñidos. Sé que no siempre es así, pero en mi casa prevalecía la armonía, quizá porque nadie intentaba asumir una posición de liderazgo.

Suele insistirse en la necesidad de que los grupos se sometan a la autoridad de un individuo o una pequeña élite, pero a veces las cosas funcionan mejor sin esa estructura vertical. Quizá el secreto de este equilibrio espontáneo sea fruto de una conciencia de grupo desarrollada a partir de las ventajas inherentes a las relaciones igualitarias. Parece ser que los cazadores-recolectores formaban sociedades sin jerarquías, lo cual garantizaba una convivencia pacífica y eficiente. A partir de la creación de la agricultura y la aparición de excedentes, surgieron caudillos, reyes y dinastías, lo cual rompió el clima de paz y concordia reinante hasta entonces. Se ha dicho que los cazadores-recolectores se mataban entre sí, pero hoy los antropólogos opinan que sus lesiones no eran producidas por reyertas, sino por una vida itinerante y accidentada, con grandes dosis de esfuerzo físico. La violencia se normaliza con los primeros asentamientos masivos y la aparición de instituciones. Bajo ese nuevo estilo de vida, aparecen los ejércitos, los centros de confinamiento, la esclavitud, las religiones con estructuras jerárquicas y la guerra. Los mitos cambian de sesgo con este nuevo modelo cultural. Ya no se habla de la madre tierra, sino de la hostilidad de la naturaleza, un castigo divino causado por una remota falta originaria.

Belena, a la que decidimos llamar Vera, quizá por Vera Miles o por ser el nombre de la esposa de Nabokov (quién sabe lo que acontece en el inconsciente, una misteriosa cámara donde se gestan las asociaciones más insólitas), parece un grifón mezclado con un *gos d'atura*. Orejas largas, hocico prominente y cuadrado, pelo rubio y áspero, tamaño mediano. Aunque le han calculado unos dos años y medio, la expresión alegre e inocente de su cara se corresponde con la de un cachorro. Cuando llegó a casa con Begoña, la voluntaria que participó en el rescate y le ofreció su casa como hogar de acogida, pesaba algo más de once kilos. Diez días después había superado los trece y, poco a poco, ha llegado a los dieciséis. En las primeras dos semanas su miedo se atenuó, pero no desapareció. Por la calle se asustaba con el ruido de los coches o el movimiento de una bicicleta. Si alguien intentaba acariciarla, agachaba la cabeza, como si temiera recibir un golpe, o intentaba huir. No puedo soltarla, pues podría sufrir una reacción de pánico y echar a correr sin mirar atrás. Se siente más cómoda con los perros, los gatos y los pájaros que con las personas. Pese a ser en gran parte un grifón, carece de instinto cazador y le asustan los tiros que se oyen desde mi jardín, pegado a un coto de caza. Eso explica su cruel abandono, pues no solo fue expulsada del lugar donde vivía —o, más exactamente, malvivía—, sino que, además, la dejaron atada a un poste a pleno sol a principios del verano.

Se ha aceptado el dominio del ser humano sobre el resto de las especies y se ha establecido que los derechos están asociados a las obligaciones, lo cual excluye a los animales de ese privilegio. Es un argumento falaz. Un recién nacido, un adulto con una grave discapacidad o un anciano con alzhéimer no pueden asumir ningún deber, y nadie sensato, salvo los ideólogos nazis, considera que puedan ser privados de sus derechos. El respeto a los animales no es una actitud totalmente novedosa.

El emperador hindú Ashoka, el historiador y moralista griego Plutarco y el filósofo neoplatónico Porfirio deploraron la violencia contra los animales y animaron a sus contemporáneos a cambiar de dieta y estilo de vida. Sin embargo, la humanidad se atribuyó el derecho de matar y despojar de su libertad a los animales. La ética se describió como un ámbito exclusivamente humano. Es el mismo argumento del racismo. Solo hay obligaciones morales con los iguales. Los inferiores no merecen el mismo trato. Hasta hace poco más de un siglo, las mujeres sufrían unas discriminaciones que las situaban al nivel de los animales domésticos. Cuando las sufragistas reclamaron el derecho al voto y la igualdad ante la ley, la mayoría de los hombres respondieron con burlas. Hoy sucede lo mismo con los defensores de los derechos de los animales, a los que hasta hace poco se escarnecía en todos los foros.

En los países más desarrollados las leyes han comenzado a proteger a los animales domésticos, pero los destinados al consumo siguen llevando una existencia miserable. Las granjas industriales mantienen a miles de animales en unas condiciones horripilantes, confinados en pequeños espacios y condenados a convivir con sus propios excrementos. El Nobel sudafricano John M. Coetzee ha descrito los mataderos industriales como el Treblinka de los animales. No es un símil infundado. Los nazis se inspiraron en los mataderos de Estados Unidos para aniquilar a judíos, gitanos, eslavos y otros grupos presuntamente indeseables.

Como perra presumiblemente explotada para la caza, Vera ha quedado fuera de la Ley de Bienestar Animal aprobada por el gobierno de Pedro Sánchez, presidente socialdemócrata de España. La presión ejercida por el poderoso lobby de la caza logró que se excluyera al colectivo de perros más expuesto al maltrato y el abandono. El ser humano decepciona muchas veces y los políticos suelen despuntar en ese terreno. Los animales supuestamente inferiores suelen ser más coherentes. Bambi y Vilma han acogido a Vera con enorme generosidad. No han surgido problemas de territorialidad o dominancia. Ya el primer día compartían colchonetas y comían con los cuencos casi pegados. En ocasiones invadían el comedero ajeno, sin que se oyera ningún gruñido. Vera solo se asustaba cuando percibía algún ruido, como si temiera una aparición brusca y amenazadora.

Ya no reacciona así, quizá porque ha desarrollado bastante apego a los dos humanos que la han incorporado a su familia. Piedad está demasiado cansada para jugar con ella, pero yo me arrojo al suelo y permito que me mordisquee cariñosamente, le lanzo una pelota en el jardín —con escaso éxito, pues casi siempre la ignora— y le doy largos paseos tres veces al día. Piedad le habla con dulzura y Vera se acerca a ella para lamerle la mano. Otras veces se tumba a su lado y se deja acariciar, cerrando los ojos al cabo de un rato. El amor está cerrando las heridas de Vera.

El amor es más poderoso que el odio. No es una afirmación retórica. El Tercer Reich no duró el milenio que profetizó Hitler. Después de doce años desapareció y solo dejó un rastro de ruinas, dolor y miseria. Vera cada día se muestra más confiada. Ya nos sigue a todas partes y, cuando nos despertamos, salta de alegría. En el jardín le gusta espantar a los gorriones y palomas o coger un palo para mordisquearlo. En el interior de la casa busca los lugares más frescos. A veces se coloca debajo de los aparatos de aire acondicionado. Poco a poco se van echando los cimientos de un futuro sólido y con perspectivas de duración. El tiempo conspira contra el amor que surge como un arrebato. En cambio, es el mejor aliado del amor que brota de un afecto tranquilo y meditado. Amar no es una fatalidad, sino una elección racional. La verdadera pasión no es un frenesí. La verdadera pasión es una colección de pequeños detalles que iluminan nuestro día a día: la dicha de despertar y ver al ser amado, el gozo de regresar a un lugar muy querido, la posibilidad de compartir silencios sin experimentar malestar ni soledad, la apertura sin límites del corazón, una rutina sin secretos ni miedos.

El amor es un sentimiento incompleto cuando excluye a las otras especies. Anatole France escribió: «Hasta que no hayas amado a un animal, parte de tu alma estará dormida». Desgraciadamente, una gran parte de la humanidad se ha acomodado a ese estado y eso le permite electrocutar, degollar o disparar a un animal sin sentir una pizca de malestar.

La compasión es un impulso natural, pero se puede inhibir. Los Einsatzgruppen eran escuadrones nazis itinerantes encargados de exterminar a judíos, gitanos y comisarios políticos en el frente del Este. En un documental le preguntaron a uno de sus voluntarios, ya anciano, qué sentía al disparar a sus víctimas. Su respuesta no expresó malestar ni remordimiento: «Nada. No sentía nada. Solo me preocupaba que murieran de un solo disparo». Ahorrar munición era importante en una guerra que Alemania ya estaba perdiendo. Más adelante el viejo SS añadió que su odio a los judíos era muy intenso en esa época, dando a entender que se había limitado a poner en práctica su ideario.

Si asimilas al otro a una cosa, destruir su vida es más fácil. Por suerte, la mayoría de las civilizaciones consideran la vida humana como algo sagrado, pero esa idea no se extiende a los animales. ¿Quizá porque se presupone que no es posible una relación de amor o amistad con ellos? ¿Tal vez porque se opina que carecen de sentimientos? Ambos postulados son radicalmente falsos. La amistad es una conexión profunda que implica un afecto recíproco. Antes he comentado que ese lazo está trabado por la afinidad, un fenómeno que parece inviable con un ser radicalmente distinto. Sin embargo, si restringimos la afinidad a requisitos como la edad, la clase social o la formación intelectual, rebajamos la amistad a una especie de camaradería entre iguales, lo cual significa que nunca podría existir amistad entre un niño y un adulto, un enfermo y una persona sana, un occidental y un oriental, un profesional especializado y un operario. Sabemos que no es así. De hecho, a veces la amistad aparece en los lugares más insólitos y entre individuos que habían iniciado su relación desde la confrontación y la enemistad.

James Gregory fue uno de los carceleros de Nelson Mandela en Robben Island y en la prisión de Pollsmoor. Una de sus tareas consistía en censurar su correspondencia con Winnie. En su autobiografía, *El largo camino hacia la libertad,* Mandela menciona a Gregory en dos ocasiones. En la primera, comenta:

> A menudo, las visitas de Winnie eran supervisadas por el suboficial James Gregory, que había sido censor en Robben Island. Yo no lo conocía demasiado bien, pero él nos conocía a nosotros, porque había sido responsable de revisar nuestro correo entrante y saliente. En Pollsmoor llegué a conocer mejor a Gregory y aprecié un contraste agradable con el típico celador. Era educado y de voz suave, y trataba a Winnie con cortesía y deferencia. En lugar de gritar: «¡Se acabó el tiempo!», decía: «Señora Mandela, tiene cinco minutos más».

En la segunda mención, Mandela escribe:

> El suboficial James Gregory también estaba en la casa y lo abracé con cariño. Durante los años que me había cuidado desde Pollsmoor hasta Victor Verster, nunca habíamos hablado de política, pero nuestro vínculo era tácito y extrañaría su presencia tranquilizadora.

James Gregory escribió un libro sobre la relación con su prisionero, que tituló *Adiós, Bafana. Nelson Mandela, mi prisionero, mi amigo.* En 2007 Bille August transformó la historia en una película, *Goodbye Bafana.* En el *making of,* aparece Nelson Mandela declarando: «Era uno de los guardianes más refinados. Bien informado y cortés con todos. De voz suave. Muy buen observador. Llegué a tenerle mucho respeto». Si dos enemigos pueden llegar a ser amigos, ¿cómo podemos afirmar que no es posible la amistad con un animal? ¿Se puede asegurar que las especies, lejos de mostrar una continuidad dentro del proceso evolutivo, viven aisladas, sin compartir nada, salvo una relación de servidumbre, donde el humano es el señor y la *bestia,* un mero instrumento? Todo el que ha convivido con un perro, un gato, un caballo, un pájaro u otros animales sabe que la convivencia genera una complicidad real, un entendimiento que no es mera servidumbre, sino un afecto que no se expresa con un intercambio de palabras, pero sí con infinidad de gestos y con el anhelo de gozar de la compañía del otro.

Aunque pertenecemos a especies diferentes, Vera y yo compartimos muchas cosas: el alborozo de despertar y salir al jardín buscando el frescor de la primera hora de la mañana; la alegría de formar parte de una atípica familia, con humanos, perros, gatos y pájaros; los paseos diurnos por la planicie castellana, con un cielo tan alto que parece un presagio del infinito; las siestas con los toldos extendidos para protegernos del sol inclemente de agosto; las horas de lectura en un sofá del salón mientras suena la música de Bach, John Coltrane o los Beatles; las sesiones de cine al caer la noche, con los rostros de Vivien Leigh, Cary Grant o Audrey Hepburn desfilando por uno de esos televisores gigantes que ha convertido los hogares en pequeñas salas de cine; los paseos nocturnos por calles vacías y con luces dispersas en las ventanas, sugiriendo que la felicidad no es un acontecimiento extraordinario, sino una vivencia sencilla, como pelar y comer una fruta poco antes de acostarse.

Vera ya ha aprendido su nombre. Cuando lo pronuncio, alza la cabeza y menea la cola. Si lo repito, se acerca y me lame o mordisquea, como un cachorro que no siente ninguna urgencia por madurar. Su pelaje ha mejorado. Ya no parece estropajo, sino un manto rubio que cubre un cuerpo cada vez más robusto. No sabe jugar, quizá porque nadie ha jugado con ella. Por eso muerde con demasiada fuerza, pensando que es la manera de expresar su creciente felicidad. No aprieta, pero sus dientes son poderosos y lastiman un poco mis brazos. Cada vez que me hace daño, lanzo un gemido teatral y me doy la vuelta. Vera se queda quieta y me mira perpleja. Entiende que ha hecho algo mal, pero no tiene muy claro cuál ha sido su error. Le sucede lo mismo con Bambi, mucho más pequeño y que se enfada cuando le da un revolcón. Sus gruñidos cómicos le revelan que se ha equivocado otra vez. A veces Vera y yo nos sentamos en el césped, con los cuerpos muy pegados y las cabezas rozándose. Aunque hace calor, el contacto físico nos produce un enorme bienestar. El amor, como ya dije, está sellando las heridas de Vera y nos ayuda a luchar contra la tristeza de sabernos mortales. No creo que el amor sea un mecanismo de la evolución, sino algo que excede el ámbito de la biología y la química. El sentimiento precede a las reacciones físicas. No amamos porque liberemos oxitocina, sino que liberamos oxitocina porque amamos.

Los materialistas más inflexibles especularían que Vera comienza a sentir apego —según ellos, el amor es una emoción exclusivamente humana— porque la alimentamos. Materialismo y antropocentrismo suelen ir de la mano. De ahí que despojen a los animales de cualquier rasgo que los aproxime a la especie humana. Desde su punto de vista, Vera obra solo por instinto, casi como un autómata o como una criatura muy elemental cuya conducta se explica mediante el binomio estímulo-respuesta, sin ningún margen para los afectos. Es una visión sesgada y algo arrogante que pasa por alto la continuidad de la vida. El hombre forma parte de la naturaleza. No es una anomalía, un reino independiente dentro de un vasto imperio. No es cierto que el cariño de Vera se haya gestado solo por el hecho de que le proporcionamos comida. Al principio no quería comer o lo hacía con miedo. Ahora que se nota querida, come con fruición y sin temor. Ya no necesita estar alerta, observándonos mientras se alimenta, siempre dispuesta a huir. A los quince días ya era capaz de comer despreocupadamente, con la mirada fija en el plato y sin prestar atención a nuestros movimientos. Un empirista recalcitrante describiría la escena como la consecuencia de un aprendizaje basado en una programación genética. Vera modula sus respuestas como una máquina correctamente manipulada. No pone el corazón en lo que hace.

Esta clase de reflexiones me traen a la cabeza un excelente artículo de Ana Iris Simón titulado «Para el que mira sin ver». Muchos escritores admiten que no leen a sus contemporáneos. Valle-Inclán lo reconocía abiertamente, sin ocultar su desdén por sus compañeros de generación. Todo indica que la frase que atribuye al Marqués de Bradomín en las *Sonatas* —«Los españoles se dividen en dos clases: el Marqués de Bradomín y los demás»— podría aplicarse al propio Valle, orgulloso, altivo y desafiante. En mi opinión, un escritor es un artesano. No es un genio ni un héroe. La ética del escritor es la humildad. Sin ella, su obra parece una triste comedia, un tributo a la vanidad. De joven admiré a Valle-Inclán. Sigo apreciando la prosa de su etapa modernista, pero ahora valoro más la mirada humanista que desplegó a partir de la creación del esperpento. La conversación entre Max Estrella y el preso anarquista o los gritos de dolor de la madre que sostiene a su hijo en los brazos después de ser asesinado durante una carga policial son dos de las escenas más conmovedoras de *Luces de bohemia*. El narcisismo de Valle-Inclán retrocedió con la edad, abriendo paso a una perspectiva más compasiva sobre los otros. No sé si empezó a leer a sus contemporáneos, pero he de admitir que yo, sin ser tan reacio como él a frecuentar la obra de escritores de mi generación o más jóvenes, suelo frecuentar más a menudo a los autores clásicos. No descarto que ese hábito surja de la resistencia a reconocer el talento ajeno. No estoy exento de esa vanidad que convierte al escritor en un megalómano. Sin embargo, lucho contra ese vicio y por eso me ha agradado tanto descubrir el artículo de Ana Iris Simón. Mi amigo Damián me lo envió por WhatsApp y me entusiasmó desde la primera línea.

¡Ay de los escritores que no saben amar el trabajo de sus colegas! Su escritura se expone a convertirse en una higuera estéril. Los frutos del ego carecen de la belleza de los frutos que brotan del nosotros. Un texto solo adquiere grandeza cuando muchos experimentan la sensación de haberse topado con la expresión de sus sentimientos más íntimos y profundos. Es lo que yo he sentido al leer la descripción de Ana Iris Simón de la lactancia: «Ese sentirse unida a algo mayor, saberse trascendida por aquello que la supera a una: el amor. Es la revelación, de pronto, de que todo es más leve». Una periodista respondió airadamente a Ana Iris Simón comentando que la lactancia «no es nada telúrico ni sentirse ligada a una corriente milenaria de sustento», sino «tener grietas, molestias de agarre, que te succionen la vida, que te impongan rutinas, horario y responsabilidades». Ana Iris Simón contestó a esta objeción con una canción de Atahualpa Yupanqui: «Para el que mira sin ver, la tierra es tierra, no más». Y añadía: «Quien decide ignorar la trascendencia del vivir, del existir, del servir o del continuar, ese jamás se va a enterar de nada de esto aunque tenga la mejor vista o el oído más fino».

Max Weber, al que cita Ana Iris Simón, ya advirtió sobre los riesgos de un mundo desencantado. Si refutamos la trascendencia del vivir, acabaremos cuestionando el sentido de la vida misma. ¿Para qué vivir? ¿Para qué engendrar vida? Si todo viaja hacia la nada, ¿por qué esforzarse en preservar el legado del pasado o añadir nada nuevo? El pesimismo existencial nos despoja de razones, ilusiones y sensaciones. Nada nos produce asombro, nada nos parece suficiente. ¿Cómo superar ese estado de apatía? Ana Iris Simón propone recuperar la mirada de la infancia. Para un adulto, una montaña solo es un accidente geográfico, un montón de tierra y rocas. Para un niño, un lugar misterioso y poético. Los alpinistas que se juegan la vida subiendo a cumbres inaccesibles son niños que aún conservan esa capacidad de maravillarse ante lo majestuoso y lejano.

Yo he experimentado con Vera, una criatura herida, la misma sensación que describe Ana Iris Simón al hablar de la lactancia. Al ayudarla a superar sus miedos, me he sentido unido a algo mayor. Sus manifestaciones de alegría han despertado mi convicción de que el amor no es un simple sentimiento, sino una fuerza que nos trasciende y hace todo más ligero. El amor está venciendo los miedos de Vera. Observar ese cambio atenúa mi angustia, desbordada desde que apareció el cáncer. Al unir nuestros destinos, Vera y yo hemos dejado de ser tan solo un hombre de cierta edad, con su mujer enferma y un gran temor al futuro, y una perra abandonada en un pueblo de Toledo, con escasas posibilidades de sobrevivir. Nuestra relación nos ha conectado con la vida como totalidad.

Solemos diseccionar y aislar los distintos aspectos del fenómeno de la vida, sin advertir la conexión profunda que comunica esa rica diversidad. La mirada de un perro y la mirada de un niño convergen en el asombro. Ambos contemplan las cosas con la inocencia del que se acerca a lo desconocido sin ningún prejuicio. Aún no han sucumbido a la experiencia del tedio y el hastío. Para ellos nada es insignificante o absurdo. La caída de una hoja es un acontecimiento; la salida del sol, un milagro; el vuelo de un pájaro, un signo de libertad. Vera ya viaja con Piedad y conmigo. Los tres nos sentimos menos solos y menos desamparados.

El amor es como la espuma de una ola. Se ondula en la superficie, celebrando la belleza del instante, pero conserva su vínculo con las profundidades. Aunque sabe que se disolverá al llegar a la orilla, alberga la certeza de que solo es la expresión de algo mucho más grande y con una fuerza indestructible.

19

Hambre de luz

El hombre se descubre cuando se mide con un obstáculo.
ANTOINE DE SAINT-EXUPÉRY

Dentro de cuatro días, Piedad finalizará los seis ciclos de quimioterapia. Como siempre, nos preparamos para las cinco horas que dura la sesión seleccionando algunos libros, la compañía de algo que pueda aliviar nuestra estancia en el hospital. Los dos adoramos la luz. Si pudiéramos, nos llevaríamos la *Vista de Delft*, de Vermeer. Pintor de interiores, nos dejó una obra maestra del paisaje. Su *Vista de Delft* cautivó a Marcel Proust, que la describió como el «cuadro más bello del mundo». En *La prisionera*, el personaje de Bergotte, síntesis de Anatole France y Paul Bourget, desoye a los médicos, que le han aconsejado hacer reposo para superar una crisis de uremia. No quiere perderse la oportunidad de contemplar la *Vista de Delft*, prestada por el museo de la Haya para una exposición de pintura holandesa. Adora el cuadro y el pequeño lienzo de pared amarilla le parece «una preciosa obra de arte china, de una belleza que se bastaba a sí misma». Mareado por culpa de su mala salud, recorre la exposición. La mayoría de los cuadros le parecen artificiosos y opresivos, como una habitación mal ventilada, pero cuando llega al Vermeer, que recordaba más luminoso, descubre por primera vez «unos pequeños personajes de azul, que la arena era rosa, y por último la preciosa materia del minúsculo lienzo de pared amarilla». Mientras su malestar aumenta, mantiene la mirada fija en el lienzo, «como un niño en una mariposa amarilla que quiere coger», pensando que así es como debería haber escrito, pues sus últimos libros son demasiados secos e inexpresivos. Su conciencia artística le repite que «habría debido pasar varias capas de color, hacer mi frase preciosa en sí misma, como este pequeño lienzo de pared amarilla». Poco después, le sobreviene la muerte, que le hace rodar por el suelo desde el canapé donde se había sentado a descansar, intentando convencerse de que solo sufría una indigestión.

Vermeer, que probablemente utilizó una cámara oscura y una doble lente cóncava, muestra una fidelidad al paisaje que roza lo fotográfico, pero su naturalismo no es mera exactitud, sino una especie de hiperrealismo que trasciende a la perspectiva común acercándose al campo de visión de un gran angular. Vermeer pintó Delft desde el sur, con la puerta de Róterdam a la derecha y la de Schiedman en el centro, con el reloj marcando la hora exacta. Hay unas pocas figuras a orillas del canal y varias embarcaciones ancladas, pero no se aprecia actividad ni movimiento, pese a que el puerto de Delft se caracterizaba por su continuo tráfico de mercancías. Vermeer prescindió de la anécdota para ceder todo el protagonismo a la luz, que cae sobre la franja de tierra, los edificios —serenos, fríos y solemnes— y el agua, levemente agitada por unas ondas casi imperceptibles. Además, alteró —más exactamente, sesgó— la perspectiva para que las embarcaciones del puerto desaparecieran y la ciudad se mostrara frontalmente, libre de obstáculos que recortaran o entorpecieran la visión. Bajo un cielo lechoso, Delft parece el fruto de esa intuición eidética de la que hablará siglos más tarde Husserl, postulando una forma de conocimiento capaz de atrapar la quintaesencia de las cosas. Vermeer depuró su mirada hasta quedarse con el alma de la ciudad, sin ignorar que el alma no es algo abstracto, sino materia con historia y, por tanto, con llagas y sombras.

En la *Vista de Delft* hay belleza, sí, pero también metafísica. Nos permite apreciar la perfecta conjunción entre el ser y el tiempo, el momento solidificado y el imparable flujo del devenir, el poder vivificador de la luz y su declive por el tránsito de las nubes o la inminencia del atardecer. La *Vista de Delft* no es un simple instante, sino un ejemplo del dinamismo interno de la vida. Como señala Bergson, la vida no es materia y espíritu, sino duración, totalidad, creatividad sin fin, *élan vital*, impulso libre e imprevisible. Bergotte se siente fracasado, porque piensa que ha escrito sin comprender lo que describía, algo que no sucede en Vermeer, cuya mirada —silenciosa, sagaz, atenta— extrae de un paisaje una imagen del mundo pletórica de sentido mostrando el juego de luces, sombras, formas y colores que expresan el *élan vital*, la fuerza creadora del ser.

Vermeer atrapó con su pincel el frágil y precioso latido de la vida. Su breve existencia —apenas cuarenta y dos años— no le impidió adquirir la maestría de los grandes pintores. En sus cuadros, todo palpita: la luz, el cristal, la tela, la leche, el pan, el armiño, las joyas, los instrumentos musicales, las cartas, las fachadas, el agua. Hay una vibración que ha cruzado los siglos, sin perder la capacidad de conmovernos y hechizarnos. Vermeer nació el mismo año que Spinoza: 1632. Ambos afrontaron el estudio de la realidad con lentes que dilataban la percepción. Spinoza identificó a Dios con la naturaleza, lo cual le costó ser expulsado de la sinagoga y maldecido por sus conciudadanos, que le acusaron de ateo. El cristianismo de Vermeer se refleja en la dignificación de las gentes sencillas, hasta entonces representadas como zafias y perezosas, y en el papel que desempeña la luz en sus cuadros como símbolo de pureza y bondad. No está de más recordar que en el Evangelio de Juan, Cristo declara: «Yo soy la luz del mundo».

El siglo XVIII ignoró a Vermeer, pero a comienzos del siglo XIX sus cuadros empezaron a circular por galerías y subastas. El crítico Thoré-Bürger estudió su obra y elaboró el primer catálogo, y escribió:

> En Vermeer, la luz nunca es artificial: es precisa y normal, como en la naturaleza, y tal como un físico escrupuloso puede desearla. El rayo de luz que penetra por un borde del cuadro atraviesa el espacio hasta llegar al otro borde. La luz parece provenir de la misma pintura, y los espectadores ingenuos se imaginarán sin esfuerzo que el día se desliza entre la tela y el marco.

Aunque pasó sus últimos años en la pobreza y cayó en el olvido después de su muerte, Vermeer goza hoy de una enorme popularidad. ¿Qué piensan los artistas que contemplan su triunfo desde el más allá? Conservamos un supuesto autorretrato de Vermeer, un pequeño óleo sobre madera. Parece un hombre corriente, como los burgueses de sus cuadros, un pintor que vive de los encargos, no un artista en busca de la verdad. No nos engañemos. El arte más exigente, el que permanece y abre nuevos caminos, suele ser así: humilde, sincero, discreto. Si alguien hubiera preguntado a Vermeer cuál era su profesión, quizá habría respondido que marchante o posadero. Y solo después habría añadido con naturalidad, evitando el énfasis: «También soy pintor. Pintor de la luz de Delft».

Desgraciadamente, no podemos llevarnos la *Vista de Delft* al hospital. Así que inspeccionamos las estanterías de nuestra biblioteca y nos topamos con *La vida breve*, de Juan Carlos Onetti, en una vieja edición que Piedad compró en la cuesta de Moyano poco antes de conocernos. En esas fechas, carecíamos de dinero y la adquisición de un libro constituía un verdadero acontecimiento, la promesa de unas horas de gozo y asombro con un pequeño infinito entre las manos.

Para Onetti, la literatura es ensueño, ilusión, delirio. Soñar con los ojos abiertos nos permite escapar de los fracasos y sinsabores de nuestro miserable existir. El escritor es la memoria de los sueños. Su misión es preservar las ilusiones afianzando su carga de nostalgia y dulzura.

El pesimismo de Onetti es devastador. Desde su punto de vista, nada puede aplacar el desamparo cósmico del hombre. Ni siquiera es posible el amor, pues el otro siempre es un desconocido, un ser impenetrable. Siempre nos queda la tentación de celebrar nuestra lucidez, pero esa clarividencia es frágil y engañosa. En realidad, no sabemos nada, salvo que respiramos, enfermamos, soñamos, gesticulamos y morimos.

Publicada en 1950, *La vida breve* está protagonizada por Juan María Brausen, un publicista sin empleo atado a una esposa enferma a la que no ama y que libera su mente urdiendo un guion cinematográfico con personajes que encarnan sus distintas personalidades. Escindido hasta bordear la locura, no logra construir esa «vida breve» donde no hay tiempo suficiente para arrepentirse, envejecer o comprometerse. Sin embargo, su fracaso le proporciona una victoria inesperada: conquistar la soledad, disfrutar de la suprema libertad del que no necesita a nadie.

De todas las fotografías que se conservan de Onetti, hay una imagen que expresa nítidamente su actitud existencial. Ya viejo y acostado en una cama con las sábanas sucias y desordenadas, apunta al fotógrafo con una pistola. Su intención es muy clara: el mundo puede irse al carajo y, con él, todos nosotros. No le interesan nuestros halagos. Por fin ha encontrado el paraíso: una cama, un whisky y algo de literatura. El resto es putrefacción, mediocridad y rutina.

Piedad y yo hemos recordado todas estas cosas al examinar el viejo ejemplar de *La vida breve.* No cuestionamos la calidad literaria de la obra, pero consideramos que no es la mejor compañía para una sesión de quimioterapia. De jóvenes, nuestra perspectiva del mundo era similar a la de Onetti. Sin embargo, ahora discrepamos enérgicamente. No pensamos que el amor sea un anhelo irrealizable. El otro no es un sótano con una atmósfera enrarecida, sino una casa que aguarda con las ventanas entreabiertas. No es un recinto impenetrable, sino un territorio al que se accede saliendo de uno mismo y abriéndose a la experiencia del amor. El amor es conocimiento, hallazgo, desvelamiento, pero no cabe esperar su irrupción hasta que posterguemos el propio ego.

El pesimismo casi siempre surge de la incapacidad de amar. No es cierto que ignoremos casi todo sobre la existencia, salvo que respiramos, enfermamos, soñamos, gesticulamos y morimos. Onetti quizá ensaba eso porque miraba la vida desde lejos, sin involucrarse ni comprometerse, como él mismo reconocía. Desde lejos, las posibilidades de comprensión son limitadas. Sin involucrarse ni comprometerse, la percepción de las cosas queda reducida a lo puramente estético. No es lo mismo observar un bosque desde un mirador que adentrarse en su interior. Amar al otro es como caminar por un sendero incierto. No sabemos adónde nos conducirá nuestra aventura, pero cada paso nos hace más sabios. El otro es un espejo que nos devuelve imágenes inéditas de nosotros mismos. Si nos odia, esas imágenes solo son aberraciones ópticas, pero si nos ama, nos revela lo que somos. El amor no solo nos ayuda a conocernos mejor. Además, nos muestra que vivir no es una fatalidad y que la vejez no representa una caída, sino una culminación. La juventud puede encarnar la rebeldía, pero también puede ser sinónimo de hedonismo, impaciencia y narcisismo. En esa etapa, el yo muchas veces se expande a costa de los otros. En la vejez, el yo, labrado por la experiencia, con su carga de enseñanzas —a veces luminosas, en ocasiones amargas— suele haber asimilado que no es nada sin sus semejantes. Una cama, un whisky y algo de literatura no es una promesa de plenitud ni un legado fructífero. En realidad, esa rutina desprende mediocridad y una trágica incapacidad de amar. Onetti es un gran prosista, pero sus palabras son aristas que solo agrandan las heridas. No es la mejor compañía para pasar cinco horas en una sala de quimioterapia.

Descartada *La vida breve* de Onetti, continuamos la exploración de nuestra biblioteca, con sus más de diez mil volúmenes esperando la mano que los rescate de la quietud y el silencio. Un libro es como una conciencia interrumpida por el sueño. Siempre anhela despertar, cobrar vida, manifestar lo que hay en su interior. Después de unos minutos de vagabundeo —explorar una biblioteca es como pasear por el espacio exterior sin saber si podrás volver a la tierra—, nos topamos con las obras completas de Shakespeare, que salieron a nuestro encuentro en un solo volumen encuadernado en piel. No es posible oponer objeciones al ingenio más asombroso de la literatura universal, pero es innegable que sus obras suscitan perplejidad, espanto y desesperanza. Nos hacen sentir que la locura, lejos de ser un accidente, constituye una de las fuerzas del universo. Shakespeare nos muestra que a menudo las pasiones eclipsan nuestro juicio. Otelo mata a Desdémona sin pruebas inequívocas de su deslealtad. El rey Lear reparte su reino entre sus hijas, a pesar de que eso significa quedar expuesto a las espinas de la ingratitud filial. Romeo y Julieta se enamoran sin ignorar que su idilio puede desembocar en una orgía de sangre, pues sus familias están mortalmente enemistadas. Lady Macbeth instiga a su marido a traicionar a Duncan, sin sospechar que el crimen abre las puertas a una avalancha de calamidades. Lord Macbeth no puede dormir ni descansar. Al matar a Duncan, ha matado el sueño, la paz, la serenidad. Su mujer descubre que sus propias manos se han teñido de sangre y que nada puede limpiarlas.

Shakespeare es el poeta del caos, el cronista de la oscuridad y el mal, el testigo de la interminable caída del hombre en una culpa sin expectativas de redención. Sus tragedias son auténticos descensos a los infiernos, con tramas salpicadas de asesinatos, traiciones, suicidios y arrebatos de locura. Shakespeare deja al hombre a la intemperie, sin un hilo de esperanza. Los dioses no son benévolos, sino crueles y despectivos. Disfrutan con nuestro sufrimiento. Incluso lo provocan para aliviar su tedio. No les preocupa la justicia ni la equidad. Shakespeare es despiadado con sus criaturas. Ni siquiera recurre al *deus ex machina* para salvarlos de su amargo destino. Eurípides se compadece hasta de Medea, invocando a Helios para que le envíe su carro y pueda huir de la ira de Creonte y Jasón. Podría castigarla, pues ha matado a sus hijos y se lo merece, pero elige la clemencia. Shakespeare obra de otra manera. No ahorra al rey Lear el horrible sufrimiento de perder a Cordelia, ahorcada en un calabozo cuando estaba a punto de recuperar el poder y resarcir la injusticia que había cometido con ella, acusándola de mala hija por aconsejarle que no se despojara de su reino y lo dividiera entre sus herederos.

Aunque sabemos poco de su vida, todo sugiere que Shakespeare fue un hombre infeliz. Sus comedias evidencian que no carecía de sentido del humor, pero su interpretación del universo se parece a la de Pascal: vivimos suspendidos sobre un abismo, amenazados por el frío, el silencio y la oscuridad. Pascal halló consuelo en la fe; Shakespeare, incapaz de creer en la misericordia de un Dios bueno, se limitó a deambular por un páramo umbrío y lluvioso, acompañando al rey Lear y su bufón, abrumado por la sospecha de ser la pesadilla de un aciago demiurgo. No parece la mejor opción para afrontar un cóctel de medicamentos en la sala de un hospital.

Por eso, Piedad y yo seguimos buscando algo que pudiera proporcionarnos paz y esperanza. Una biblioteca es un árbol frondoso y, por fin, hallamos la rama que buscábamos: *Carta a un rehén,* de Antoine de Saint-Exupéry. Muchos lectores solo conocen a Saint-Exupéry como autor de uno de los grandes clásicos de la literatura infantil y juvenil (sobra decir que *El principito* es mucho más que eso), ignorando que —además— escribió libros tan extraordinarios como *Tierra de los hombres*, *Piloto de guerra* o la inacabada *Ciudadela,* que componen un verdadero canto a la fraternidad, la amistad, el coraje y la esperanza.

Dirigida a su amigo Léon Werth, judío, pacifista, anarquista existencial, escritor, periodista y crítico de arte, *Carta a un rehén* no posee el valor relativo de los textos dictados por las circunstancias, sino el valor absoluto de las obras que abogan por la libertad, la tolerancia, la fraternidad y el respeto a la dignidad del ser humano. En diciembre de 1940 Saint-Exupéry se había refugiado en Portugal, huyendo del vergonzoso armisticio firmado por la Francia de Vichy con la Alemania de Hitler. Para él, Lisboa solo era un lugar de paso. Como otros exiliados, había decidido cruzar el Atlántico y permanecer en Estados Unidos hasta que surgiera la oportunidad de luchar contra los alemanes. A pesar de sus cuarenta años y sus aparatosos accidentes de aviación, que habían deteriorado gravemente su salud, el escritor estimaba que aún podía pilotar aviones de combate o realizar expediciones de reconocimiento sobre territorio enemigo. No obstante, pensaba que el aspecto militar no era suficiente para asegurar una victoria digna de ese nombre. La derrota definitiva del totalitarismo solo se produciría cuando el sentido ético se impusiera sobre el odio, la intransigencia, la estupidez y el egoísmo. La humanidad se salvaría por medio del espíritu o perecería trágicamente, ahogada por el nihilismo de una sociedad sin otro horizonte que la acumulación material, los placeres pueriles y el éxito individual.

Al no hallar alojamiento en Lisboa, Saint-Exupéry se instaló en Estoril, cerca del casino. Antes de la rendición de Francia, el escritor había combatido en una escuadrilla que perdió a las tres cuartas partes de sus tripulaciones. Ahora, sin embargo, vivía entre lamparillas, risas y luces. El lujo de los que habían huido con la única preocupación de poner a salvo sus vidas y su dinero contribuía a que sus compañeros caídos adquirieran una presencia más nítida en su memoria. Aunque habían perecido entre la metralla y las llamas, el mundo jamás dejaría de ser su hogar. Su sacrificio perduraría como una lección de humanidad. Ya no eran simples individuos, sino ejemplos que despertarían el deseo de emulación. En cambio, los refugiados que solo buscaban garantizar su bienestar se habían convertido en «hijos pródigos sin casa a la que volver». Al huir por razones egoístas, habían perdido «densidad», consistencia, sentido: «Ya no eran el hombre de tal casa, de tal amigo, de tal responsabilidad. Desempeñaban un papel que ya no era auténtico. Nadie los necesitaba, nadie se aprestaba a llamarlos».

Si perdemos nuestros vínculos con los paisajes de nuestra niñez, solo nos queda un desierto inacabable, donde el pasado se ha desvanecido y el tiempo fluye hacia ninguna parte, incapaz de crear un futuro. Saint-Exupéry aclara que ese desierto no se parece en nada al desierto real. Había vivido tres años en el Sáhara y sabía que su vastedad esconde «una musculatura secreta y viva». Bajo una aparente uniformidad, «un silencio ya no se parece a otro silencio». Existe «un silencio de la paz», «un silencio de mediodía», «un silencio de misterio», «un silencio melancólico». Sucede lo mismo con las estrellas. Cada una señala a un lugar: un pozo, una ciudad blanca, el mar. El desierto del Sáhara es como la casa de la niñez. Está vivo y alimenta nuestra vida espiritual, como el recuerdo de los amigos atrapados en la Francia ocupada.

Lejos del nacionalismo huero y grandilocuente, Saint-Exupéry afirma que su país no es algo abstracto, sino un faro que indica hacia dónde dirigir los afectos, particularmente cuando se ha desatado la caza del hombre invocando delirios étnicos que cuestionan el derecho a existir de las minorías. Saber que los seres queridos sufren la arbitrariedad del poder totalitario, que sus vidas pueden ser destruidas por el odio y el fanatismo, produce un dolor inabarcable:

«La suerte de cada uno de los que yo amo me angustia mucho más que una enfermedad que se hubiera apoderado de mí. Me siento amenazado en mi esencia a causa de su fragilidad».

El odio solo puede ser vencido por la fraternidad que brota de forma espontánea entre los hombres, simplemente porque el azar coloca a una persona frente a otra y sus miradas reconocen algo más profundo que cualquier idea preconcebida. En *Carta a un rehén,* Saint-Exupéry menciona dos momentos particularmente hermosos. Un día antes de la guerra se reúne con Léon Werth —cuyo nombre omite para protegerlo de la persecución antisemita— en una terraza situada a orillas del Saône, cerca de Tournus. Piden dos Pernod e invitan a dos marineros desconocidos a su mesa. De inmediato entablan conversación, felices de disfrutar de un día soleado y apacible:

> Nos sentíamos limpios, íntegros, diáfanos e indulgentes. No hubiéramos sabido decir qué verdad se nos había hecho evidente, pero el sentimiento que nos dominaba era el de certeza, el de una certeza casi orgullosa.

Uno de los marineros confiesa ser un refugiado alemán. El nazismo lo persigue por sus ideas y creencias. Saint-Exupéry no recuerda exactamente su credo o finge no recordarlo, pues lo que le interesa es destacar su humanidad. Todos los hombres son hermanos. O deberían serlo. «En ese momento, aquel hombre era algo más que una etiqueta. Lo que contaba era el contenido. La pasta humana. Era, simplemente, un amigo». La presencia de una camarera que se une al grupo solo acentúa la sensación de concordia y amistad. El sol que baña la terraza con una luz dorada y tibia parece bendecir el encuentro. Los marineros agradecen la invitación con una sonrisa. Ese sencillo gesto de gratitud abre la puerta a la paz y la esperanza en la antesala de una catástrofe.

Saint-Exupéry relata una vivencia más intensa en España, cuando un miliciano anarquista lo encañona con su fusil, alertado por su corbata, símbolo de la burguesía a la que tanto odia. Como corresponsal en Cataluña, ha presenciado cómo las milicias fusilaban sin miramientos a sus enemigos: «No cazan hombres (no tienen en cuenta la substancia del hombre), sino síntomas. La verdad del adversario les parece una enfermedad epidémica». No hay posibilidad de curación. Solo cabe aniquilarla. Retenido como sospechoso, el escritor pide un cigarrillo a uno de sus captores, que no examina su corbata, sino su rostro. Se produce entonces una epifanía. El miliciano sonríe y la tensión se relaja: «Fue como la salida del sol». Se ha hecho evidente la corriente de fondo que une a todos los hombres, pues todos experimentamos vacilaciones, dudas, penas. Saint-Exupéry agradece el cigarrillo posando su mano en el hombro del miliciano. Sus compañeros, que observan el gesto, sonríen alegremente. La tragedia ha finalizado. Fue como entrar «en un país nuevo y libre».

Esa sensación también se produjo cuando una expedición de salvamento rescató al escritor en el Sáhara, después de pasar varios días perdido, hambriento y deshidratado. Su avión se había estrellado y cada vez se encontraba más exhausto y desesperado. Cuando vislumbró a dos hombres agitando los brazos con odres de agua, sintió que volvía a esa patria feliz donde todos los seres humanos se reconocen como hermanos.

La fraternidad, una de las formas más hermosas de amor, no es un sentimiento impersonal de obligación, sino una experiencia alegre y luminosa. Se ayuda al otro, al desconocido, incluso al adversario, por respeto al género humano. Los nazis no entienden esa reacción, pues sueñan con convertir el mundo en un hormiguero uniforme, sin distinciones ni matices. Por el contrario, los amantes de la libertad celebran la diversidad y los matices. En política, la excelencia moral no está asociada a ninguna ideología, sino a «cierta calidad de las relaciones humanas: ¡ahí reside, para nosotros, la verdad!». Dicho de otro modo: «Una política solo tiene sentido si está al servicio de una convicción espiritual». No todos caminan en la misma dirección, pero todos son dignos de ser respetados. Saint-Exupéry repite varias veces la misma expresión, enfatizando sus palabras: «¡Respeto al hombre! ¡Respeto al hombre!». No es un lugar común, sino lo extraordinario en un tiempo de violencia y destrucción.

La fraternidad es la casa común de todos los que anhelan calentarse con el calor de otro corazón humano. En esa hoguera, los hombres intercambian ideas y sentimientos sin renunciar a sus convicciones. El que piensa de otro modo es como un viajero que nos relata sus aventuras enriqueciendo nuestras vidas con aspectos desconocidos. En *Carta a un rehén,* Saint-Exupéry no utiliza el tono impersonal del ensayo, sino la cercanía del género epistolar. No hay que olvidar que el destinatario es un amigo, si bien sus palabras pueden extenderse a todos los perseguidos y oprimidos. La situación de la Francia ocupada es horripilante, un intolerable agravio a la paz, la libertad y la dignidad, pero el sufrimiento de cuarenta millones de rehenes no se perderá como un mal sueño, sino que fructificará en las nuevas generaciones en forma de conciencias más limpias y exigentes. Los ciudadanos esclavizados por la tiranía «meditan [...] su nueva verdad. Nosotros, de antemano, nos sometemos a esta verdad».

En un final particularmente emotivo, Saint-Exupéry se dirige a todos sus compatriotas, restando méritos a su papel como aviador de la Francia libre, todavía exigua y con escasez de medios: «No hay punto de comparación entre combatir en libertad y ser aplastado en la noche. No hay punto de comparación entre el oficio de soldado y el oficio de rehén. Vosotros sois los santos».

Saint-Exupéry murió como había soñado: luchando por el hombre y por los sueños de su niñez. Antes del armisticio entre Francia y Alemania, el escritor se había presentado voluntario para surcar los cielos como piloto de combate, pero los médicos consideraron que no era apto para el servicio. Sus treinta y nueve años y las secuelas de sus accidentes de aviación solo permitían asignarle un puesto de instructor. Saint-Exupéry no se resignó. No quería ser un intelectual que contemplaba la acción desde la retaguardia. Pensaba que el hombre que no se exponía al peligro carecía de autoridad moral para defender sus convicciones. Algunos intentaron disuadirlo argumentando que los científicos y los artistas no debían ser sacrificados en el frente, pues poseían un enorme valor para la sociedad. Saint-Exupéry replicó: «Pues si son la sal de la tierra deben mezclarse con ella».

Al final consiguió que lo destinaran a una escuadrilla de reconocimiento. Su misión no sería menos arriesgada que la de un piloto de combate, pues en esas fechas seis de cada siete escuadrillas de reconocimiento resultaban alcanzadas por el fuego enemigo. Ascendido a comandante por su experiencia de vuelo, realizó varios vuelos de reconocimiento fotográfico. Un aterrizaje fallido y su edad —el límite para pilotar un P-38 se había fijado en treinta y cinco años— lo envían a la reserva, pero de nuevo recurre a sus contactos para seguir volando. De forma excepcional, le conceden permiso para cinco misiones más. La mañana del 31 de julio de 1944 despega para realizar un reconocimiento geográfico sobre el valle del Ródano. Nunca regresó.

Indisciplinado, infantil y obstinado (se negó a aprender una sola palabra de inglés durante su exilio norteamericano), el día de su muerte Saint-Exupéry despegó de la base aérea de Bastia, en Córcega, a primera hora de la mañana. No esperó a la llegada del general Gavoille, como establecía la ordenanza, pues temía que apareciera con su orden de desmovilización. Cuarenta y cinco minutos antes de lo habitual se puso a los mandos de su P-38 y partió. Los radares lo perdieron al sobrevolar la costa de Francia. Se ha especulado que se desvió de su hoja de ruta y descendió por debajo de los 6.000 metros, la altitud fijada para quedar fuera del alcance de las baterías alemanas. No es imposible que se acercara a los escenarios de su infancia, ebrio de melancolía. A las 14.30 sus camaradas estimaron que ya no volvería a la base, pues se le había acabado el combustible.

Se han esbozado distintas hipótesis sobre su final. Varios aviadores alemanes se atribuyeron la baja. En 2008 Horst Ripper se identificó como el piloto que abatió el P-38 de Saint-Exupéry. Su testimonio no está avalado por pruebas concluyentes. Otros consideran más creíble la posibilidad de una avería. Algunos han hablado de suicidio, pero no parece probable. Cuando una periodista norteamericana le recriminó que se expusiera a ser derribado en sus misiones, privando al mundo de su talento literario, Saint-Exupéry respondió que también se puede «escribir con el cuerpo». Su ambición más profunda era prestar un servicio a la humanidad, cumplir con su deber, actuar de una forma ejemplar, ser humilde y sencillo.

Saint-Exupéry siempre pensó en el género humano en términos de fraternidad, de amor a los otros, de solidaridad con el sufrimiento ajeno, de compromiso y generosidad. No se puede ser un simple individuo sin traicionar a la civilización. El pesimismo nunca le pareció una opción razonable, pues inhibe la acción, el trabajo, la compasión. Creo que si alguien le hubiera preguntado a Saint-Exupéry cuál era su mayor anhelo, habría contestado con una expresión de *Vuelo nocturno* (1931): «Tengo hambre de luz». Cuando el pequeño príncipe se despide del escritor, que no esconde su tristeza por la inminente separación, le augura días de dicha: «Estarás contento de haberme conocido. Siempre seré tu amigo. Tendrás deseos de reír conmigo [...]. Te agradará mirar las estrellas. Todas serán tus amigas». Eso sí, le pide que no esté a su lado en el momento de su muerte: «Parecerá que he muerto y no será verdad». Creo que podría decirse lo mismo de Saint-Exupéry, pues lleva mucho tiempo haciéndonos sonreír con su pasión por el hombre, el cielo y las estrellas.

Piedad y yo no necesitamos deliberar. Tras hojear *Carta a un rehén, Vuelo nocturno* y *El principito,* decidimos que Saint-Exupéry era la compañía ideal para una última sesión de quimioterapia. Al final de un largo viaje por la enfermedad, los dos tenemos hambre de luz y pocos escritores desprenden tanta claridad como un escritor cuya tumba comunica el mar con el cielo.

20

La última sesión

> Cuando envejecemos, la belleza se convierte en cualidad interior.
>
> RALPH WALDO EMERSON

La última película es el título de una película de Peter Bogdanovich estrenada en 1971. Rodada en blanco y negro, narra el fin de la adolescencia de tres amigos de un pequeño pueblo de Texas, con sus tardes infinitas, sus llanuras polvorientas y sus cielos incendiados por el crepúsculo. Aunque es la historia de un despertar (la primera cita, la primera experiencia sexual, el primer desengaño), la cinta está saturada de melancolía y una prematura conciencia de precariedad. Se advierte desde el primer fotograma la nostalgia del tiempo pasado, de la falsa sensación de eternidad que brota en la infancia y se desvanece al llegar la adolescencia, de la alegría del que aún no ha descubierto que la plenitud no es algo de este mundo. La nostalgia se acentúa en *Texasville,* que Bogdanovich estrenó en 1990 y que relata el reencuentro de los amigos tres décadas más tarde, con su carga de desengaños, miedos y expectativas incumplidas. Los jóvenes ya son adultos que se encaminan hacia la vejez, abrumados por la sospecha de que el tiempo no concede segundas oportunidades.

El final de cada etapa de la vida casi siempre produce cierta tristeza. Es inevitable pensar en lo que se deja atrás y solo volverá como recuerdo. La última sesión de quimioterapia de Piedad ha agudizado nuestra añoranza por nuestros años de noviazgo y universidad. El alivio experimentado al finalizar el tratamiento se ha mezclado con la certeza de estar cada vez más cerca de una nueva etapa que hasta hace poco nos parecía lejana e irreal: la vejez. En una sociedad que atribuye un valor desmedido a la juventud, casi nadie está preparado para envejecer. La vejez parece un país muy muy lejano, como el reino de los padres de Fiona, la novia de Shrek. Un lugar cuya existencia se conoce, pero que se presupone reservado a los otros.

Superar los sesenta no nos hizo sentir que nos acercábamos a ese territorio ignoto. Solo cuando apareció el cáncer comprendimos que nos habíamos adentrado en un paisaje diferente, donde ya no había un hogar seguro, sino una constelación de incertidumbres. Ya no éramos los serenos habitantes de lo aparentemente inmutable. A partir de ahora seríamos peregrinos hacia lo desconocido, sometidos a las inclemencias de una edad propensa a las catástrofes. El sentimiento de vulnerabilidad no suele gestarse de forma gradual, sino de golpe, como una avalancha de nieve que rompe el silencio de la montaña en mitad de la noche.

La última sesión de quimioterapia fue tranquila. Piedad no experimentó muchas molestias y se despidió de las enfermeras con una sonrisa. Al salir de la sala, no sentimos euforia, sino serenidad y el inesperado asalto de la nostalgia por esa juventud feliz que compartimos, llena de proyectos, fantasías y fervores. Evidentemente, en esos años también hubo malos momentos, pero la memoria pule los recuerdos eliminando lo que no merece ser revivido.

Mi mente cierra el paso a lo que podría causarle sufrimiento. Prefiere rescatar las experiencias más gratas, como esas sesiones de cine donde todavía era posible contemplar a Paul Newman jugando al billar, a Cary Grant huyendo de una avioneta o a Kirk Douglas en las trincheras de la Gran Guerra. En esas fechas las salas aún eran espacios muy frecuentados e incluso se revendían entradas en la puerta. Piedad y yo acudíamos a menudo a los cines Alphaville, que hoy se llaman Golem y se encuentran a escasos metros de la plaza de España. Allí vimos *Al final de la escapada*, de Jean-Luc Godard, una película de 1960 con Jean-Paul Belmondo y Jean Seberg. Ahora Piedad lleva el pelo como Seberg, musa de la *nouvelle vague*, pero sin su aire de infelicidad y tragedia. Casi todos los que nacieron en la posguerra de 1945 se enamoraron de la actriz, y las generaciones posteriores, especialmente la juventud airada de los sesenta, reconocieron en ella un símbolo de rebeldía e inconformismo.

Piedad y yo comenzamos a salir juntos en 1985. Era la época de la Movida, un fenómeno surgido al calor del desencanto de la borrachera revolucionaria de los setenta, cuando muchos jóvenes soñaban con asaltar los cielos y leían a Marx en cuartos decorados con pósteres del Che y de un Jesucristo con aspecto de guerrillero. La aurora que se profetizaba se demoraba demasiado y muchos decidieron tomar otro camino. La noche madrileña era un hervidero de imitadores de Elvis Costello que se reían de las canciones de Víctor Jara y Mercedes Sosa con una frivolidad difícilmente excusable. Chueca era el barrio de moda. Sus bares y discotecas pinchaban vinilos de Nacha Pop, Los Secretos, Alaska y los Pegamoides, Radio Futura, Gabinete Caligari, Los Ronaldos, La Mode, Glutamato Ye-Yé y otros grupos. Algunas letras eran francamente bobas («Me paso el día bailando / y los vecinos mientras tanto / no paran de molestar»), otras cultivaban una provocación cargada de mal gusto («Tendría que besarte, desnudarte, pegarte y luego violarte») y unas pocas desprendían un delicado lirismo («Las calles mojadas te han visto crecer. / Y tú, en tu corazón estás llorando otra vez. / Me asomo a la ventana, eres la chica de ayer / jugando con las flores en mi jardín»).

Chueca era un barrio alegre, con jóvenes que entraban y salían de los locales vestidos de punks, mods, tecnos, siniestros o modernos. Los heavies y los rockers solían frecuentar otros barrios, pues casi siempre procedían de familias obreras y la Movida les parecía una historia de pijos y esnobs. De vez en cuando se producía alguna pelea en Chueca, pero no era lo habitual. En cambio, las drogas sí habían invadido la zona. En cualquier esquina podías encontrar un camello ofreciendo ácidos, anfetaminas, hachís, cocaína o heroína. Muchas de las estrellas de la Movida se engancharon al caballo y algunas no sobrevivieron al polvo blanco o amarronado.

Enrique Urquijo murió en un portal poco después de comprar unas papelinas, y Antonio Vega protagonizó una larguísima agonía. Su prematura muerte a los cincuenta y uno no fue causada directamente por la heroína, sino por la combinación de una neumonía y un cáncer de pulmón. Su organismo debilitado por una drogodependencia que comenzó en los ochenta y nunca se interrumpió (lo cual significa tres décadas de fatal idilio con el caballo) sucumbió a enfermedades oportunistas, siempre dispuestas a aprovechar la vulnerabilidad de los cuerpos maltratados por los excesos y las adicciones.

Antonio Vega es el creador más genial de la Movida, un cantautor con una finísima sensibilidad y un carácter introvertido. Todas sus canciones poseen aliento poético.

Quizá la más célebre es *Lucha de gigantes,* donde habla de su sensación de fragilidad en el umbral de «un mundo descomunal». Describe la experiencia como una pesadilla con bestias y monstruos de papel. Se pregunta si está solo en ese escenario terrorífico o hay alguien más. Una amiga que pasó varios años enganchada a la heroína aseguraba que la canción describía el ascenso y la caída que se experimenta con cada chute, ese baile entre la euforia, la calma y el pánico que constituye la rutina del toxicómano. Sin embargo, yo creo que la canción expresa algo más complejo y profundo. Al escucharla, siempre se me viene a la cabeza el sentimiento de orfandad y desamparo de Pascal al observar el universo y advertir su indiferencia. El cosmos parece ese mundo descomunal del que nos habla Antonio Vega.

Piedad admira a Antonio Vega. Yo comparto ese sentimiento, pero sus canciones me producen tristeza. La misma tristeza con la que recuerdo a los amigos perdidos durante los años ochenta por culpa de las drogas o el sida. Hace unos años conocí a Fernando Márquez, *el Zurdo,* uno de los fundadores de la Movida. *Para ti* fue un himno generacional. Su letra es tan hermosa y terrible como la de *Lucha de gigantes:* «Para ti, que solo tienes quince años cumplidos. / Para ti, que naciste en tiempos asesinos. / Para ti, que vas a caballo del fin del mundo. / Para ti, que comprobarás lo que otros han dicho. / Para ti queremos otear el paraíso».

Fernando Márquez no oteó el paraíso, sino el infierno reservado a los que alcanzan la cumbre y luego se precipitan al vacío. Sus extravagancias ideológicas —flirteó con un falangismo puramente estético, sin un ápice de complacencia con el totalitarismo o la violencia— destruyeron su carrera. Antonio Vega ha pasado a la posteridad como un maldito de la estirpe de Rimbaud. En cambio, Fernando Márquez será recordado como un raro, casi una anomalía, una especie de Ezra Pound del pop. La aventura falangista del Zurdo duró poco tiempo. Después vinieron los «tiempos asesinos», con su áspera carga de miseria, soledad y olvido. Solo hablé con Fernando Márquez una vez. Me pareció un artista inteligente, sensible e intuitivo. No había perdido el humor, pero corroboró la perspectiva que se ha forjado poco a poco en mi mente sobre la Movida.

Lo que surgió como un movimiento cultural y artístico se acabó convirtiendo en un ídolo, una especie de Moloch donde ardieron muchas vidas. Las risas que resonaban en los locales nocturnos no tardaron mucho tiempo en devenir muecas de horror. Las drogas, la promiscuidad y el alcohol actuaron como el hongo de la serie *The Last of Us*: destruyeron a las personas desde dentro. En esa época, no se hizo el amor, sino la guerra. La guerra contra uno mismo, contra el futuro, contra la vida. Después de las ilusiones utópicas de los sesenta y setenta, irrumpió el escepticismo con la fuerza de un tsunami y desde entonces no se ha desvanecido.

Somos criaturas frágiles en un universo descomunal, pero contamos con un arma secreta: el amor. Gracias a él, soportamos los reveses de la existencia y perduramos en el recuerdo de otros. Y, según algunas tradiciones, sorteamos la muerte, pues el amor es el alfa y omega del ser, el latido que engendra y restituye la vida.

Piedad y yo dejamos de frecuentar los locales de la Movida al poco tiempo de conocernos. Las cafeterías, los cines y los parques nos resultaban más atractivos que los locales con la música alta y un tráfico incesante de vidas rotas. No sé quién inventó el lema «Sexo, drogas y rock'n roll», pero desde luego es una desdichada fórmula. No hay nada digno de estima en las drogas, y el sexo se degrada cuando se rebaja a mero entrenamiento. Sin afecto, puede llegar a ser una forma de cosificar al otro y despojarlo de su humanidad, como sucede en la pornografía. Solo salvaría el rock y, de hecho, sigo escuchando a los Ramones, Pink Floyd y The Clash. Aunque Piedad y yo dejamos de pasar las noches en Chueca, continuamos pinchando en nuestras habitaciones la música de los ochenta: Blondie, Simple Minds, Talking Heads, The Pretenders.

En esa época, un cuarto era algo más que un dormitorio. Para un joven que aún no ha podido independizarse, su habitación es su santuario. Nosotros teníamos pósteres de nuestros ídolos musicales: los Ramones, Bob Marley, Bob Dylan, Peter Gabriel. Y dos centenares de vinilos que aún conservamos. El vinilo era un formato mucho más atractivo que el CD, con sus portadas rebosantes de creatividad que a veces incluían un cuadernillo de letras y fotografías. Hoy son objeto de coleccionismo, pero para nosotros son fundamentalmente un recuerdo permanente de las horas que pasamos encerrados en nuestras habitaciones escuchando canciones mientras charlábamos o estudiábamos. Los dos habíamos adquirido desde muy pronto el hábito de estudiar con música de fondo y esa costumbre nunca afectó a nuestras calificaciones académicas. Cuando necesitábamos cambiar de escenario, salíamos a la calle y nos refugiábamos en una cafetería del barrio de Argüelles o de Moratalaz.

En Argüelles había muchas cafeterías ocupadas por los estudiantes universitarios, que pasaban tardes enteras con los apuntes sobre las mesas, los ceniceros llenos de colillas y un solitario café, pues no podían pagar otra consumición. Los camareros se mostraban tolerantes con unos clientes que aportaban pocos ingresos y hacían mucho ruido. Nosotros preferíamos estudiar en casa. En las cafeterías charlábamos, nos cogíamos de la mano, observábamos a la gente. En la calle Princesa había una cafetería que hacía esquina con la calle Altamirano. La decoración era bastante pobre: mesas y sillas deterioradas, paredes desnudas, suelo de terrazo con baldosas rotas, una barra espartana. Solo la chaqueta blanca de los camareros ponía una nota de color. Hoy esa cafetería es una tienda de moda. El barrio se ha transformado, perdiendo cosas tan esenciales como los cines. Los cuatro o cinco que permanecieron abiertos durante décadas, casi siempre con largas colas de espectadores impacientes por entrar, se han transformado en hoteles, restaurantes o tiendas de ropa o deportes.

Afortunadamente, el parque del Oeste apenas ha experimentado cambios. Piedad y yo paseábamos por sus caminos de tierra a menudo y, en verano, nos sentábamos en el césped, aprovechando la sombra de los cedros. Casi todos los años visitábamos la Rosaleda al llegar la primavera. Era como pasear por un jardín encantado, con miles de rosas de todos los colores y, de fondo, el sonido de una fuente que suspendía el fragor de la ciudad. El frescor del agua y el aroma de las rosas producían una suave embriaguez. En verano solíamos sentarnos cerca de la fuente y nos relajábamos con su rumor, agradeciendo las gotas de agua que salpicaban nuestra piel.

En Moratalaz, los parques no resultaban tan acogedores, pero había una lonja con terrazas y varias librerías que organizaban eventos culturales. La lonja hervía de vida durante las tardes de verano. Quizá no poseía la vitalidad de una de esas plazas árabes descritas por Paul Bowles o Juan Goytisolo, pero sí tenía ese aroma de barrio de la posguerra, cuando aún se pasaba más tiempo en la calle que bajo techo. Las voces se mezclaban creando un grato pandemónium, y los vecinos, aunque no se conocieran, no parecían tan distantes como hoy. Se advertía cierto sentimiento de comunidad y pertenencia. El tiempo no parecía una rueda de molino que pulveriza todo lo que cabe bajo su peso, sino un devenir fructífero, una corriente que alumbraba cosas nuevas sin cesar. La soledad era un territorio remoto y no una amenaza agazapada en cada pliegue del tiempo. Sentíamos algo parecido en las playas del Mediterráneo donde pasábamos los veranos. Había menos gente que en nuestros días y todo era más familiar y próximo. Las sombrillas no se agrupaban como los escudos de una falange macedonia, pero de alguna manera se hallaban conectadas. Los extraños no se percibían como intrusos, sino como eslabones de una cadena.

Piedad y yo adorábamos el cine de verano, con sus sesiones dobles. Aunque los asientos eran muy incómodos, la posibilidad de ver dos películas bajo un cielo estrellado compensaba la necesidad de cambiar constantemente de posición o de acudir con unos cojines. Aún recuerdo algunas de las películas que vimos allí, casi siempre reestrenos: *Sin perdón*, de Clint Eastwood, *Los intocables de Elliot Ness*, de Brian de Palma, *Arde Mississippi*, de Alan Parker, *La jungla de cristal*, de John McTiernan, *Bailando con lobos*, de Kevin Costner. *Sin perdón* es una obra maestra, un wéstern sobre la venganza y la redención, pero sobre todo es un estudio de los cambios experimentados a lo largo de la vida.

William Munny es un pistolero sanguinario que se aleja de la violencia por amor. Casado con una buena mujer, se convierte en granjero, pero se queda viudo y apenas logra alimentar a sus hijos con su trabajo. La recompensa ofrecida por unas prostitutas a cambio de matar a los hombres que las han maltratado le ofrece la oportunidad de huir de la miseria. No siente nostalgia de sus años de forajido, pero las circunstancias lo empujan a utilizar de nuevo las armas. El desenlace del film discurre de noche y bajo una lluvia espesa. Munny parece una especie de ángel exterminador, pero, cuando concluye su estallido de furia, regresa a su granja con sus hijos y no vuelve a disparar. El amor de su mujer lo ha transformado definitivamente.

Miro hacia atrás y me pregunto cuánto hemos cambiado Piedad y yo, qué queda de esos dos jóvenes que se reían con las ocurrencias de Bruce Willis en *La jungla de cristal* y reflexionaban al contemplar a Clint Eastwood transitando de la cortesía y el arrepentimiento al furor homicida. Sinceramente, creo que somos los mismos. Yo fui, según un viejo amigo, un niño melancólico y prematuramente adulto. Piedad disfrutó de una niñez más alegre, pero su adolescencia fue conflictiva. Ambos sufrimos el zarpazo de la depresión y, aunque finalmente logramos escapar de sus fauces, ciertas heridas no se han cerrado del todo. Pensé que habíamos dejado atrás el insomnio, la ansiedad y la desesperanza, pero con el cáncer algunas de esas emociones han regresado. Aunque no me canso de repetir que el pronóstico es bueno, la enfermedad nos ha introducido en una nueva dimensión. Estamos acercándonos a la vejez, un tramo de la vida que exige una laboriosa adaptación, y nosotros aún no hemos logrado aclimatarnos del todo. Somos como dos alpinistas que se acercan por primera vez a la «zona de la muerte» del Everest, donde los niveles de oxígeno son tan bajos que casi es imposible respirar. Sin embargo, sabemos que es posible acostumbrarse, sobrevivir en esa altura, y eso nos da fuerzas.

Cuando escribo estas líneas, Piedad ha recuperado parte de su pelo. Ya no necesita esconder su cabeza bajo un pañuelo. Tiene el pelo muy corto y con abundantes canas, pero mucha gente celebra su estilo. Se parece a Annie Lennox, la vocalista de la banda británica Eurythmics. Nadie la observa ya disimuladamente, compadeciéndose de su enfermedad. No obstante, Piedad quiere recobrar su aspecto de hace unos meses, cuando tenía el pelo teñido de negro y casi hasta los hombros. Su cambio de aspecto solo ha sido una metamorfosis transitoria, pero nos has hecho sentir con toda su crudeza el peso del tiempo.

Ahora nos fijamos más en la vejez de nuestros actores más queridos. Últimamente hemos vuelto a ver las principales películas de Paul Newman y hemos apreciado su cambio de aspecto al comparar *El buscavidas*, una obra excepcional de Robert Rossen, *Veredicto final*, una vibrante película de Sidney Lumet, y *Camino a la perdición*, un trabajo infravalorado de Sam Mendes. Cuando se rodó *El buscavidas*, Paul Newman tenía treinta y cinco años. Su apariencia es deslumbrante. Aunque no se aprecian sus ojos azules porque la película se filmó en blanco y negro, su rostro muestra la insolencia de una edad donde la piel aún no ha comenzado a marchitarse. *Veredicto final* llegó a las pantallas en 1982. Newman bordea los sesenta años. No ha perdido su atractivo, pero su rostro está surcado de arrugas y las canas han cubierto completamente la cabeza. *Camino a la perdición* se estrenó en 2002. Newman, que nació en 1925, se aproxima a los ochenta años. A pesar de las grandes entradas y las manchas de color café de la frente, la vejez no ha logrado arruinar su porte de gran seductor. Su belleza clásica no es inmune al tiempo, pero perdura. No como una sombra, sino como un reflejo luminoso del esplendor pasado.

Paul Newman envejeció con dignidad. Nunca recurrió a la cirugía estética y no se retiró cuando ya no podía interpretar papeles de galán. Descartó seguir los pasos de Cary Grant y Greta Garbo, que escamotearon su vejez a las cámaras. No sé cómo se sentía por dentro, pero su imagen exterior es la de un hombre que se ha adaptado al paso de los años y vive el día a día con serenidad. Bertrand Russell deploraba que algunas personas afrontaran la vejez angustiados por la perspectiva de morir. Nunca me ha preocupado demasiado mi aspecto, pero sí intento hacer lo necesario para preservar mi salud y hago lo posible por no vivir atormentado por la idea de la muerte.

Según Montaigne, el arte de buen vivir ha de incluir necesariamente el arte del buen morir. El creador del ensayo moderno se enfrentó a la muerte muchas veces. Perdió a cinco hijos y presenció los estragos de la peste en Burdeos, donde ocupó el cargo de alcalde. De hecho, la epidemia le arrebató a su mejor amigo, Étienne de la Boétie, al que había conocido en los tribunales y con él que se compenetró de tal manera que casi desapareció la distinción entre uno y otro, creando la sensación de que componían una sola alma desdoblada en dos cuerpos. Cuando Étienne falleció prematuramente, Montaigne escribió desolado:

> Desde el día en que le perdí no hago más que arrastrarme lánguidamente; y aun los placeres que se me ofrecen, en lugar de consolarme, redoblan mi dolor por haberlo perdido. Estaba tan hecho y acostumbrado a ser en todo uno de dos, que ahora me parece ser solamente medio.

En el libro I, capítulo XIX, de sus *Ensayos,* Montaigne diserta sobre la muerte partiendo de la idea de que filosofar es —como apuntaron Sócrates, Platón y Cicerón— prepararse para decir adiós a la vida. La verdadera sabiduría consiste en no tener miedo de morir, pues no hay otra forma de vivir bien y felizmente. El fin natural de la existencia es el placer, no el malestar o el sufrimiento. Montaigne se burla de los que identifican la virtud con el sacrificio y la abnegación. No se vive para sudar sangre, sino para disfrutar. No de las pasiones turbulentas, que desordenan nuestro espíritu, sino de los placeres sencillos. La perspectiva de la muerte no debería oscurecer la capacidad de hallar placer en las cosas buenas y nobles. No pensar en la muerte, como hace el vulgo, no es una buena alternativa, pues la muerte no se olvida de nosotros y puede interrumpir nuestra rutina en cualquier instante. Montaigne cita el caso de su hermano, un hombre joven que jugando a la pelota sufrió un fuerte golpe en la cabeza y murió unos días más tarde.

La muerte no es un enemigo que se pueda evitar. Saldrá a nuestro paso antes o después. Solo hay una forma de oponerle resistencia. Frecuentarla continuamente, acostumbrarse a ella. Montaigne cuenta que la muerte siempre está presente en su cabeza, especialmente en los momentos de alegría y regocijo. Cita el ejemplo de los egipcios, que en mitad de los banquetes exhibían un esqueleto invitando a los comensales a disfrutar de las viandas, pues algún día —quizá muy pronto— solo serían polvo. La premeditación de la muerte es un ejercicio de libertad. Nos ayuda a superar la servidumbre del miedo. Saber que la muerte no es un mal, sino un aspecto de la vida y una necesidad, nos libera de la angustia y el terror. Si los individuos no murieran, el mundo no se renovaría. Hay que dejar sitio a los que vienen detrás.

Montaigne afirma que pensar en la muerte sin temor le permite afrontar la salud con despreocupación y la enfermedad con indiferencia. Hace tiempo que aprendió a estar listo para soltar amarras en cualquier instante: «Jamás nadie se preparó para abandonar el mundo de manera más absoluta y plena, ni se desprendió más completamente de él de lo que yo me esfuerzo en hacer». Montaigne anhelaba que la muerte le sorprendiera cuidando sus coles en su jardín. Opinaba que para morir en paz hay que familiarizarse con los cementerios y los cadáveres. La naturaleza a veces nos ayuda a encarar nuestro final. Si la muerte aparece repentinamente, no llegamos a tener tiempo de temerla. Si va precedida de una agonía lenta, el dolor nos quita el deseo de vivir. ¿Por qué afligirnos cuando estamos a punto de desprendernos de un cuerpo enfermo? Además, la muerte es breve, casi un parpadeo. ¿Es sensato empañar décadas de vida por algo que dura tan poco? Lo único que debe preocuparnos es llegar al término de nuestra existencia y descubrir que no hemos sido felices. Transitar por el mundo con pesar y melancolía es mucho peor que extinguirse al concluir nuestro ciclo vital.

Montaigne no era ateo. Creía en Dios y en la vida eterna. Eso sí, renunció a las fintas teológicas, pues estaba convencido de que la razón no puede explicar lo sobrenatural. Sus reflexiones sobre la muerte se atienen a este mundo, no a un hipotético más allá. Pienso que no se equivocaba al recomendarnos que disfrutáramos de los placeres sencillos y nos olvidáramos de las pasiones desbocadas. No debe preocuparnos morir, sino desperdiciar las ocasiones de felicidad que surgen a nuestro paso. Nada debería evitar que gocemos de unas flores de almendro, una noche suave de verano o esos recuerdos que nos hacen sonreír al evocar el pasado. La muerte no podrá destruir las mañanas que pasamos Piedad y yo a orillas del mar, hipnotizados por el temblor de la luz sobre el agua.

21

El día después

> Si quieres alcanzar la cumbre, primero necesitas estar dispuesto a afrontar el abismo.
>
> Reinhold Messner, leyenda del alpinismo

Especulábamos con que al acabar la quimioterapia recobraríamos la calma, pero la angustia no ha desaparecido. Algunos días es incluso muy aguda. Volvemos a estar en el fuselaje del vuelo 571 de la Fuerza Aérea Uruguaya. Ahora tendremos que enfrentarnos a las revisiones periódicas. Las posibilidades de recaída son muy bajas, pero la incertidumbre se ha introducido en nuestras vidas.

De nuevo siento la necesidad de volver a leer los testimonios de los supervivientes de los Andes. ¿Por qué esa historia de supervivencia resulta tan inspiradora? ¿Por qué ha ayudado a tantas personas heridas y desesperadas? Gustavo Zerbino, uno de los supervivientes, cuenta que cuando dejaban de tocarse, empezaban a enloquecer: «Por eso dormíamos abrazados, no solo por el frío. Era para engañar la soledad». Muchos nos sentimos abrazados por los pasajeros que pasaron 72 días en los Andes. Su ejemplo nos hace experimentar la convicción de que todos podemos escalar la cordillera que nos cierra el paso y escapar de una situación particularmente adversa.

No todos los que lograron librarse de la muerte en el glaciar han compartido su experiencia con facilidad. Durante años Pedro Algorta no quiso hacer ninguna declaración pública. No concedió entrevistas, no impartió conferencias, no escribió nada sobre las penalidades vividas. Sin embargo, hace relativamente poco tiempo se acercó a él una mujer joven cuando se encontraba con su esposa en la ciudad argentina de San Rafael, ubicada en las estribaciones de los Andes. La joven le confesó que su historia le había salvado la vida, pues le había aportado la fortaleza necesaria para soportar la pérdida de una hija, el suicidio de su padre y otros infortunios. Algorta estuvo a punto de replicarle que no tenía nada que agradecerle, que había malinterpretado lo que sucedió, pero su mujer le agarró suavemente la mano y le pidió silencio con los ojos. Entonces comprendió lo que significaba la tragedia de los Andes para tantas personas:

> No teníamos un mensaje, pero [...] éramos el testimonio de que se puede continuar a pesar de todo. Por el hecho de estar vivos, éramos la pulsión que a ella le permitía sentirse mucho mejor. Y yo no tenía el derecho de destruirle esa ilusión, que para ella resultaba la diferencia entre dos maneras de seguir su vida, en paz y con energía o atrapada en la melancolía.

Nando Parrado, que desafió cualquier expectativa racional cruzando los Andes con Roberto Canessa durante diez interminables días, nunca tuvo problemas para hablar de su odisea, pero llegó a una conclusión similar cuando una mujer se acercó a él y le contó que había atropellado a su hija de dos años al dar marcha atrás en el garaje, provocándole la muerte. Gracias a la historia de Nando y sus compañeros, había descubierto que siempre se podía hallar fuerza para vivir, a pesar del dolor. Tras escucharla, Nando comprendió que «su historia era la historia más habitual del mundo» y que, «en ocasiones, todos nos enfrentamos a la desesperación. Todos sufrimos el dolor, el abandono o una pérdida abrumadora. Y todos nosotros, tarde o temprano, nos enfrentaremos a la inevitable proximidad de la muerte». Mientras abrazaba a aquella mujer, Nando exclamó: «Todos tenemos nuestros propios Andes».

La historia de supervivencia de los Andes nos hace sentir que una persona normal —salvo por su extraordinaria forma física, Nando y Canessa eran jóvenes similares a otros miles de jóvenes de su generación— puede resistir el sufrimiento y superar los escollos aparentemente más insalvables. Nando reconoce su gratitud por las personas que han hallado consuelo y esperanza en su trágica experiencia:

> Me han dado mucho a cambio. Me han demostrado que en mi historia hay más que pena y tragedia sin sentido. Al usar mi sufrimiento como fuente de inspiración y determinación, me han ayudado a curar mis recuerdos heridos. Ahora veo que mi madre, mi hermana y el resto no murieron en vano y que nuestro sufrimiento realmente da lugar a algo importante, a algún tipo de conocimiento que puede llegar al corazón de los seres humanos de todo el planeta.

Nando no se atribuye una gran sabiduría existencial. Sin embargo, alberga una certeza muy firme:

> Sé que moriré. Y sé que la única respuesta cuerda a una penosa experiencia como la que yo viví es amar. Antes de morir, Arturo Nogueira, uno de los más valientes del grupo, re-

> petía una y otra vez: «Incluso en este lugar, incluso aunque suframos, vale la pena vivir la vida...».

Todos los supervivientes suscriben esta lección. Alfredo Strauch destaca la generosidad de los heridos sin oportunidades de sobrevivir. A pesar de conocer su destino, infundían ánimos a los compañeros que había salido ilesos. Y lo hacían por amor a sus amigos y por amor a la vida. Liliana, esposa de Javier Methol, no sobrevivió a la avalancha de nieve, pero hasta su trágico fin confortó y consoló a los más jóvenes con el cariño de una madre. Desolado por su muerte, Javier se aferró a la idea de sobrevivir para transmitir a sus hijos el amor que había mostrado Liliana por sus compañeros de infortunio. Ella le enseñó que «no hay mejor calor que el de los seres humanos, que un abrazo te salva la vida en mil circunstancias».

Tintín Vizintín apunta que la salvación fue una empresa colectiva. No hubo héroes, sino un equipo que derrochó amor. Incluso los muertos participaron en esa gesta de solidaridad y compañerismo: «¿Acaso esos amigos de toda la vida no nos salvaron la vida con sus cuerpos?». La muerte mostró su rostro más obsceno al arrebatar veintinueve vidas, pero el amor creó un lazo indestructible que desafía a la fría perspectiva del materialismo: «Hoy siento —afirma Vizintín— que no solo del grupo de sobrevivientes soy amigo por la eternidad, sino de los cuarenta y cinco pasajeros del Fairchild soy amigo por la eternidad. Y esta es una convicción tan firme como una roca de la cordillera de los Andes».

Eduardo Strauch explica que logró superar el miedo y la angustia volcándose en su interior, y allí descubrió a ese Dios que permanece escondido en nuestra percepción cotidiana del mundo. Ese Dios no es un ídolo lejano, sino un corazón que se expande sin cesar, manifestándose como amor. Ese hallazgo le aportó esperanza, equilibrio, serenidad. En las montañas experimentó «la necesidad de integrarse a lo absoluto, que te permitía alejar tu mente de lo más cercano; la experiencia mística, que siempre conserva un misterio que no se revela, y allí todo era un enigma, empezando por nuestro destino, [...] la sensación de que somos más que nuestros cuerpos físicos, lo que te permite enfrentar la muerte de otra manera». Eduardo Strauch casi muere durante la avalancha, pero su primo Adolfo lo salvó excavando en la nieve. Cuando logró abandonar el fuselaje y revolcarse en el exterior con Nando y Carlitos Páez, sintió que se fusionaba con la naturaleza:

> mi mente se expandió en ese paisaje esplendoroso, a tres mil metros de altura, en una zona que jamás había sido pisada por el ser humano, y sentí como una explosión hacia el universo, mi espíritu se ampliaba y luego regresaba a mí, como una gigantesca red que se arroja al exterior, recoge elementos y luego los vuelca en mi interior.

En *Milagro en los Andes,* Nando Parrado no esconde su escepticismo religioso, pero al mismo tiempo reivindica una dimensión espiritual basada en la percepción del amor como la experiencia que imprime sentido a la existencia. Mientras recorría la cordillera en compañía de Canessa, pensaba sin descanso en el reencuentro con su padre, que lo creía muerto, y en el proyecto de crear una familia. Después de huir de la trampa mortal de los Andes, Nando pudo compartir cuarenta años con su padre, casarse y engendrar dos hijas: «Nada de ese amor existiría si yo, en medio del sufrimiento y la desesperación, no hubiera concebido el amor como el único propósito de mi vida». Nando menciona que su padre no se dejaba intimidar por la perspectiva de la muerte. Ahora que él ha superado los setenta años, espera enfrentarse a su última hora con la misma sabiduría, aceptando humildemente su final.

> Hasta entonces no viviré temiéndola. Haré lo que hice en los Andes: apreciar cada momento con mi familia y amigos, transformar cada instante en un acto de amor hacia ellos y, cuando muera, dejaré un legado de recuerdos que me mantendrán vivo en el corazón de las personas que amo.

Las preguntas fundamentales siguen interrogándonos desde que apareció la conciencia: ¿cuál es el sentido de la vida?, ¿cómo afrontar la muerte?, ¿por qué existe el mal y cómo podemos luchar contra él? Según Nando, «la única respuesta que dará sentido a cada una de las difíciles verdades yace en el amor. El amor es nuestra guía y protección. Es la clave de la supervivencia. Esa sabiduría simple y fortalecedora fue el regalo que me dejaron las montañas. Y ese es el verdadero *Milagro en los Andes*».

Nunca he sido muy aficionado a los deportes y siempre me ha desagradado el negocio que se ha creado a sus expensas, transformando una competición en un espectáculo muchas veces insano, donde afloran las pasiones más destructivas, como el odio al rival. Sin embargo, leyendo los comentarios de Nando Parrado sobre el rugby he comprendido que la esencia del deporte no es el negocio, sino el afán de superación y el compañerismo.

Nando y dieciocho de los pasajeros del vuelo 571 de la Fuerza Aérea Uruguaya jugaban en el Old Christians, el equipo creado por los Iris Christian Brothers del colegio

Stella Maris, y se dirigían a Santiago de Chile para disputar un partido contra el Old Boys Club. «El juego del rugby no solo había dado forma a nuestra amistad —escribe Nando—, sino que también había moldeado nuestro carácter y nos había unido como hermanos». Los sacerdotes irlandeses utilizaban el rugby como herramienta pedagógica. Pensaban que el fútbol promovía el individualismo y la egolatría. En cambio, creían que el rugby, un deporte más rudo y tosco, fomentaba la humildad, el compañerismo y el desprendimiento. Una de sus primeras enseñanzas al instruir a sus alumnos es que tenían que proteger a los compañeros derribados por el adversario. El jugador caído debía saber y sentir que podía contar con el apoyo y el sacrificio de su equipo, siempre dispuesto a acudir en su ayuda a cualquier precio. El rugby no se basa en el trabajo de un solo jugador, sino en la suma de esfuerzos individuales. «No sabes dónde acaba tu fuerza y empiezan los esfuerzos de los demás —afirma Nando—. En cierto sentido ya no existes como ser humano aislado. Durante un breve instante, te olvidas de ti mismo y pasas a formar parte de algo más grande y poderoso de lo que tú podrías ser».

Dicho de otro modo, el rugby puede ser una experiencia de amor, pues se trasciende el yo para fundirse con algo más vasto y valioso, sin que eso implique rebajar la dignidad individual, como sucede en los regímenes totalitarios, donde se despersonaliza al sujeto para diluirlo en la masa. Nando y sus compañeros del Old Christians aplicaron las lecciones del rugby en la montaña. Bobby François, uno de los jugadores, no mostró ningún interés en sobrevivir, pero todos asumieron su cuidado, frotándole los pies y las manos para evitar que se congelaran y asegurándose de que se abrigara por las noches. «En las montañas, todos los muchachos formábamos parte de una familia y todos contribuíamos, de la forma que pudiéramos, a nuestra lucha común».

Ese trato se acabó extendiendo a todos los que se desmoronaban psicológicamente y dejaban de luchar para sobrevivir. Nadie hizo reproches ni manifestó desprecio por los más débiles. «Esos muchachos también combatían, aunque solo fuera en la oscuridad de sus propias batallas privadas —reflexiona Nando—. Sabíamos que era inútil pedir a nadie que hiciera más de lo que podía». La pérdida de tantos amigos y compañeros de viajes provocó que se valorara más cada vida. Nadie era insignificante o prescindible. Arturo Nogueira no se cansaba de repetir:

> Nuestras vidas tienen sentido. Nuestro sufrimiento no es vano. Incluso si nos quedamos aquí atrapados para siempre, podemos amar a nuestras familias y a Dios y a los demás mientras vivamos.

Nogueira murió, sí, pero la muerte, que en los Andes parecía más real que la vida, no logró restar valor a sus palabras. «El amor —escribe Nando— es nuestra única arma. Solo el amor puede convertir una simple vida en un milagro y extraer un valioso significado del sufrimiento y el miedo». Mientras recorría la cordillera con Canessa y contemplaba las montañas, Nando se preguntó por qué luchaba el ser humano por vivir cuando sabía que su vida apenas era un parpadeo en comparación con la duración de las montañas y que ni siquiera ellas se librarían de convertirse en polvo algún día. ¿Por qué luchar, sufrir y agotarse cuando sería más fácil rendirse, hundirse en las sombras y conocer la paz? Nando confiesa que no sabe cómo responder, pero yo creo que su libro revela lo contrario. Luchamos y sufrimos por amor. Sin amor y esperanza, Nando y Canessa no habrían caminado hacia los valles verdes de Chile exponiéndose al frío letal, los aludes y las caídas. A pesar del accidente y las penalidades, no se habían desvanecido los principios de amistad, lealtad, compasión y honor. «Nuestros cuerpos estaban cada vez más débiles, pero nuestra humanidad sobrevivía; no habíamos dejado que las montañas nos despojaran de nuestras almas».

Cuando Numa Turcatti afrontó la muerte, no permitió que la desesperación o la amargura contaminara sus últimos momentos: «He intentado llevar una buena vida. He intentado tratar bien a la gente. Espero que Dios lo tenga en cuenta. [...] Estoy en paz. Estoy preparado para lo que venga». El amor nos enseña a vivir y a morir. Y, lo que es más asombroso, nos permite ir más allá de nuestros límites biológicos, pues perdura en la memoria colectiva como una evidencia de la dignidad humana.

La triste historia de Dmitry Golovchenko y Sergei Nilov, alpinistas de élite premiados en dos ocasiones con el máximo galardón existente, los Piolets de Oro, es un ejemplo de la trascendencia del amor. Amigos y compañeros de cordada desde la juventud, se adentraron en agosto de 2023 en el Karakórum, una de las grandes cordilleras de Asia, con una longitud de unos 500 kilómetros. Con cinco cumbres de más de 8.000 metros, es la región del planeta con más glaciares fuera de las regiones polares. La intención de Golovchenko y Nilov era abrir una nueva ruta. Cuando se hallaban por encima de los 7.600 metros, una zona con graves riesgos para la vida humana por el riesgo de edema cerebral y pulmonar, se toparon con una minúscula cornisa de nieve que ampliaron a golpe de piolet para anclar en ella su tienda de campaña. Por la noche el temor a una caída hizo que trabajaran en mejorar su emplazamiento asegurando la tienda y tallando la cornisa para que fuera una plataforma más estable. Nilov, con aspecto de profesor universitario, con sus gafas plateadas y su barba de filósofo estoico, trabajaba en el exterior mientras Golovchenko permanecía en el interior ordenando sus pertrechos. De repente, la tienda se soltó de sus anclajes y se deslizó hacia abajo por un corredor de nieve. Golovchenko, que se había quitado el arnés de seguridad para moverse con más libertad, rodó con la tienda hasta estrellarse contra una arista y perder la vida. Nilov necesitó tres días para llegar hasta él. Envolvió su cuerpo en la tela de la tienda de campaña y juró que regresaría para recuperarlo, con la intención de que su familia pudiera enterrarlo en un cementerio y visitar su lápida.

El 17 de agosto de 2024 Nilov y otros dos alpinistas rusos volvieron a la cordillera del Karakórum para rescatar los restos de Golovchenko, pero su misión fracasó estrepitosamente. Cuando se hallaban en la zona baja de la montaña, un *serac* se desprendió y provocó una avalancha que mató a Nilov. Los otros dos alpinistas quedaron malheridos, pero seis alpinistas paquistaníes lograron salvarlos al cabo de tres días. Dmitry Golovchenko y Sergei Nilov no eran dos aventureros, sino dos alpinistas con valores similares a los de los jugadores del Old Christians: humildad, disciplina, capacidad de sacrificio y compañerismo.

En cierto sentido, luchar contra el cáncer se parece a subir una montaña. Piedad ha encabezado la escalada, pero yo no me he separado de su lado. Nos hemos ayudado mutuamente, pues sabíamos que solo así podríamos alcanzar la cima. Al igual que el alpinismo, el amor conyugal exige humildad, disciplina, capacidad de sacrificio y compañerismo. Humildad para saber que no existe la perfección. Ni en uno mismo ni en el otro. Hay que ser indulgente con las imperfecciones ajenas, pues las nuestras pueden representar una pesada carga para el que nos acompaña. Disciplina porque el amor es una tarea infinita, un vínculo que se construye día a día y no un arrebato efímero. Capacidad de sacrificio porque amar es cuidar, priorizar el bienestar del ser amado, no escatimar esfuerzos para aliviar sus momentos de aflicción o desaliento. Compañerismo porque amar es compartir y celebrar los éxitos de la pareja. El amor no transige con la envidia, la vanidad o el narcisismo. Quizá por estas exigencias fracasan tantos matrimonios. Para pisar la cumbre de un ocho mil hace falta corazón. Para amar, es aún más necesario, pero, además, hay que compartir un objetivo común. Lev Tolstói poseía un gran corazón, pero su matrimonio con Sofía Behrs se caracterizó por las peleas tempestuosas, las reconciliaciones histéricas y la incomprensión mutua. Sofía se opuso al deseo de entregar sus propiedades a los campesinos, pero copió el manuscrito de *Guerra y paz* hasta la insensatez, descifrando una caligrafía endiablada. Aficionada a la fotografía, nos ha legado más de mil placas de su marido y un *Diario* que relata las tensiones de Yásnaia Poliana, donde el espíritu de Tolstói se enfrentó a grandes dilemas morales. Sofía entendía la vocación literaria de su marido, pero cuando abrazó el anarquismo cristiano, reaccionó con perplejidad, desesperación y rabia.

Ya en 1859, dos años antes de casarse, Tolstói escribió un estudio sobre el matrimonio en forma de novela que tituló *La felicidad conyugal*. La obra nos muestra los previsibles conflictos de un matrimonio burgués entre Masha, una jovencita con el «síndrome de Madame Bovary», y Serguéi, un pequeño hacendado. Masha experimenta su enamoramiento como un estado de exaltación sin tregua, sin sospechar que las pasiones se aquietan con la rutina. En cambio, Serguéi es un hombre tranquilo, que ya ha superado las turbulencias del primer amor y contempla el matrimonio con serenidad, gracias a que ya ha cumplido los treinta y cinco. Tolstói no elabora una versión crítica o subversiva del matrimonio. De hecho, su punto de vista es bastante convencional. Que nadie espere encontrar entre estas páginas una perspectiva demoledora de los afectos burgueses, con sus convencionalismos, ritos e hipocresías. Por el contrario, Tolstói elogia las virtudes de la vida provinciana y no escatima su menosprecio hacia los ambientes mundanos de San Petersburgo. No esconde la pobreza de los campesinos, pero no se plantea su liberación y aún está muy lejos de su identificación con un cristianismo primitivo impregnado de anarquismo.

Es el Tolstói anterior a *Anna Karénina* y *Guerra y paz*, asqueado de la aristocracia y la bohemia militar, pero sin la madurez política y filosófica de los años posteriores. Sin embargo, la habilidad narrativa ya se ha desplegado con toda su fuerza y eficacia. Los personajes son increíblemente humanos y complejos, figuras trágicas que se perciben como algo cercano y con emociones susceptibles de universalizarse, logrando esa transferencia afectiva que convierte la ficción en una experiencia trascendente. Masha encarna esa insatisfacción que suele afectar a cualquier vida humana. Mientras experimenta felicidad, no puede eludir el sentimiento de culpabilidad y cuando los años le muestran el contraste entre nuestras fantasías y la realidad, solloza amargamente, resistiéndose a aceptar que nuestros deseos nunca se realizan por completo o simplemente se materializan como un esbozo fugaz.

Serguéi no se ha resignado a la infelicidad, pero sabe que la ternura es una meta más razonable que la pasión. Su mujer no aprecia su fortaleza interior, su estoicismo y discreta sabiduría, hasta que la posibilidad de un romance donde el apremio carnal disipa cualquier visión idealizada de una aventura extraconyugal le muestra que en los salones de San Petersburgo las emociones huyen de la sinceridad y se cobijan en lo banal. Masha comprende finalmente que la vida no es una novela, sino una lenta adaptación a lo posible. El realismo no es una concesión, sino un ejercicio de grandeza, pues la voluntad no se pone a prueba en el exceso, sino en lo ínfimo.

Lev Tolstói no es Fiódor Dostoyevski. Sus personajes no se debaten con espeluznantes demonios interiores. Es cierto que en *Guerra y paz* el dolor desborda a la esperanza, pero en *La felicidad conyugal* prevalece la convicción de que la dicha es posible, aunque nunca se manifiesta como éxtasis, sino como gratitud por lo vivido y tolerancia ante los desengaños. El adulterio no consumado de Masha se resuelve con una mezcla de indulgencia y confianza en el porvenir. El suicidio de Anna Karénina es inconcebible en esta novela breve, una pieza sencilla, pero de extraordinaria perfección formal. Tolstói conocía el alma humana, con sus llagas e imperfecciones. La edad le hizo adoptar una visión más sombría, sin desprenderse de un cristianismo evangélico, semejante al de Galdós. *La felicidad conyugal* no es un relato de otra época, sino una interpretación del matrimonio, donde no hay otro absoluto que la determinación de avanzar día a día, metro a metro, por la peliaguda ladera de lo cotidiano.

Creo que Piedad y yo hemos comenzado a salir del fuselaje. No ignoramos que la incertidumbre nos acompañará durante mucho tiempo, pero no es una carga más intolerable que la del resto de los mortales. La vida está sumida en la incertidumbre. El día siguiente siempre es incierto, pero también alberga promesas de plenitud y felicidad. La trágica experiencia de los supervivientes del accidente de los Andes me ha enseñado a valorar más cada instante.

Acabo de subir del jardín de mi casa. Ya estamos en otoño y mañana cumpliré sesenta y un años. El otoño es mi estación. Siempre me ha encantado esta época del año. El calor del verano ha quedado atrás y aún no ha llegado el frío. Hace unos días llovió, pero hoy, sábado, luce el sol. En el cielo hay nubes, pero la mayoría son blancas. Carecen de ese dramatismo de las nubes grises o casi negras. Nada presagia lluvia, pero se nota el frescor del agua caída. Hace un par de noches, con el jardín encharcado, apareció un sapito. Parecía una criatura encantada, con sus ojos protuberantes y su mirada solemne de ídolo pagano. Lo observé sin apenas moverme. No quería asustarlo. Por unos instantes tuve la impresión de haberme introducido en un relato fantástico y esperé a que el sapito hiciera algo extraordinario, pero después de unos minutos comprendí que lo extraordinario ya se había producido. Su presencia evidenciaba que cada minuto es un milagro. No hay dos instantes iguales. La realidad no es un cauce monótono, sino un río que se renueva sin cesar, alumbrando variaciones inauditas.

El sapito ya no está en mi jardín o quizá está escondido, esperando la noche. Ahora solo hay pájaros posados en las ramas de los árboles. La mayoría los plantamos hace veinte años y algunos han superado los diez metros de altura de la casa. El ser humano puede construir catedrales, fortalezas con torres o rascacielos, pero nunca podrá superar el vuelo de la naturaleza. Los árboles son gigantescos mástiles que ofrecen sus brazos a los pájaros. Estamos en octubre y en estas fechas los mirlos, visitantes habituales de mi jardín, ya han emigrado, y no se ven milanos sobrevolando la estepa. Sin embargo, hay gorriones, verderones y otros pájaros pequeños que alborotan en la copa de los árboles. Las hojas ya han comenzado a caerse y parecen oro viejo. Crujen bajo mis pisadas o se rompen silenciosamente. Aún queda mucho verde en lo alto, pero el amarillo alfombra el suelo de albero. Gracias a dos prunos, el rojo todavía no se ha desvanecido. No todos los árboles siguen el mismo ritmo. Un platanero joven ya está casi desnudo, pero otro mucho más grande conserva sus hojas.

Estoy rodeado de belleza y mi corazón lo agradece. Mi reto es lograr que la incertidumbre no arruine estos momentos. Los supervivientes del vuelo 571 de la Fuerza Aérea Uruguaya salían a tomar el sol cuando el tiempo se lo permitía y muchos experimentaban una extraña paz al contemplar la belleza de las montañas. No sé si estas páginas ayudarán a alguien. Ojalá. Yo siempre me sentiré en deuda con los testimonios y los libros de los dieciséis supervivientes de la tragedia de los Andes.

Roberto Canessa escribió un libro titulado *Tenía que sobrevivir.* Comienza con una elocuente analogía. Mientras examina a una mujer embarazada en su consulta de cardiología infantil, descubre que la niña sufre una grave anomalía en el corazón, pero gracias a los avances médicos podrá sobrevivir: «Les aguarda una sinuosa cordillera por delante, a la madre, la niña, el padre y los dos hermanos. Un largo periplo tan incierto como el que nosotros vivimos en la montaña». Canessa señala que las semejanzas entre lo que él y sus compañeros vivieron y el reto al que se enfrenta la familia de la niña con el corazón herido «son tantas que en ocasiones me abruman». A Piedad y a mí también nos espera una cordillera salpicada de peligros, pero intentaremos que el miedo y las inquietudes no nos impidan disfrutar de la belleza escondida en cada instante.

22
Amar a una sombra

> *serán ceniza, mas tendrá sentido;*
> *polvo serán, mas polvo enamorado.*
>
> Francisco de Quevedo,
> *Amor constante, más allá de la muerte*

¿Es posible amar a una sombra? ¿Podemos enamorarnos de un difunto, como le sucede a Eben Adams, el pintor imaginario interpretado por Joseph Cotten en *Jennie*, la hermosa película dirigida por William Dieterle y producida por el intenso y siempre excesivo David O. Selznick?

De joven, yo me enamoré de Marilyn Monroe y lamentaba que un océano de tiempo nos separara. No alentaba fantasías eróticas y tampoco pensaba en ella como posible pareja. Simplemente encarnaba un ideal. El ideal de una mujer frágil, desgraciada e incomprendida a la que me hubiera gustado escuchar y cuidar, mostrándole que yo no me acercaba a ella por su atractiva sensualidad, sino porque advertía el parentesco que nos unía, ese lazo invisible que comunica las vidas caracterizadas por la sensación de soledad, el deseo de ternura y una abrumadora inseguridad. Algo similar me ha sucedido de adulto con Vivien Leigh, otra mujer desdichada y hermosa. No se trata de un amor real, sino de una especie de ensoñación. Amamos algo lejano o inexistente, algo que podemos idealizar. Una ilusión inmutable que nos hace atisbar la eternidad, ese lugar misterioso donde no existen los estragos del tiempo ni las inevitables decepciones del mundo real.

Jennie se considera hoy un clásico, pero fue un fracaso comercial. Selznick se arruinó, perdió su estudio y su equipo de producción. A pesar de ese revés, productor y director eran conscientes de haber gestado una obra de enorme belleza visual, que se inscribía en la vieja tradición romántica, con su carga de fatalismo e imposibilidad. Buñuel opinaba que *Jennie* era un ejemplo de perfección formal, una de las diez películas más hermosas de la historia del cine. La peripecia de Eben Adams es la peripecia del artista que fracasa en la búsqueda de su estilo porque el amor aún no ha entrado en su vida encendiendo ese fuego indispensable para crear obras dignas de perdurar. Sus telas son mediocres, pero su vocación es sincera, hasta el extremo de soportar el acoso de una patrona dispuesta a desahuciarlo y a sobrevivir con el escaso dinero que le presta un amigo taxista (David Wayne). El frío del invierno de 1934, con su resistencia a ceder el paso a la primavera, produce el efecto de una naturaleza sincronizada con el espíritu de Adams. El pintor y la ciudad flotan en la melancolía, sin rendirse a la adversidad. Esa determinación es lo que seduce a la señorita Spinney (Ethel Barrymore), una mujer ya madura que dirige una galería de arte con su socio Matthews (Cecil Kellaway) y que, tras examinar su obra, le recuerda el conocido poema de Robert Browning sobre Rafael y Andrea del Sarto.

Andrea del Sarto dominaba la proporción, la anatomía, el color. Lo tenía todo y no tenía nada. Al igual que Eben Adams, no amaba su arte. Rafael podía equivocarse en la ejecución, pero sus obras siempre eran intensas y sinceras, porque él sí amaba su obra. El arte no necesita perfección formal, sino amor y nadie sabe más de amor que una solterona. Spinney le compra unas flores sin ningún valor artístico y lo anima a continuar su búsqueda. Eben se despide con una galantería: «Tiene unos ojos hermosos». No importa la edad. La belleza perdura siempre. Es intemporal. La señorita Spinney es el ejemplo de una vida sin amor (en el fondo, la situación de Jennie y Eben). La edad la separa de Eben, pero su amor hacia el joven pintor se manifiesta en cada encuentro. Es la mujer real que le aconseja en los momentos de inseguridad y lo tranquiliza asegurándole que la inspiración llegará. Es la mujer madura, acaso la madre, que impone el principio de realidad. Jennie y Spinney podrían ser la misma mujer. Ambas no pertenecen a este mundo, pues el azar o la adversidad les privaron de amor, y solo vive quien ama y es amado.

La primera aparición de Jennie se produce en Central Park, cerca de un banco que se convertirá en punto de encuentro. Se presenta como la hija de unos acróbatas del circo Hammerstein y habla del Káiser. Su forma de vestir se corresponde con la moda de principios de siglo. Eben apenas puede disimular su desconcierto. Jennie le pide que le muestre sus pinturas. Al contemplar la acuarela de Cape Cod, en Nueva Inglaterra, que había rechazado el señor Matthews, se estremece y reconoce que las aguas negras le infunden miedo. Empiezan a caminar y atraviesan un puente, casi una galería en penumbra, que insinúa un viaje en el tiempo. Mientras caminan, Jennie canta una triste melodía: «De dónde vengo, nadie lo sabe, adónde voy van todas las cosas, el viento sopla, el mar se mueve..., nadie lo sabe». Antes de separarse, Jennie le dice: «Deseo que esperes a que crezca para que estemos siempre juntos». Aún es una niña, pero cuando sea una mujer podrá amarlo y eso la convertirá en una mujer de carne y hueso. No ignora que es un fantasma y los fantasmas soportan una horrible soledad. Vivir sin ser amado es como no existir. Jennie desaparece por un camino tenuemente iluminado por una solitaria farola. El sentimiento de irrealidad se desvanece cuando Eben abre el paquete olvidado y descubre que hay una bufanda. La bufanda es el testimonio de una experiencia incompatible con el tiempo real.

Dieterle enfatiza la importancia de la vocación artística. La fatalidad del artista es que no puede hacer otra cosa y el fracaso no resta un ápice de valor a su esfuerzo. Eben concentra su talento en realizar un retrato de Jennie. Aún no la ama, pero el contacto con ella ha introducido en su vida una emoción desconocida. Eben y Jennie se reencontrarán una y otra vez. El tiempo no afecta al pintor, pero sí a la misteriosa niña.

Una noche, al llegar a su estudio, Eben descubre la puerta entreabierta y a Jennie en su interior. Ya no es una niña, sino una mujer. Eben solo necesita observarla para saber que la ama y que ella le corresponde. La mirada de Jennie está llena de luz y su vestido blanco ilumina aún más un rostro que se enciende al hablar de su amor hacia Eben. Este le muestra el lienzo reservado para su retrato y comienza la obra que representará su madurez artística.

Los encuentros y las separaciones se repiten. Matthews y la señorita Spinney manifiestan su admiración por el cuadro. Eben está satisfecho, pero intuye que el fin del retrato implicará la separación definitiva. Cuando Jennie posa por última vez, habla con Eben de su amor, de la distancia en el tiempo, del reencuentro tras el verano. Un primer plano de Jennie envuelta en una neblina irreal anticipa su tráfico final. La muerte se extiende por el estudio como un humo tenue, casi imperceptible. Jennie se queda dormida, inmóvil, con la cabeza inclinada hacia delante. Aunque Eben la despierta y la abraza con ternura, la muerte sigue presente, pero no es una muerte trágica, como la que muestra Hitchcock al final de *Vértigo,* cuando Scottie por fin supera su miedo a las alturas (o, mejor dicho, sus temores inconscientes), a costa de perder a Madeleine para siempre, sino una muerte que se interpone como un velo, manteniendo a los amantes en una zona indefinida, donde siguen de alguna manera juntos, incluso más unidos que en la vida real. Eben firma el cuadro, se besan y Jennie abandona el estudio inadvertidamente. Poco después comienza una tormenta.

Pasan los meses, llega el otoño y Eben, incapaz de olvidar, visita el convento donde estudió Jennie. Habla con la hermana María Mercedes (Lillian Gish), que recuerda su belleza espiritual, extraña, y le enseña sus cartas, donde expresa su temor de no hallar a nadie a quien amar, de no conocer la felicidad del amor correspondido. Le informa de que Jennie murió el 5 de octubre de 1920, ahogada en un lugar al que llaman el Faro del Fin del Mundo. Ante su desconcierto, le advierte que no es posible comprenderlo todo, pero Eben decide viajar hasta el Faro del Fin del Mundo y esperar a Jennie. Cuando se marcha, la hermana Mercedes se inclina ante una Virgen y empieza a rezar. Su figura se recorta contra la pared, pero su sombra no es la sombra inquietante y fatal que aparece en las últimas escenas de *Vértigo,* empujando a Madeleine al vacío, sino una sombra que manifiesta lo incomprensible.

Eben llega a Nueva Inglaterra y alquila un bote a un viejo lobo de mar. El marinero recuerda perfectamente a Jennie, pues también le alquiló una embarcación: «Había algo en ella que parecía venir de muy lejos». Evoca la enorme ola que hizo zozobrar el bote. Su violencia parecía inspirada por la cólera divina. Le aconseja que no se eche al mar, pues el viento anuncia una tormenta. Eben ignora el consejo y empieza a navegar de madrugada. El cielo se tiñe de verde, las nubes se agitan con violencia y comienzan los rayos. Aparece el faro, rodeado de escollos y azotado por un mar cada vez más furioso.

Eben desembarca con dificultad y entra en el faro. Sube por una escalera de caracol. Su perfecta estructura está muy lejos de la rudimentaria escalera de madera del campanario de *Vértigo*, pero en ambos casos su aparición se presta a una interpretación que vincula el erotismo con la muerte. Freud atribuía un simbolismo sexual a las escaleras que aparecen en los sueños. En las últimas secuencias de *Vértigo*, Scottie, iracundo y desengañado, no logrará superar sus inhibiciones hasta subir las escaleras del campanario. Al superar cada escalón, el deseo se libera de las represiones, pero completar el recorrido acarreará la pérdida del objeto amado. En el caso de Jennie, Eben realizará un trayecto inverso. No subirá, sino que descenderá, pero el resultado será el mismo.

Los amantes se encuentran, sin ignorar que será la última vez. La consumación implica la pérdida, pero la desolación de Scottie no es comparable a la de Eben. Jennie había muerto antes de tiempo. Necesitaba amar para conocer la vida. Eben era un artista mediocre porque aún no conocía el amor. El amor les ofrece una segunda oportunidad. Scottie solo ha superado una fobia, que encubría un aspecto de su sexualidad. Es más libre, pero no más feliz. Se ha cumplido un rito de paso y ahora tendrá que aceptar la necesidad de una dolorosa pérdida.

El verde de la tempestad se convierte en carmesí en las escenas finales de Jennie. Eben yace en una cama y a su lado se encuentra la señorita Spinney, que lo observa con ternura. La inquietud de Eben se desvanece cuando reconoce la bufanda que Jennie olvidó en Central Park. No ha soñado: Jennie no es una visión, sino una vivencia. Todo está bien. La inmortalidad está reservada a quienes aman hasta el extremo de renunciar a sí mismos.

Jennie es una historia de amor, pero sus personajes parecen condenados a la soledad. La cámara siempre se reserva un último plano donde el actor aparece solo, contemplando el paisaje desde una ventana o un banco. El cuadro de Eben devuelve a Jennie a su mundo. Al firmar su retrato, cierra una puerta. Jennie ha concluido su viaje. En esta película las ausencias casi siempre se producen bruscamente. La cámara escamotea el tránsito, las súbitas desapariciones de Jennie acentúan la impresión de transitar por un sueño. La luz se aclara o se oscurece, cae de forma vertical o dibuja un haz de rayos que penetran entre los rascacielos o los árboles de Central Park. La luz se percibe como algo físico: transida de frío o calor, estremecida de hastío o de júbilo, temblorosa o inmóvil. La luz que aparece en el claustro del convento en que estudia Jennie no parece de este mundo. Pese a estar muerta, el rostro de Jennie irradia luz, claridad. Su belleza recuerda la estética de los prerrafaelitas, a la hermosa Ofelia de John Everett Millais, exánime bajo las aguas.

Mi idilio con Vivien Leigh comenzó el invierno de 2023, cuando su belleza apareció como un faro en mitad de la tormenta. Mientras Piedad luchaba contra una neumonía bilateral en un hospital de Madrid y yo sobrellevaba como podía una bronquitis aguda, su rostro en la pantalla de un pequeño televisor me aportó el consuelo que no hallaba en el mundo real. Pasamos las Navidades en el hospital, pero una reposición de *Lo que el viento se llevó* inundó de luz y esperanza la habitación, recordándonos que había algo más allá del dolor, el miedo y el desaliento.

Vivien Leigh encarna esa belleza inmortal que Eben Adams aprecia en Jennie. Saber que la vida de la actriz fue breve e infortunada no me causa ninguna fascinación. Hace tiempo que vencí la seducción morbosa por lo trágico. Lo que me atrae de Vivien Leigh es su apariencia de perennidad. Sus ojos verdes parecen inmunes al tiempo. Despiden una luz mucho más real que la penumbra del hospital donde Piedad y yo pasamos las Navidades más tristes de nuestras vidas.

Esos días entendí a Eben Adams. Amar a un difunto no es una locura ni una forma de infidelidad a los vivos, sino una manera de volver a la niñez, cuando el tiempo no existía y todo parecía inmutable. Situamos el paraíso en el futuro, pero yo creo que se halla en un lugar intemporal, con la capacidad de recoger la totalidad de los instantes vividos. ¿Podemos asegurar que el amor se acaba cuando la muerte nos arrebata a los que amamos? «Parecerá que he muerto y no será verdad...», advierte el principito a Saint-Exupéry. Los adultos dirán que no es cierto, que la muerte es un final inapelable, que nos extinguimos sin remedio, pero el principito ya nos advirtió que los adultos no comprenden nada. Cuando Saint-Exupéry dibujó a los seis años un elefante engullido por una boa, los adultos confundieron la imagen con un sombrero y le aconsejaron que se dedicara a cosas verdaderamente serias, como la geografía, la historia, el cálculo, la gramática o la aritmética. Desalentado, el futuro escritor dejó la pintura y se hizo aviador. Viajó mucho, conoció mucha gente y muchos lugares, pero su opinión sobre los adultos no mejoró demasiado: «Las personas mayores no comprenden nada por sí solas y es agotador para los niños tener que darles siempre explicaciones».

El principito nos enseña que la distinción entre vida y muerte, ensoñación y realidad es una aberración de la mente adulta, incapaz de ver más allá de las apariencias. Donde un adulto solo ve una caja con agujeros, la mente creativa y abierta del principito reconoce un cordero que se tumba o levanta según su estado de ánimo.

No es casual que el principito haya caído del cielo. Su visión de la vida no se ha forjado a ras de tierra, sino desde las alturas. Los adultos no reconocen su sabiduría, pues solo se fijan en lo externo, como en el caso del astrónomo que descubrió el planeta del principito y al que nadie creyó hasta que alteró su indumentaria, cambiando el fez y las babuchas por una pajarita y unos zapatos de cordones.

Un adulto reacciona con indiferencia al oír hablar de una casa de ladrillos rojos con geranios en las ventanas y palomas en el tejado, pero si le mencionas que vale cien mil francos, exclama: «¡Qué hermosa es!». Los adultos se muestran escépticos con la posibilidad de que el principito diga la verdad al comentar: «Parecerá que he muerto y no será verdad...». Es una reacción previsible en aquellos que son incapaces de ver corderos a través de las cajas. Son como ese «Señor carmesí» que considera una pérdida de tiempo observar las estrellas o disfrutar del aroma de una flor.

Los adultos presumen de seriedad y se inflan de orgullo alardeando de su habilidad para sumar y restar, pero ignoran en qué consiste la verdadera felicidad. Algunos creen que la dicha se obtiene mediante el poder, la gloria, la ebriedad, el dinero, el trabajo o la erudición. Son caminos fallidos que solo producen insatisfacción y vacío. La auténtica dicha solo se consigue creando lazos, como explica el zorro que se encuentra con el principito. Cuando se forja un vínculo, todo adquiere sentido. Los pasos se convierten en música y los paisajes en dulces evocaciones. Los vínculos rescatan a los individuos del anonimato. El amor que siente el principito por su rosa hace que sea algo único en el cosmos.

Amar es poner nombre a las cosas y para amar no hace falta sumar o restar, sino abrir el corazón. «Lo esencial es invisible a los ojos», advierte el zorro al principito. Los ojos no pueden ver a los que nos dejaron un mal día, pero el corazón sí. De noche, no se ve ni se oye nada en el desierto, pero algo resplandece en el silencio. Es el misterio de la vida, que parpadea en la oscuridad, eclipsando el poder de la muerte.

Después de varios días, Saint-Exupéry advierte al principito que van a morir, pues están en el desierto y se les acaba el agua. La noticia no afecta demasiado al joven, que se considera afortunado porque ama a una rosa y ha tejido una relación de amistad con un zorro. Fatigado, el principito se duerme y Saint-Exupéry lo coge en brazos. Observa su frente pálida, sus ojos y su cabello dorado, pero sabe que esos rasgos no son lo esencial, sino su fidelidad a una flor, un sentimiento que no puede apreciarse a simple vista.

Los seres humanos cultivan cinco mil rosas en un mismo jardín, pero no se enamoran de ninguna porque no saben mirar con el corazón. Ven morir a un ser querido y no comprenden que en realidad parte hacia una estrella. Aparentemente, un rayo amarillo hiere mortalmente al principito, pero su cuerpo se desploma sin hacer ruido y, poco después, desaparece. Seis años después, Saint-Exupéry sigue esperando su regreso. El principito no ha muerto. Solo ha vuelto a su planeta para cuidar a su rosa y, desde allí, resplandece como una estrella y su risa desprende un sonido similar al de un cascabel.

No es un disparate amar a los que ya no están a nuestro lado o a una actriz de la época dorada de Hollywood, pues las cosas bellas y buenas perduran de una forma misteriosa, sin perder el contacto con los vivos.

La historia del principito siempre trae a mi memoria la historia de Descartes, el erizo que vivió en mi jardín durante ocho años. Durante uno de mis paseos por la estepa castellana, me interné en un pequeño barranco. Ese día, las nubes parecían brevas incendiadas en un cielo nazareno y un verde melancólico subía y bajaba por los valles, levemente ondulado por un viento frío. Al fondo del barranco, serpenteaba un arroyo, con fresnos, chopos y sauces muertos que se quemaron durante un incendio acaecido hacía una década. Los troncos ya no estaban carbonizados. Ahora exhibían una palidez fantasmal, casi de osario. Atisbé el agujero en un tronco y me pregunté si era el hogar de un búho, una lechuza o un autillo. Bella, una perrita fiel y afectuosa que a veces me acompañaba durante mis paseos, comenzó a ladrar junto al agujero. No cesaba de mover la cola y escarbar, pero el árbol —muerto y petrificado— era una barrera infranqueable para sus uñas. Intrigado, me aproximé y, no sin cierto miedo, exploré el tronco con la luz de un teléfono móvil. Descubrí un bulto de color marrón que bufaba lastimosamente. Parecía un erizo, pero muy pequeño. Me había cruzado muchas veces con ejemplares adultos, especialmente en las noches de verano, cuando la oscuridad marca el inicio de su travesía diaria para buscar alimento. Siempre me había sorprendido su tamaño y su ruidosa respiración, que raramente pasa desapercibida.

Es difícil no simpatizar con un erizo, con sus ojos negros, su vientre blanco y su morro afilado. Cuando levantan la cara, descubres una mirada curiosa y sin malicia. Schopenhauer explicó las relaciones humanas, empleando el símil de un grupo de erizos que combaten el frío, aproximándose unos a otros. Las púas les obligan a mantener cierta distancia, pero el calor que desprenden los cuerpos actúa como un imán. La metáfora no reproduce un comportamiento real, pues los erizos son solitarios, al igual que el filósofo alemán, cascarrabias notable y solterón empedernido. Sin embargo, la fábula expresa el miedo a la soledad y el temor de sufrir por un exceso de cercanía con los otros. El equilibrio es la solución, pero el justo medio representa la perfección y la perfección no es una meta humana, sino un sueño.

Pensé en alejarme, pero los gemidos me inspiraron lástima e introduje el brazo en el tronco. Noté las púas con la punta de los dedos, pero no se erizaron ni opusieron resistencia. Cuando al fin pude agarrarlo, el erizo se estiró en las palmas de mis manos, casi como si fuera a desmayarse. Siempre he convivido con animales y advertí que sufría un agudo cuadro de deshidratación: piel seca y arrugada, respiración agitada, fuertes latidos cardiacos, ojos hundidos, confusión. Era un cuadro de shock que reflejaba falta de flujo sanguíneo. Si lo dejaba allí, moriría en pocas horas. Lo envolví en mi gorro de lana y regresé a casa apresuradamente, mientras Bella ladraba sin parar.

Una deshidratación es reversible, si actúas con rapidez. Abrí la puerta del garaje y busqué el biberón que había utilizado para alimentar a Bella, abandonada con solo unos días de vida. No sé si es el síntoma de un incipiente síndrome de Diógenes, pero tiendo a conservar los objetos con cierto valor sentimental, por muy insignificantes que sean.

Cuando recogí a Bella, el veterinario me advirtió que sus posibilidades de sobrevivir eran escasas y que solo se salvaría alimentándola cada dos horas, lo cual me obligó a interrumpir mi sueño durante semanas con un despertador y a utilizar como guardería el departamento del instituto donde impartía Filosofía aprovechando los huecos entre clase y clase para darle el biberón. Si no hubiera obrado de ese modo, Bella habría muerto de hipoglucemia. El director del centro y el inspector de zona eran buenas personas y no pusieron ningún inconveniente. Los padres no se molestaron y los alumnos me ayudaron encantados. Bella salió adelante, pero ahora me enfrentaba a un nuevo reto y ya no se trataba de un perro, sino de un erizo. El destino y mis manías se habían aliado para salvar al biberón de su previsible condena al cubo de la basura. Era una buena señal.

El pequeño erizo colaboró desde el principio, mordisqueando el chupete. Dos días más tarde, se hallaba totalmente recuperado y se paseaba por la cocina, buscando algo que comer. Bella aceptó su presencia, sin molestarle, salvo para intentar jugar, algo que nunca consiguió. El veterinario me dijo que podía alimentarlo con pienso de gato pequeño, pero me advirtió que era un animal salvaje y que la ley prohibía conservarlo como mascota. El erizo aceptó el pienso encantado. En menos de una semana, su volumen y su peso se habían incrementado notablemente.

Lo saqué al jardín y le abrí la puerta invitándole a regresar a la naturaleza, pero no mostraba ningún interés por alejarse. No sin mala conciencia, lo llevé al campo y lo dejé en libertad, pero a las pocas horas lo encontré de nuevo en el jardín. Había empujado una precaria alambrada con el hocico, levantándola unos centímetros. Era un hueco insignificante, pero suficiente para su cuerpo elástico y menudo. Bella ladraba encantada, con la alegría del que recupera a un amigo. A los pocos minutos, el erizo comía otra vez pienso de gato.

Me acosté y por la mañana comprobé que seguía en el jardín. Con unas hojas y unas ramas, se había construido una especie de nido y dormía tranquilamente, roncando a pierna suelta. Compré un bebedero para conejos y lo sujeté en la pared de la casa con un clavo. El erizo aprendió a usarlo enseguida, demostrando una inteligencia despierta y un agudo sentido de la supervivencia.

Pasaron las semanas y, salvo algunas escapadas, se pasaba la mayor parte del tiempo en mi jardín. De día, dormía; de noche, husmeaba por los rincones y se comía su ración de pienso. Hablé con el padre de un alumno, que era guardia civil, y le expliqué la situación. Se rio y me comentó que debería avisar a Seprona, pero me aclaró que yo no retenía al erizo, por lo cual no me podían acusar de mantener en cautividad a un animal salvaje.

—Tienes un okupa en tu jardín —comentó, divertido—. A ver qué haces.

No hice nada. Cuando llegó el invierno, compré una caseta para perros y coloqué hojas secas en su interior. El erizo entendió que era el lugar idóneo para hibernar y se enterró entre las hojas, iniciando su periodo de letargo. Durante ocho años, comió, paseó, dormitó e hibernó en mi jardín. Comía de mi mano, aceptaba mis caricias, y si me sentaba a su lado, trepaba por mis rodillas, alzando el hocico para mirarme a los ojos. Yo pensaba en el zorro domesticado de *El principito*, explicándole al joven de pelo rubio y ojos soñadores que domesticar significaba en realidad «crear vínculos». «Si tú me domesticas —explicaba el zorro—, tú serás para mí único en el mundo, yo seré para ti único en el mundo... Si tú me domesticas, mi vida estará llena de sol».

Cuando entendí que el erizo no se marcharía de mi jardín, salvo para breves excursiones en época de celo, decidí ponerle un nombre. Era un macho y Descartes me pareció una buena opción.

Hegel escribió: «La lechuza de Minerva inicia su vuelo al caer el crepúsculo». Desde entonces, la lechuza es el animal emblemático de la filosofía, pero yo creo que el erizo, solitario y ensimismado, dubitativo y profundo, expresa mejor el espíritu filosófico. Me atrevería a decir que el erizo es un ermitaño, aficionado a la contemplación y al silencio.

Hace casi nueve años, Descartes hibernó al llegar el invierno, pero por causas que desconozco abandonó la caseta a los pocos días, se ovilló al pie de una acacia y se le paró el corazón. No pude reprimir las lágrimas al contemplar su cuerpo inerte. Enterré a Descartes al pie de la acacia y, a la primavera siguiente, sus flores brotaron más blancas y más luminosas. De vez en cuando, me acerco al barranco donde encontré a Descartes.

Durante las noches de verano, las estrellas tiemblan en lo alto, como hojas agitadas por el viento, y pienso que Descartes se encuentra en una de ellas, no muy lejos del planeta del principito.

Algunos darán un respingo al escuchar esto, esbozando una mueca de escepticismo. Su incomprensión me recuerda a doña Domitila, que no aceptó a Platero en la escuela, alegando que no sabía nada de gramática ni de aritmética. Es cierto, pero el problema no era de Platero, «el borriquillo niño que también entendía a los niños», sino de la maestra, que «se había dejado secar el corazón y no sabía nada de ternura, ni de amistad». Sé que Francisco, juglar de Dios, le habría abierto la puerta —del aula y del cielo— a Platero, a Descartes, al zorro de *El principito* y a todos los que son capaces de «crear vínculos», pues donde hay amor, hay sabiduría.

23

Amor a Dios

Adonde no hay amor, pon amor y sacarás amor.

San Juan de la Cruz

Vivimos en una época posreligiosa, pero la inquietud espiritual perdura. De hecho, muchos occidentales buscan en el budismo, el taoísmo y otras religiones orientales las respuestas que no hallan en su propia tradición cultural. El ateísmo no invita necesariamente a la desesperación, pero en algunos casos desemboca en el nihilismo.

Al filósofo rumano Emil Cioran el contraste entre la vastedad del universo y la insignificancia del hombre le resultaba insoportable. La existencia individual le parecía irrisoria desde la perspectiva del tiempo y el espacio. Apenas una nadería, una brizna ínfima en mitad de un vendaval colosal. Un breve parpadeo abocado a borrarse sin dejar huella. Dostoyevski, que no soportaba esa perspectiva, confesó que escribía para dialogar con Dios. Su fe no es fruto de la tradición o la reflexión, sino de experiencias sumamente dramáticas. Deportado a Siberia por asistir a las reuniones de unos conspiradores, pasó cuatro años en inmundos barracones, soportando unas condiciones de vida infernales. Cuando ya había perdido la esperanza, y su carne, martirizada por el hambre y el frío, temblaba bajo unos harapos, una niña huérfana se acercó a él en el andén de una estación de tren y le entregó unas pocas monedas. Mirándolo a los ojos, solo dijo: «En nombre de Cristo». Ese gesto devolvió la esperanza al escritor y lo empujó a releer el Evangelio, transformándolo en un hombre nuevo. Al recuperar la libertad, ya no creía en una revolución política, sino espiritual. «Si al hombre se le priva de lo infinitamente grande —escribió en *Los demonios*—, se negará a seguir viviendo y morirá desesperado. Lo infinito y lo eterno le son tan necesarios como este pequeño planeta en que habita».

Amar a Dios puede ser una forma de intensificar los lazos con la vida, pero también una manera de crear distancias insalvables entre los seres humanos y frustrar los afectos reales. Es lo que le sucede a la tía Tula, el famoso personaje de Miguel de Unamuno. Desde joven, Gertrudis, más tarde la tía Tula, solo desea emular el amor a Dios que descubre en las páginas de Teresa de Jesús. Desde su punto de vista, el amor a Dios y el amor de Dios convergen en la figura de la madre. La Virgen María no es un personaje secundario, sino el pilar de la fe, pues Dios es padre, sí, pero sobre todo es madre. Amar a Dios significa estar al pie de la cruz, atender a los hijos y a los enfermos, permanecer en vela junto al lecho de los moribundos. Ese amor imita el amor de Dios, que acepta la humillación, la servidumbre y el desamparo para no abandonar al hombre a su suerte, condenándolo a ser esclavo de su finitud. La tía Tula lee con devoción a Santa Teresa, pero en su temperamento altruista y visionario también se reconoce la huella de don Quijote, dispuesto a renunciar a todo para servir a sus ideales.

En un prólogo atípico, Unamuno señala que no pensó en la reformadora del Carmelo ni en el hidalgo de la Mancha cuando escribió su novela, pero ya no puede desligar a su personaje de esas dos figuras. Aunque una pertenece al mundo real y otra al de la ficción, las dos despuntan por cualidades —y anomalías— que se repiten en la tía Tula: espíritu de entrega y sacrificio, hambre de absoluto, anhelo de trascendencia, fervor utópico, subjetividad exacerbada, intransigencia con la mediocridad, incapacidad para convivir con los límites objetivos del mundo real, fantasía desbocada, rigorismo moral, desdén por lo mundano y material, escasa indulgencia con las debilidades ajenas, reticencia al cambio y al progreso, represión de las pasiones reales, carnales.

Gertrudis tiene «unos ojazos de luto que se le meten a uno en el corazón». Su mirada cautiva y sobrecoge, desprendiendo autoridad y profundidad. Su hermana Rosa no se parece a ella. Apocada, dulce y acomodaticia, no se atreve a dar un paso sin el beneplácito de su hermana. Huérfanas de padre y madre, Gertrudis y Rosa viven con don Primitivo, su tío, un sacerdote de carácter bondadoso, pero débil y de escasas luces. Cuando Ramiro, un joven atractivo y de temperamento pusilánime, empieza a rondar a las hermanas, Gertrudis decide enseguida que se desposará con Rosa, acordando un matrimonio que los dos cónyuges acatan como un sacramento, más preocupados por complacer a su artífice que de alcanzar una felicidad auténtica y sincera.

Cuando la unión produce el primer fruto, un niño al que bautizan con el nombre de Ramiro, Gertrudis se convierte definitivamente en la tía Tula. Durante el parto Tula ayuda al médico y atiende a su hermana, que está a punto de perder la vida. Cuando don Primitivo halaga su conducta, Tula responde: «Toda mujer nace madre». Desde un principio, asume la educación del niño, determinada a ocultar a su incipiente conciencia «el amor del que había brotado». Para espantar hasta «las más leves y remotas señales» de la pasión, cuelga de su cuello «una medalla de la Santísima Virgen; de la Virgen Madre, con su Niño en brazos».

Cuando Miguel de Unamuno se casó con su mujer Concha Lizárraga, confesó que llegaba intacto al lecho nupcial. Es una confesión insólita en un hombre de su época. Unamuno detestaba el donjuanismo y encomiaba la castidad. Su vocación era ser padre e hijo. Padre de una numerosa prole —tuvo nueve vástagos— e hijo de su esposa, a la que atribuía el papel de Madre. Su odio a la lujuria y a cualquier forma de concupiscencia se proyecta en la figura de la tía Tula, pero no de una forma apologética, sino despiadadamente autocrítica. Tras la muerte de don Primitivo, cuya «voz sola era un consejo de serenidad amorosa», Tula refuerza su papel como madre, trasladándose a casa de su hermana Rosa, donde ejerce una autoridad maternal que nadie se atreve a cuestionar.

Gertrudis es «todo alma» o, al menos, esa es la imagen que intenta propagar de sí misma, pero eso no obstaculizará que su cuñado Ramiro fantasee con ella, especialmente después de la prematura muerte de Rosa, que

> vivía con el corazón en la mano y extendía esta en género de oferta, y con las entrañas espirituales al aire del mundo, entregada por entero al cuidado del momento, como viven las rosas del campo y las alondras del cielo. Y era a la vez el espíritu de Rosa como un reflejo del de su hermana, como el agua corriente al sol de que aquel era manantial cerrado.

El agua corriente posee un indudable atractivo, pero el sol deslumbra, hipnotiza... y quema. Rosa tenía algo de «planta en la silenciosa mansedumbre, en la callada tarea de beber y atesorar luz con los ojos y derramarla luego convertida en paz». En cambio, Tula no irradia mansedumbre ni paz, sino una callada —y casi siempre inadvertida, incluso para ella misma— desesperación romántica. Su afán de pureza nace de una inconsciente búsqueda de lo absoluto que no transige con la tibieza o la indolencia.

Ramiro, que ya había experimentado durante su noviazgo con Rosa la seducción de un espíritu tan abrasador como el de Teresa de Jesús, sucumbe a un enamoramiento con tintes de obsesión y le pide a su cuñada que ocupe el lugar de su hermana. Ramiro especula con que el amor se parece a la oración. No es algo que se pueda hacer a horas fijas, conforme a un canon o costumbre, sino una forma de entrega sin límites. «Es un modo de hacerlo todo votivamente, con toda el alma y viviendo en Dios». Al contemplar a su mujer alumbrando a su primer hijo, comprende «cómo es el amor más fuerte que la vida y que la muerte y que domina la discordia de estas; cómo el amor hace morirse a la vida y vivir a la muerte». El amor es «carne que vive».

Para Unamuno, para la tía Tula, incluso para Ramiro, cobarde e inseguro, el amor solo muestra su trascendencia al producir vida. Rosa muere con «una pregunta desesperada y suprema en la mirada» sobre el sentido de la existencia. A pesar de su mente apocada, Ramiro barrunta que la mujer no puede morir, que Rosa sigue viva en él y en sus hijos, que forma parte de una cadena, gracias a la cual la muerte palidece y retrocede. Sin embargo, nota que no es suficiente, que la vida, además de continuidad, exige pasión, pero Gertrudis, que no le permite llamarla Tula, no está dispuesta a complacer su deseo de convertirla en su esposa. Se considera la madre de sus hijos y la madre de Ramiro, pero rechaza violentamente la llamada del placer. Se siente muy satisfecha de proporcionar a los hijos de su hermana Rosa «un lugar limpio, castísimo», sin puertas cerradas ni misterios. Ramiro le suplica que cambie de opinión, que se case con él. Gertrudis abre una puerta y fija un plazo de un año para tomar una decisión. Piensa que «el oficio de la mujer es hacer hombres y mujeres», nota el pálpito de la vida en sus entrañas, pero su maternidad es espiritual, no fruto de la carne. Además, no quiere ser madrastra de sus sobrinos, sino madre, y si engendrara hijos propios, quizá los querría más que a los de su hermana y esa posibilidad le resulta inaceptable.

Durante unas breves vacaciones en un pueblecito de montaña cerca de la costa, Tula descubre que el campo enciende los sentidos. Por el contrario, el mar transmite pureza e invita a la virtud. Cuando finalizan las vacaciones, celebra su regreso al paisaje urbano: «En la ciudad estaba su convento, su hogar, y en él su celda». Gertrudis no es una fanática. Conoce la duda y a veces se pregunta si su actitud no es inhumana. Se pregunta si no actúa como un armiño, que deja a su compañero ahogarse en un lodazal por no mancharse.

Ramiro no soporta la situación y acaba enredándose con Manuela, una pobre hospiciana que trabaja en la casa como criada. Cuando la muchacha se queda embarazada, la tía Tula lo obliga a casarse con ella, pese a las diferencias de clase, comunicándole que será la madre de la criatura y de los niños que vengan. «Eres una santa —comenta Ramiro—; pero una santa que ha hecho pecadores». Inesperadamente, Ramiro enferma de pulmonía y muere. Deja cinco hijos: tres de su matrimonio con Rosa y dos de sus segundas nupcias.

Su muerte afecta terriblemente a la tía Tula, que había soportado con entereza la de Rosa y la de su tío el cura. La pérdida de Ramiro devasta el centro de su alma. Su conciencia y su instinto natural la empujan a cuidar de los cinco huérfanos, sus hijos, sí, pero quizá los hijos de su pecado. Aunque cree firmemente en Dios, se plantea si el cristianismo no es solo una religión de hombres, con el Padre, el Hijo y el Espíritu Santo ocupando el altar principal. Siempre ha sentido rechazo por el hombre, siempre ha visto en él al bruto, al ser impetuoso y ciego que solo se preocupa de aplacar sus apetitos. Tula piensa que el personaje más importante del Evangelio no es Cristo, sino la Santísima Virgen. Esa Madre desairada por Jesús en las bodas de Caná. La Virgen y no la Santísima Trinidad debería ser el centro de la revelación, pues solo una mujer puede salvar al ser humano de su desamparo existencial.

La «virginidad maternal» de la tía Tula convive con un «culto místico a la limpieza». La muerte no le resulta tan perturbadora como una mancha, aunque proceda de algunos de sus hijos. Cuando Manuela, la última hija de Ramiro, vomita y mancha unas sábanas, no puede reprimir el asco, pero le horroriza aún más pensar que en sus entrañas maternales no late el amor a la verdad, sino una dudosa pureza que ha sembrado la desgracia entre sus seres queridos. Esa pasión por la pureza explica su afición a la geometría, que surgirá al ayudar a sus hijos —en realidad, sobrinos— a estudiar matemáticas. La anatomía y la fisiología le parecen porquerías. Por el contrario, los poliedros invocan la luz, la perfección de lo abstracto y etéreo. Se parecen al mar y al sol, que resplandecen limpiamente.

De nada sirven estas especulaciones, pues en el fondo de su conciencia Tula sospecha que sus desvelos no nacen del cariño, sino de la soberbia. A veces se pregunta si no ha caminado por el mundo de puntillas, esquivando la vida real, con sus pasiones y riesgos. Cuando su salud empieza a declinar, exclama que se ha pasado la vida soñando, no amando. Para ella, su hermana, sus sobrinos, su cuñado solo han sido objetos que le han permitido realizar su fantasía de una maternidad virginal: «¡Muñecos todos!». Si hubiera amado de verdad, se habría arrojado al fango, al albañal, sin miedo a mancharse. Piensa que no verá el cielo, al menos de forma inmediata, pues su lugar es el purgatorio, donde expían sus culpas «los que no quisieron lavarse con fango». Poco antes de expirar, musita un consejo que resume su amarga experiencia de la vida: «No tengáis miedo a la podredumbre... Rogad por mí, y que la Virgen me perdone».

La tía Tula refleja una época que ha quedado atrás. En una sociedad secularizada, las fantasías de pureza son casi inexistentes. La idea de una virginidad maternal resulta tan extravagante como anacrónica. Sin embargo, la novela no ha perdido su fuerza ni su capacidad de emocionar. Unamuno plantea preguntas que quizá ya no son tan acuciantes, pero que perviven en la conciencia colectiva: ¿qué es el amor?, ¿qué sabemos de nuestros verdaderos deseos?, ¿es mejor reprimir o liberar las pasiones?, ¿nos atemoriza ser felices?, ¿nos hace más vulnerables la sinceridad?, ¿cómo vivir para los otros sin descuidar nuestras necesidades? Pese a que los valores hayan experimentado notables cambios, aún persiste el conflicto que crea la pretensión de realizar un ideal. Tula sacrifica su vida a un ideal, pero, como suele suceder en estos casos, su sacrificio arrastra a otros y crea un sufrimiento que pone en tela de juicio la moralidad de los principios invocados.

El amor a Dios de la tía Tula conduce a la inhumanidad, es decir, a la falta de amor. El ideal de pureza solo abre abismos. Confina a las personas en campanas de cristal. Cierra puertas y ventanas. La tía Tula habla de la necesidad de mancharse, de bajar al fango. No debemos interpretar esta expresión como una invitación al frenesí más turbio, sino como una exhortación al compromiso. Gabriel Celaya escribió: «Maldigo la poesía de quien no toma partido hasta mancharse». El amor a Dios solo es fructífero cuando se convierte en compromiso con el otro, cuando se mancha con el barro de la vida, cuando toma partido por el que sufre y deambula por las periferias más baldías. El amor a Dios no se complace en la geometría, sino en el tacto de la piel. No se deja seducir por las formas puras, sino por el calor que desprenden los cuerpos heridos, siempre hambrientos de un abrazo.

Así lo entiende Jorge Dompablo, responsable de Nuestra Señora de la Guía, una pequeña y austera parroquia situada en la colonia de San Cristóbal, un barrio obrero de Madrid que por azar ha quedado atrapado en los altos de la Castellana. Atrapado porque las ochocientas viviendas construidas a finales de los cincuenta para alojar a empleados de la Empresa Municipal de Transportes (EMT) ahora son una codiciada pieza para la especulación inmobiliaria, que sueña con derribar los viejos bloques para construir edificios de lujo en una de las zonas más exclusivas de Madrid. Durante los sesenta y setenta, había misas en la calle y se organizaba una procesión los días en que se celebraban comuniones. También había fiestas populares e infinidad de niños jugando en las calles. Los habitantes del barrio disfrutaban de un campo de fútbol y una piscina municipal. Se llegó a decir que aquel lugar privilegiado era «la Moraleja de los pobres». Hoy, San Cristóbal es una estampa anacrónica, una especie de fotografía congelada donde aún pervive un viejo logo de Pepsi en un pequeño, ruidoso y entrañable bar.

Los jóvenes se marcharon del barrio y los mayores que aún continúan en sus hogares disfrutan de una renta anual tres veces inferior a la de sus vecinos.

La iglesia de Nuestra Señora de la Guía es un pequeño edificio de ladrillo visto. Cerca de su entrada, hay un crucifijo forjado con los hierros de un viejo autobús de la EMT. Es una sencilla cruz de hierro de unos tres metros de altura que antes se encontraba en las cocheras. La parroquia se completa con un local que se utiliza para celebrar comidas y encuentros. Jorge Dompablo es el párroco. Sacerdote diocesano desde hace más de treinta años, convive con cerca de una veintena de inmigrantes subsaharianos. Antes compartía la vivienda con drogodependientes. Jorge siempre sonríe. Recibe a los que asisten a la parroquia en la puerta, dejando bien claro que allí no hay barreras ni discriminaciones. Busca la cercanía y el contacto físico. El corazón humano se ilumina cuando nota que el otro no es algo lejano, sino una presencia que se puede palpar. Imagino que Jesús abrazaba y besaba a sus discípulos. Y que desechaba la idea de que la mujer debía estar subordinada al varón, ocupando siempre un segundo plano. Jorge ha concedido un enorme protagonismo a las mujeres en su parroquia. Los inmigrantes también ocupan un lugar destacado en Nuestra Señora de la Guía. Están en las paredes y cerca del altar. En fotografías que recogen su lucha cotidiana en las fronteras, sufriendo lo inimaginable: vallas con cuchillas concebidas para desgarrar la carne, altos muros que convierten los países prósperos en fortalezas inexpugnables, mares inhóspitos donde se ahogan las ilusiones y, no pocas veces, se extinguen las vidas. La sociedad no quiere saber nada de su sufrimiento. Se niega a tender la mano al que pide su auxilio. No es el caso de Jorge, que vive para los otros. Su vocación le ha revelado que Dios solo es una abstracción vacía cuando se desliga del hombre herido y hambriento de afecto.

Jorge creció en un barrio devastado por la droga y con graves problemas de delincuencia. Mientras estudiaba en el seminario, descubrió que el papel de los sacerdotes no se agotaba en la liturgia. Una parroquia debe ser una casa con las puertas y las ventanas abiertas. Un hogar y no un simple lugar de paso. Un espacio que permite echar raíces y crecer. No llegué a Nuestra Señora de la Guía invitado por Jorge, sino por mi querido amigo Fernando Rivas Rebaque. Fernando es el segundo sacerdote de Nuestra Señora de la Guía. Profesor universitario especializado en el siglo II, editor inquieto y fecundo ensayista, nos pusimos en contacto gracias a una pasión común: Gabriel Miró. Nuestro punto de encuentro no pudo ser más prosaico: las redes sociales. Normalmente, estos contactos suelen desembocar en fiascos, pero, afortunadamente, no ha sido nuestro caso.

Fernando me ha ayudado a vivir la fe como una experiencia de libertad. El cristianismo es una llamada a la madurez, no una incitación a la servidumbre infantil. Podemos buscar a Dios en nuestro interior, pero sabemos que el recogimiento solo es una etapa. La plenitud de la fe solo se alcanza al experimentar amor hacia nuestros semejantes. Debo a Gabriel Miró muchas cosas. Muchas horas de felicidad, leyendo sus obras, donde he aprendido a contemplar el paisaje como algo vivo y cambiante, y no como un fondo estático y lejano. Una pedagogía de la mirada que me ha revelado el esplendor de la naturaleza y la profundidad de lo humano. Ahora también le debo mi amistad con Fernando. Gabriel Miró ha sido el puente que nos ha reunido y que quizá nos tutela, con esa sensibilidad franciscana que circula por las páginas de sus libros.

José Antonio Fernández Revuelta es el tercer sacerdote de la parroquia. Desgraciadamente, falleció hace poco. Poseía las mismas cualidades que sus compañeros: cercanía, generosidad, humildad, inteligencia. Piedad, mi mujer, y yo disfrutábamos mucho con sus homilías. No eran sermones, sino reflexiones poéticas con un aire profético. Profético no porque anticiparan acontecimientos, sino porque mantenían vivas y actualizaban las promesas de Dios. Sus interpretaciones del Evangelio siempre eran esclarecedoras. Hablando de la estrella que sirvió de guía a los sabios de Oriente, nos recordaban que esa luz no proviene del firmamento, sino del Niño, que irradia su amor a toda la humanidad.

He enumerado a los sacerdotes, creando una falsa impresión de jerarquía. Las misas no respetan el formato tradicional de la liturgia. Nadie se levanta ni arrodilla. Después de la lectura del Evangelio, habla uno de los sacerdotes y, después, interviene quien quiere. La palabra está a disposición de todos. No se celebran confesiones y, por tanto, no se imponen penitencias. Una vez al mes, se organiza una comida y los jóvenes africanos que viven con Jorge, casi todos musulmanes, participan en todas las actividades, misa incluida. La comunidad desempeña un papel fundamental. No es un simple aglomerado de personas, sino algo vivo y dinámico, con rostros y voces que manifiestan su forma de vivir la fe. Nuestra Señora de la Guía es un faro de esperanza y un espacio de encuentro. Creo que encarna ese espíritu renovador y fraterno que el papa Francisco intenta promover, pese a la resistencia de los que desconfían del mundo moderno.

Johann Baptist Metz, uno de los teólogos católicos más importantes del siglo XX, afirma que amar al otro conlleva afrontar los grandes problemas de la existencia: ¿cómo se explica el dolor del mundo? ¿Qué clase de relación mantiene Dios con la naturaleza y la historia? ¿Es legítimo adoptar un individualismo que aparta al hombre de su dimensión comunitaria? ¿Qué clase de ética podemos postular después de la catástrofe de Auschwitz? Metz no respondió con dogmas, sino con palabras rebosantes de vida y sentido. Su meta principal es poner rostro a las víctimas, salvarlas del olvido y recordarnos que Dios es amor porque es solidario con el sufrimiento humano. De hecho, Metz no sitúa a Dios fuera del mundo, sino dentro, expuesto a toda clase de escarnios y agravios. Pascal, que lo entendió perfectamente, afirma que Jesús estará en la cruz hasta el final de los tiempos. Dios no consintió la infamia de Auschwitz, sino que la soportó como una víctima más. Su presencia en los crematorios no es un hecho empírico, sino la garantía de que la injusticia no es lo último y definitivo.

«La mirada primigenia de Jesús no se dirige al pecado, sino al sufrimiento de los hombres», advierte Metz. La simpatía divina implica «una mística práctica de la compasión». La doctrina cristiana hizo un énfasis desmedido en el pecado, eclipsando la sensibilidad bíblica por el dolor de los demás. Se ha pasado por alto que la justicia divina es compasiva. No ilimitadamente compasiva, pero esencialmente misericordiosa. Metz niega que todo sea redimible. Si fuera así, se suprimiría la responsabilidad histórica y moral de los que concibieron Auschwitz y el gulag y trituraron millones de vidas inocentes. No es posible resignarse a las injusticias, al menos desde un punto de vista cristiano: «No existe dolor en el mundo que no nos afecte e interpele a todos». Pensar en la muerte propia como problema fundamental no se compadece con la escatología cristiana: «La matriz de la esperanza cristiana no es el tiempo de la propia vida, sino también, e ineludiblemente, el tiempo de los demás [...], la muerte de los demás mantiene despierta la inquietud del final de los tiempos en nuestros corazones».

La médula del cristianismo es el amor a los otros. Amar a los otros es la única forma posible de amar a Dios. Y el amor no se circunscribe tan solo a nuestra especie. Nuestra responsabilidad moral se extiende a los animales, habitualmente menospreciados y cosificados por la teología:

> Espero que el antropocentrismo cristiano perciba lo antes —y más consecuentemente— posible que el mundo de los hombres no existe, para empezar, sin el mundo de los animales, y que por tanto los animales, al menos en la medida en que pertenecen al mundo de los hombres, también tienen un futuro paradisíaco.

Metz propone una «mística de los ojos abiertos» que nos incita a estar despiertos, a no relajarnos, a pensar en el dolor ajeno: «Nuestro amor a Dios se expresa y consuma en nuestro trato con los otros, en nuestro encuentro con ellos». El cristianismo no debe ser la religión del bienestar, sino la última esperanza de los humillados y ofendidos. El pastor protestante y teólogo luterano Dietrich Bonhoeffer también concibe el amor a Dios como un compromiso con los excluidos y perseguidos. Apenas Hitler llega al poder, Bonhoeffer acude a la radio y declara que el culto a la personalidad de un líder político es una forma de idolatría. Los que exigen ese tributo son simples embaucadores. La emisora interrumpe bruscamente la emisión por miedo a las represalias. En abril participa en Berlín en un ciclo de conferencias de pastores luteranos incitando a la resistencia intelectual contra la recién nacida dictadura. Participa en la creación de la Iglesia confesante, con Martin Niemöller, Karl Barth y Gustav Heinemann. La Iglesia confesante se pronuncia contra las «doctrinas falsas» que pretenden usurpar el lugar de Dios y además incumplen la obligación de promover la paz, la justicia y el bienestar. En 1935 Bonhoeffer viaja a Londres con el propósito de movilizar a las Iglesias reformadas contra el hitlerismo. Vuelve a Alemania ese mismo año, reclamado por Barth para formar a los nuevos pastores de la Iglesia confesante en un seminario clandestino ubicado en Finkenwalde (Pomerania). El seminario es rápidamente clausurado y prohíben a Bonhoeffer enseñar, predicar y hablar en público.

En 1939 acepta la invitación de dictar unos cursos en Estados Unidos. Lejos de aprovechar la posibilidad de escapar definitivamente al hostigamiento de los nazis, regresa a Alemania en uno de los últimos barcos que cruzan el Atlántico antes del comienzo de la guerra. No ignora los riesgos, pero desea afrontar «la prueba» junto a sus compatriotas. Se relaciona con los escasos núcleos de resistencia y afirma que el deber de un cristiano no se limita a socorrer a las víctimas de un conductor enloquecido. Además, debe hacer lo necesario para retirarlo de la circulación. El 5 de abril de 1943 lo detienen y confinan en la prisión de Tegel, acusado de alta traición y derrotismo. Tras el fallido atentado del 20 de julio de 1944 se descubren papeles que lo relacionan con los conspiradores. Lo deportan a Buchenwald y, más tarde, a Flossenburg, donde lo ahorcan el 9 de abril de 1945. Sus restos son incinerados. Actualmente una placa evoca su martirio: «Dietrich Bonhoeffer, testigo de Cristo entre sus hermanos».

La teología de Bonhoeffer parte del amor al mundo y a los otros:

> No es mi intención despreciar la tierra en la cual tengo la posibilidad de vivir. Le debo fidelidad y agradecimiento [...]. Debo ser huésped con todo lo que esto implica. No debo cerrar mi corazón a la participación en mis deberes, a los dolores y a las alegrías de la tierra.

La vida espiritual no consiste en cultivar el retiro, sino en abrirse al mundo, celebrar sus dones y curar sus heridas. No debemos reprimir nuestra dimensión corporal. El cuerpo es nuestra forma de inserción en la realidad física y espiritual. Bonhoeffer no siente aprecio por el ascetismo. De hecho, describe a quienes cultivan el sacrificio y las privaciones como «hijos infieles de esta tierra». El cristiano no debe vivir en las nubes. El cristianismo debe vivir en el centro del mundo, asumiendo su mayoría de edad, lo cual significa «vivir como hombres capaces de enfrentarnos a la vida sin Dios». Ser cristiano no significa cumplir con una rutina de plegarias, ritos y sacramentos, sino «ser hombre», es decir, libre, responsable y racional. El Dios cristiano no es un gigantesco paraguas que nos protege de cualquier inclemencia: «El Dios que nos hace vivir en el mundo sin la hipótesis de trabajo Dios es el Dios ante el cual estamos permanentemente. Ante Dios y con Dios vivimos sin Dios».

Vivir ante Dios sin Dios parece una contradicción insostenible. Se ha especulado mucho sobre estas reflexiones de Bonhoeffer, que pertenecen a su última época. Aparentemente, rechaza la idea de un Dios todopoderoso y providente que encarna la ilusión de un padre cósmico. Ese Dios nace del miedo a la muerte y el desamparo. Su función es disolver nuestros temores e incertidumbres reduciéndonos al papel de hijos dóciles y obedientes. Según Bonhoeffer, ese concepto de la divinidad procede de las religiones primitivas, que rinden culto a un tótem para suplicar bienes y favores. Nada puede estar más alejado del Dios cristiano, que fracasa, sufre y sucumbe al poder político de Roma.

En apariencia, el Dios cristiano nos abandona, pero ese abandono es su peculiar forma de amarnos, de estar con nosotros. Mientras se prepara para morir en el huerto de Getsemaní, Jesús pide al ser humano que participe en su impotencia. Ese gesto es una forma de comunión con lo sagrado que reconoce la autonomía del mundo y la responsabilidad del hombre: «El mundo adulto —escribe Bonhoeffer— está más sin Dios que el mundo no adulto, y precisamente por esto quizá más cercano a Él». Las distintas Iglesias deben funcionar como comunidades, no como instituciones: «Jesús no llama a una nueva religión, sino a la vida». Esa nueva vida consiste en estar-para-los-otros. La verdadera trascendencia acontece en esa relación. Cristo murió para compartir los dolores del mundo, para ser una presencia viva y esperanzadora en mitad del sufrimiento, no para exaltar el poder de Dios, exigiendo humildad, paciencia y oración. «Jesús, hombre para los demás», escribe Bonhoeffer. La vivencia religiosa no es el culto a lo infinito, sino la comunión con lo finito, con el semejante, particularmente cuando se halla en situación de penuria o persecución, como los judíos europeos durante los años de dominación del nazismo.

El obispo anglicano John Arthur Robinson suscribió veinte años más tarde la teología de Bonhoeffer: «El tú eterno se encuentra solo en, con y bajo el tú finito». Lo cristiano es la entrega al prójimo, no el éxtasis místico, que sitúa a Dios en un infinito inalcanzable. Cristo se halla en todos los que sufren, especialmente en los pobres, locos, parias, enfermos y excluidos. Dios no está fuera, sino en el centro de nuestro existir: «El encuentro con el Hijo del

Hombre —afirma Robinson— se manifiesta en términos de una preocupación, del todo "secular" y mundana, por las comidas, las provisiones de agua, la casa, los hospitales y las prisiones; precisamente tal como Jeremías había definido el conocimiento de Dios, como un hacer justicia al pobre y necesitado».

Lo que debe caracterizar al cristiano no es la obediencia a un Dios todopoderoso, sino el amor a sus semejantes. Bonhoeffer admiraba el trabajo del teólogo luterano Rudolf Karl Bultmann, que había llevado a cabo un riguroso ejercicio hermenéutico del Nuevo Testamento, separando los mitos del núcleo esencial del *kerigma*. La desmitologización de Bultmann le parece insuficiente a Bonhoeffer, que se muestra partidario de desarraigar hasta el último mito de los Evangelios, obras colectivas con los prejuicios y errores de su tiempo. Ernst Bloch afirmaba que «lo mejor de las religiones es que producen herejes». El último Bonhoeffer se mueve en esa posición marginal y maldita. Ni católicos ni protestantes reivindican su teología, pero es innegable que constituye una admirable aventura intelectual, concebida para crear un escenario de encuentro racional y creíble entre el ser humano y Dios.

Al igual que Jesús en la parábola del joven rico (Mateo 19, 16-30), Bonhoeffer postuló un seguimiento radical:

> La Iglesia solo es Iglesia cuando existe para los demás. Para empezar, debe dar a los indigentes todo cuanto posee [...]. La Iglesia ha de colaborar en las tareas profanas de la vida social humana, no dominando, sino ayudando y sirviendo. Ha de manifestar a los hombres de todas las profesiones lo que es una vida con Cristo, lo que significa «ser para los demás».

El joven rico que preguntó a Jesús cómo ser perfecto se marchó apenado, incapaz de renunciar a sus bienes. Las distintas Iglesias han actuado del mismo modo.

El amor a Dios se puede convertir en un opresivo ideal de pureza que destruye vidas, pero también puede canalizarse como un sentimiento de fraternidad universal. En esos casos es un afecto fructífero, un fruto luminoso en un mundo saturado de dolor e injusticia. Martin Luther King, Óscar Romero e Ignacio Ellacuría cultivaron ese amor e inmolaron sus vidas en su lucha contra la injustica, la discriminación y la pobreza.

Óscar Romero era un sacerdote conservador y acomodaticio hasta que el ejército asesinó al jesuita Rutilio Grande, que había animado a los campesinos a defender sus derechos desde las comunidades eclesiales de base. El 12 de marzo de 1977 lo ametrallaron mientras viajaba en un jeep, acompañado por Manuel Solórzano, de setenta y dos años, y Nelson Rutilio Lemus, de dieciséis. Óscar Romero acudió a la iglesia donde se velaban los cadáveres. Conmovido e indignado, anunció que no iría a ninguna ceremonia de Estado ni se reuniría con el presidente de El Salvador hasta que se esclareciera el caso y se identificara a los responsables. El Gobierno ni siquiera abrió una investigación.

Cuando en 1977 Romero se convirtió en arzobispo de San Salvador, el país se hallaba en estado de sitio. Apenas una semana después, se produjo una masacre en la céntrica iglesia del Rosario. Un grupo de manifestantes se refugió en el recinto sagrado, pero eso no impidió a la policía disparar y matar al menos a un centenar de personas.

Por esas fechas, comenzó a circular por América Latina el lema: «¡Haga patria, mate un cura!». El periodista guatemalteco José Calderón Salazar entrevistó a Romero para el diario mexicano *Excelsior* y le preguntó si tenía miedo, pues las amenazas de muerte se recrudecían cada vez más. «Como cristiano —contestó Romero—, no creo en la muerte sin resurrección: si me matan resucitaré en el pueblo salvadoreño».

En otra ocasión, el arzobispo alabó el martirio de los sacerdotes católicos en El Salvador:

> Me alegro, hermanos, de que nuestra Iglesia sea perseguida, precisamente por su opción preferencial por los pobres y por tratar de encarnarse en el interés de los pobres... Sería triste que en una patria donde se está asesinando tan horrorosamente no contáramos entre las víctimas también a los sacerdotes. Son el testimonio de una Iglesia encarnada en los problemas del pueblo.

El 23 de marzo de 1980, Óscar Romero se dirigió a las Fuerzas Armadas desde el púlpito:

> Hermanos, son de nuestro mismo pueblo. Matan a sus mismos hermanos campesinos. Y, ante una orden de matar que dé un hombre, debe prevalecer la ley de Dios, que dice: «No matar». Ningún soldado está obligado a obedecer una orden contra la Ley de Dios. Una ley inmoral, nadie tiene que cumplirla. [...] En nombre de Dios y en nombre de este sufrido pueblo, cuyos lamentos suben hasta el cielo cada día más tumultuosos, les suplico, les ruego, les ordeno en nombre de Dios: ¡cese la represión!

Su célebre homilía fue su sentencia de muerte. Al día siguiente, Óscar Romero recibió un balazo en el pecho mientras celebraba la eucaristía. El desprecio (o el miedo) que inspiraba monseñor Romero en la oligarquía salvadoreña se hizo presente hasta en su funeral. Celebrado el 30 de marzo, Domingo de Ramos, las Fuerzas de Seguridad dispararon sobre la multitud (unas cien mil personas) que se había congregado en la plaza Barrios, situada frente a la catedral. Se desató el pánico y murieron alrededor de cincuenta personas, la mayoría aplastadas. «Con Óscar Romero, Dios pasó por El Salvador», afirmó Ignacio Ellacuría, sin ignorar que su vida se hallaba en la misma situación de peligro. De hecho, el 16 de noviembre de 1989, el Batallón Atlacatl penetró en la Universidad Centroamericana José Simeón Cañas (UCA) y lo mató con otros cinco jesuitas y dos mujeres (madre e hija) que se ocupaban de la limpieza. Ellacuría nos dejó una frase que expresa el corazón del compromiso cristiano: «Nadie tiene derecho a lo superfluo hasta que todo el mundo tenga lo esencial».

Óscar Romero se permitió modificar la máxima de san Ireneo («la gracia de Dios es el hombre que vive»), matizando: «La gracia de Dios es el pobre que vive». En *Piezas para un retrato* (1993), María López Vigil finaliza su biografía sobre Óscar Romero con una conocida anécdota. Mientras visita la tumba del arzobispo en la catedral de San Salvador, se topa con un mendigo limpiando la lápida con verdadera devoción. Al preguntarle por qué lo hace, el pobre hombre contesta: «Porque era mi padre». Después de narrar brevemente su rutina de limosnas y embriaguez, añade: «Me quería. Me hizo sentir gente».

24

El amor que no se atreve a decir su nombre

Te hubiera dado el mundo,
muchacho que surgiste
al caer de la luz por tu Conquero,
tras la colina ocre,
entre pinos antiguos de perenne alegría.

Luis Cernuda, *Un muchacho andaluz*

El amor homosexual se ha normalizado, pero hasta hace muy poco constituía un tabú. No es un secreto que Thomas Mann reprimió sus impulsos homosexuales para evitar cualquier conflicto o desorden afectivo. Apegado a la vida burguesa, con su rutina exenta de riesgos, se limitó a fantasear con la belleza masculina y los placeres prohibidos. Su amistad con Armin Martens (inmortalizado como Hans Hansen en *Tonio Kröger,* 1903) y William Timple (Pribislav Hippe en *La montaña mágica,* 1924) no fue simple camaradería, sino un idilio no consumado que dejó una profunda huella en su memoria. En 1911 Thomas Mann viajó a Venecia y se alojó en el Gran Hôtel des Bains del Lido. El joven barón Władysław Moes, de origen polaco, despertó su interés y le inspiró a Tadzio, el adolescente del que se enamora Gustav von Aschenbach, el protagonista de *La muerte en*

Venecia. La breve novela, que se publicó en 1913, muestra simultáneamente la decadencia de una Europa abocada a la guerra y las penurias de un escritor de mediana edad que experimentaba una profunda admiración por un joven, casi un niño, con la belleza de las estatuas clásicas. Esa pasión tardía lo obliga a replantearse su concepción del arte y la moral.

La muerte en Venecia comienza en la primavera de un indeterminado «19...». Aunque se omite la fecha exacta, no se ocultan los negros presagios que amenazan al continente. Gustav Aschenbach (Von Aschenbach, como se enfatiza en el primer párrafo señalando su condición de nuevo aristócrata) inicia un largo paseo por Múnich poco después de su siesta habitual. Metódico y disciplinado, dedica las mañanas al quehacer literario. No es un autor maldito, sino un autor de éxito. Sus obras se leen en las escuelas y un príncipe lo ha honrado con un título nobiliario. Sin embargo, Aschenbach se siente insatisfecho. En sus libros no hay sinceridad ni alegría. Su literatura no es una apoteosis de la vida, sino una simulación que elude los abismos. Lejos del fatalismo romántico, su único propósito es la serenidad y la perfección formal. No hay espacio para las emociones que perturban al espíritu. Ese temor a lo oscuro y ambiguo proscribe incluso la compasión, pues compadecerse del otro implica una peligrosa tolerancia. El perdón no debe confundirse con el sentimentalismo y no puede aplicarse sistemáticamente a los que se desvían del orden social.

Consagrado por títulos como *El miserable* y *Federico el Grande*, Aschenbach es un reaccionario. Educado por preceptores, su padre es un hombre reservado y con un gran sentido del deber, que procede de una familia de militares, jueces y funcionarios. Por el contrario, su esposa es una mujer alegre e intuitiva. Hija de un director de orquesta de Bohemia, se relaciona con el mundo a través de los sentidos y no por medio de la estricta racionalidad prusiana. Thomas Mann ha cambiado un poco los datos, pero se ha retratado a sí mismo. El escritor era hijo de un ambicioso y severo comerciante que hizo carrera política, y de una mujer de sangre brasileña, con una naturaleza imaginativa y sensual. Su madre, Julia da Silva-Bruns, descendiente de comerciantes germano-brasileños, aportaría esa chispa de fantasía y ensoñación que se combinó con el temperamento austero y reflexivo del padre.

Mann incluso atribuye a Aschenbach una obra titulada *Maya*. Es el mismo título de una novela que proyectó y nunca llegó a materializarse. No parece un título casual en un ávido lector de Nietzsche. Maya simboliza el orden, la proporción, la forma, lo apolíneo, pero también la apariencia, el velo que oculta ese fondo primordial e irreflexivo, donde se agitan las pasiones y las fuerzas elementales del ser. Aschenbach es consciente de que su existencia se parece al teatro escenificado por Maya, esa trama de ilusiones que confundimos con la realidad. Por eso, después de atravesar el parque Inglés de Múnich, bordear el cementerio del Norte y viajar en tranvía, experimenta que el verdadero amor, ese sentimiento que ha reprimido toda su vida por su efecto perturbador, se insinúa en la figura de un extranjero de aspecto exótico, casi un bárbaro. Su presencia le incita de inmediato el deseo de viajar, de alejarse de su trabajo cotidiano. No es una simple inquietud, sino un verdadero deseo de «liberación, de relevo y olvido». Su «impulso de fuga» apunta al sur de Europa, pues no quiere alejarse mucho de su ambiente. Su deseo de liberación está lastrado por su espíritu burgués y le hace descartar la búsqueda de lo esencialmente otro, de esos *tigres* que se pasean por las junglas de países lejanos, donde lo europeo ya no es el apogeo de la civilización, sino una severa limitación al conocimiento y la experiencia.

Aschenbach está de acuerdo con el crítico literario que ha comparado a los héroes de sus novelas con la figura martirizada de san Sebastián, perfecto ejemplo de «la virilidad intelectual y virginal», capaz de soportar la adversidad con «orgulloso pudor». Es la «viva y amarga seducción del conocimiento», una tarea aparentemente heroica, pero que —en el caso de Aschenbach— ha adoptado un tono didáctico y moralizante. No hace falta decir que solo la mala literatura se convierte en pedagogía. Su elogio de la vida monástica como tributo ineluctable del artista empieza a tambalearse apenas comienza su viaje. Aunque ha escogido Trieste como destino, cambia de idea a los pocos días. No le agrada el ambiente pequeñoburgués que se respira en la ciudad. Piensa que Venecia es el lugar mucho más adecuado para su escapada. No sabe lo que busca, pero está claro que en Trieste no lo hallará. Se embarca en un viejo buque italiano, «anacrónico, herrumbroso, lóbrego».

Durante el trayecto en barco, observa a un grupo de jóvenes. Parecen alegres y despreocupados. Los acompaña un hombre de cierta edad, con un sombrero panamá y una corbata roja. Es un atuendo audaz para la época, asociado a cierta voluntad de transgresión y a una inequívoca frivolidad. Aschenbach se queda horrorizado al descubrir que el presuntuoso dandi lleva el pelo teñido y el rostro maquillado. Su desenvoltura, aparatosa y chillona, es una pantomima para disimular su vejez. La escena le resulta irreal. El viaje empieza a parecerse a un sueño. La sensación de extrañeza se acentúa cuando un misterioso gondolero lo conduce directamente al Lido ignorando sus instrucciones de acercarse a un embarcadero para tomar un *vaporetto*. A pesar de sus enérgicas protestas, el gondolero sigue empujando su remo, con el semblante adusto y un silencio hostil. Su áspera fisonomía, que no se corresponde con la del italiano medio, recuerda a Caronte, barquero del Hades. La góndola no produce un efecto más tranquilizador. Su «característica negrura» solo es comparable con un ataúd o, más exactamente, con «el catafalco de un lúgubre entierro».

El viaje se hace interminable. No parece un simple desplazamiento, sino el tránsito hacia un hipotético más allá. Pese a todo, Aschenbach disfruta de la «indolencia embrujadora» de deslizarse misteriosamente por el mar, con un rumbo incierto. Cuando le pregunta por el coste de la travesía, el gondolero responde con un escueto: «Ya pagará usted». Dado que desaparecerá sin dejar rastro, no es descabellado pensar que el tributo no será material, sino espiritual. Su enamoramiento de un joven destruirá su ideal ascético y moralizante revelándole que ha malgastado la vida por miedo a la reprobación social y penal. Durante el trayecto se cruzan con otra góndola ocupada por músicos vagabundos que cantan a cambio de unas monedas. Aschenbach les arroja algo de dinero y piensa que el viaje hacia la muerte no es una triste peregrinación, sino una forma de adentrarse en un inextricable misterio, donde se funden el luto y lo festivo.

Al poco de instalarse en el Lido, se produce el primer encuentro con Tadzio. Aún no sabe cómo se llama, pero su hermosura y delicadeza le recuerdan a la famosa estatua del efebo intentando quitarse una espina del pie. Aschenbach es un espectador privilegiado, pues la soledad que acompaña al escritor le ha enseñado a reconocer de inmediato la belleza. Sin embargo, ese mismo don le ha predispuesto a «lo invertido, lo descomunal, lo absurdo y lo prohibido». Thomas Mann describe con arrobo al muchacho: largos cabellos de color miel, nariz perfecta, «divina seriedad». Su atractivo físico posee la gracia de «las estatuas griegas de la más noble época de la Hélade», incluida esa injusticia inevitablemente asociada a la belleza, en la que el azar y el capricho prevalecen sobre la virtud. Tadzio tiene «la cabeza de Eros, con el dorado brillo del mármol de Paros». En su carne adolescente convergen «lo inexpresablemente divino con lo humano». Su existencia finita y dolorosamente real para un escritor que había renunciado a la pasión y el riesgo contrasta con otra pasión menos incierta y temeraria.

Aschenbach ama el mar, pues en él aprecia la seducción de «lo inarticulado, lo desmedido y lo eterno». Es decir, la nada, esa forma de perfección que solo exige contemplación, meditación y ascetismo. Por el contrario, Tadzio es «un mensaje de poesía procedente de la aurora de los tiempos, de los orígenes de la forma y del nacimiento de los dioses». No es la nada ni lo eterno, sino la perfección efímera de la juventud, casi la niñez, y no es posible amarlo con una pasión meramente intelectual. Aschenbach ha traspasado el umbral que tanto atemorizaba a Thomas Mann. Se ha enamorado de lo prohibido, de ese abismo que despierta la reprobación de sus semejantes, y advierte que ya no puede dar marcha atrás.

Durante un paseo por Venecia experimenta una crisis cerca de una fuente. Siente dolor en el pecho, la mirada se le nubla, le laten las sienes, respira penosamente. Su cuerpo le advierte del peligro al que se expone. Si no es capaz de reprimir sus emociones, tal vez lo pierda todo. No se trata tan solo de la fama y el prestigio, sino del desorden interior que acabará con su existencia metódica y sin sobresaltos, esa conquista de la razón sobre los sentidos que le ha permitido alumbrar una obra con la serenidad del último Goethe. Decide marcharse de Venecia, pero el extravío de su equipaje se convierte en el pretexto necesario para cambiar de planes y prolongar su estancia. La suerte está echada. Ha escogido lo más trágico, aceptando su destino con gozoso fatalismo. Los sentidos han triunfado definitivamente sobre la razón.

Aschenbach sigue discretamente a Tadzio por el hotel y la playa. Nunca llegan a hablar, pero en una ocasión intercambian una mirada y el muchacho le sonríe. Es suficiente para comprender que «el amor hace visible lo espiritual». El escritor evoca las enseñanzas del *Fedro,* que excluye cualquier clase de condena moral sobre el amor, pues el amor es un dios y no una simple emoción humana. Tadzio es la reencarnación de Hyakinthos, hijo de un rey espartano que murió accidentalmente mientras jugaba al disco con Apolo. Apolo amaba al joven y no consintió que Hades se lo llevara a sus dominios. La sangre del infortunado se convirtió en flor y Apolo derramó lágrimas de dolor sobre sus pétalos. Desde entonces el jacinto (*hyakinthos*) es una señal de luto. Algunos han interpretado el mito como una exaltación de la pederastia institucionalizada en Esparta. Apolo ama a Hyakinthos, pero también le enseña el arte de la adivinación y a manejar el arco y la lira. La referencia al *Fedro* de Sócrates corrobora la intención de asociar a Tadzio con la homosexualidad griega, donde el amor entre un adulto y un joven no es un tabú. Aschenbach ya no se engaña a sí mismo: «Postrado, vencido, sufriendo escalofríos, susurró la forma perenne del deseo —imposible en su caso, absurda, reprobable, ridícula y, sin embargo, sagrada, y aun en este caso, digna de respeto—: Te quiero».

Aschenbach empieza a comportarse como un enamorado adolescente. Se tiñe el pelo y se maquilla imitando al viejo que tanta repulsión le causó durante el viaje en barco. De noche se detiene ante la puerta de la habitación de Tadzio y, embriagado, apoya la frente contra el marco. Su comportamiento insensato y alocado coincide con la aparición de una epidemia de cólera. Aunque las autoridades venecianas niegan el problema, se adoptan discretas medidas sanitarias. La plaga no es un reflejo de la decadencia de Aschenbach, sino de una burguesía egoísta y autocomplaciente, que conserva sus privilegios explotando a la clase trabajadora.

En 1913 Thomas Mann era un nacionalista que apoyaba la agresiva política de Alemania. Su posición le costó la ruptura con su hermano Heinrich, que se opuso desde el principio al militarismo germánico. No se van a reconciliar hasta muchos años después. Thomas cambió de postura al finalizar la contienda y evolucionó a actitudes democráticas y antifascistas. En 1921, escribe sus primeros artículos contra la barbarie nazi y su feroz antisemitismo, que presagia un pogromo de proporciones desconocidas. Casado con Katia Pringsheim, hija del matemático y artista judío Alfred Pringsheim, su oposición a Hitler lo obliga a exiliarse. Sus libros arden con los de Freud y Heine. Su lucha contra la dictadura nazi se plasma en la colaboración con los Aliados mediante una serie de charlas en la BBC. En 1942 se convierte en una de las primeras voces en denunciar el Holocausto. Sus hijos Golo y Klaus se alistan en el Ejército estadounidense y participan en importantes operaciones bélicas. Hacia el final de su vida, Thomas Mann se acerca al socialismo, lo que suscita el interés de la CIA, que lo investiga para determinar su supuesta peligrosidad como agitador e intelectual.

Pese al conservadurismo del escritor en 1913, *La muerte en Venecia* refleja la crisis de una Europa dividida por las diferencias sociales y nacionales. Hacia el final de la trama, el comediante que canta para los clientes del Lido aparenta una «infantil docilidad», pero cuando acaba la función afloran muecas despectivas, que revelan el resentimiento y el odio que le provoca la burguesía ociosa y arrogante. El cómico es un espejo deformante de una sociedad tan corrompida como la retratada por Albert Camus en *La peste* (1947). De hecho, Venecia es el símbolo de una civilización que oscila entre lo sublime y la crueldad, la belleza y la putrefacción. Unas fresas —hermosas, sensuales— compradas cerca de la fuente donde Aschenbach experimentó la crisis que le aconsejaba huir de Venecia serán su perdición. El escritor contrae el cólera por culpa de una fruta que evoca su pasión por Tadzio. Lo hermoso es letal, delicuescente, fatal.

La peripecia de Aschenbach sugiere que la misión del artista no es ser el educador de la sociedad. Su «inclinación incorregible y natural hacia el abismo» siempre lo mantendrá en los márgenes, excluido y maldito. Nietzsche es un genio, con sus excesos y su innegable locura. Aschenbach, en cambio, solo es un pequeño burgués que no rozará el verdadero arte hasta claudicar ante la belleza de un amor prohibido y execrado. Su iluminación se produce demasiado tarde y solo deja unas páginas inconclusas, pero en esos apuntes hay más sinceridad y profundidad que en el resto de su obra.

Cuando llega la hora de partir, Tadzio lo espera en el umbral de la muerte, como Hermes, el psicagogo o conductor de almas hacia el Hades. El papel del joven polaco no se limitará a acompañarlo hasta la otra orilla. Su deslumbrante belleza le mostrará el infinito, «un futuro monstruoso, preñado de promesas». El gondolero que lo llevó hasta el Lido le ha entregado el relevo a Tadzio para culminar una amarga parábola. Solo una pasión exasperada y amoral permite atisbar la trascendencia de la materia, disipando cualquier ilusión sobre trasmundos y paraísos sobrenaturales. El sexo es el único absoluto y no amar es el único pecado.

La muerte en Venecia ha inspirado muchas interpretaciones. Se ha afirmado que Tadzio es una figura metafórica, que encarna la inmediatez de la obra de arte frente a la concepción germánica de la creación artística, basada en el trabajo, el método y el análisis. Su belleza inocente y gratuita manifiesta que el milagro estético se produce de forma espontánea e inesperada. La única condición para que acontezca la belleza y se transmute en arte consiste en desprenderse de los prejuicios y las ideas preestablecidas. No me parece una interpretación falsa, pero no creo que sea menos real el conflicto del autor entre una homosexualidad reprimida y una vida familiar convencional, con una esposa tradicional y unos hijos que siempre se quejaron de la frialdad paterna.

Klaus, el primogénito de los Mann, no reprimió su identidad homosexual, pero eso no lo libró de la infelicidad y el suicidio. Inconformista, sincero y desgarrador, su obra más conocida es *Mephisto* (1936), que describe el arribismo y la corrupción de la Alemania nazi. Casi todos los Mann escribieron. Sería un error creer que la literatura actuó como un aglutinante. Los suicidios se encadenaron en una familia que acabó atribuyendo a su vocación literaria el origen de sus demonios interiores. El artista paga un precio muy alto y, salvo desde una perspectiva heroica, parece una insensatez inmolarse en la búsqueda de la perfección formal. *La muerte en Venecia* recoge este dilema y lo resuelve apostando por la vida, la belleza y la finitud.

En los años ochenta del siglo pasado, la homosexualidad no había dejado de ser un tabú en España, pero la tolerancia comenzaba a abrirse paso. En 1982 Pedro Almodóvar estrenó *Laberinto de pasiones,* en la que se habla abiertamente del amor que durante siglos no se atrevió a decir su nombre y que aún hoy está castigado con la pena de muerte en once países. La película gozó de un éxito moderado y contribuyó a normalizar la homosexualidad y el homoerotismo. Desgraciadamente, la década de los ochenta también es la década del sida, una horrible enfermedad que algunos miserables interpretaron como un castigo divino. Sería magnífico poder afirmar que esos prejuicios pertenecen al pasado, pero las agresiones contra homosexuales no han cesado de producirse desde entonces. El 3 de julio de 2021 cuatro jóvenes patearon hasta la muerte a Samuel Luiz a la salida de una discoteca de La Coruña. Samuel tenía veinticuatro años y había nacido en Brasil, pero vivía en España desde que cumplió un año. Auxiliar de enfermería, uno de sus agresores creyó que lo grababa con un móvil y le increpó con violencia: «O dejas de grabarme o te mato, maricón de mierda». Samuel replicó que estaba realizando una videollamada y le pidió que no lo insultara. Su respuesta fue suficiente para sufrir un brutal ataque de un grupo que no cesó de llamarle «maricón» mientras le pateaba la cabeza. Samuel falleció en el hospital a causa de un traumatismo craneoencefálico severo.

El linchamiento de Samuel me recuerda el asesinato de García Lorca. Para sus asesinos, el poeta granadino era un «maricón de mierda». En cambio, yo creo que García Lorca era un afluente del río Guadalquivir. Los verdugos se emboscaron en la noche para interrumpir su curso y enterrar su cauce, pero el poeta siguió fluyendo por debajo de la tierra.

Su voz continúa estremeciendo a los árboles, que florecen cada primavera porque beben de sus poemas. García Lorca regresa cada primavera. Es la rama que se hincha de flores. Es la claridad que hace retroceder el invierno. Es el sol que dora la tarde. Es el niño que se cae al suelo y se levanta con una sonrisa. Es una muchacha que besa a otra muchacha sin miedo al qué dirán. Las jovencitas ya no se ocultan para acariciarse ni para decirse cuánto se aman.

Esas muchachas acudieron al barranco de Víznar y se encontraron a García Lorca paseando del brazo con Luis Cernuda. Luis Cernuda le decía: «Te mataron, porque eras / verdor en nuestra tierra árida / y azul en nuestro oscuro aire» y Lorca, agradecido, respondía: «Vuelve hecho luna: con mi propia mano / lanzaré tu manzana sobre el río / turbio de rojos peces y verano». Algunos aún se sienten incómodos al escuchar los versos que Cernuda dedicó a García Lorca en la hora de su muerte: «Mira los radiantes mancebos / que vivo tanto amaste / efímeros pasar juntos al fulgor del mar». Creo que García Lorca y Cernuda no escribieron para obtener una corona de laurel. Escribieron para que en España amar a una persona de tu mismo sexo dejara de suscitar desprecio. Desgraciadamente, ese sueño solo se ha cumplido de forma incompleta.

25

Qué bello es amar

El amor va más allá del deseo, es una necesidad espiritual.

ERICH FROMM, *El arte de amar*

Piedad cada día está mejor. La última analítica y el TAC han salido bien. Ha recuperado las cejas y las pestañas, y el pelo corto destaca sus enormes ojos azules. Hasta dentro de cuatro meses no tendrá que volver al hospital. Nos espera una década de revisiones, lo cual nos crea cierta angustia, pero intentaremos disfrutar del otoño y las próximas Navidades.

Todos los 25 de diciembre volvemos a ver *¡Qué bello es vivir!*, el clásico de Frank Capra. Era una de las películas favoritas de mi madre. Aún no he olvidado las primeras veces que la vi en un pequeño televisor en blanco y negro. Aunque era un niño, advertía en sus imágenes el poder de sanar las heridas e infundir esperanza. De joven continué experimentando la misma impresión. Por entonces, aún se transmitían en horas estelares clásicos de John Ford, Alfred Hitchcock, Howard Hawks o Frank Capra. Sé perfectamente que en la actualidad hay plataformas que te permiten acceder a esas películas, pero el hecho de poder escoger la hora malogra la posibilidad de una experiencia colectiva, donde se producía una especie de encuentro con miles de desconocidos. La proyección de una película emitida en infinidad de ocasiones trasciende el mero entretenimiento. A partir de cierto momento ya no nos encontramos ante un pase cinematográfico más, sino ante una ceremonia o un rito.

Creo que es lo que sucedió con *¡Qué bello es vivir!* Para muchas familias, George Bailey no era un simple personaje de ficción, sino una figura ejemplar que ponía de manifiesto la grandeza de los héroes anónimos, casi siempre invisibles. Bailey encarna todas las virtudes que atribuimos al amor. El amor es generoso y George lo es en grado superlativo. No hace las cosas para adquirir prestigio y reconocimiento, sino por un impulso espontáneo de su corazón, siempre volcado en los otros. Su sentido del deber se sobrepone a los sueños que acaricia desde su infancia. Detesta el negocio de empréstitos creado por su padre para financiar las hipotecas de las familias más modestas, pero sabe que su desaparición constituiría una verdadera catástrofe para la comunidad. El banco de mister Potter (Lionel Barrymore), el hombre más poderoso —y más mezquino— de Bedford Falls, impone unos intereses abusivos y no acepta a clientes de escasa solvencia. Cuando su padre fallece inesperadamente, George Bailey deberá afrontar una difícil decisión: viajar por paisajes exóticos, surcar mares remotos y abrirse paso entre intrincadas selvas, lanzarse a lo incierto y hacer fortuna... o quedarse en su pueblo ocupándose de administrar una pequeña empresa que solo le garantiza un sueldo miserable y un trabajo monótono. Elige proseguir la labor de su padre, pero no logra apartar de su cabeza los sueños incumplidos. El heroísmo puede ser reconfortante, pero siempre nace de una renuncia. Si no implicara ciertas privaciones, solo sería riesgo, temeridad, aventura.

El verdadero amor siempre es humilde. George Bailey no es consciente de lo que ha hecho por los demás. No sospecha que, sin sus gestos de solidaridad, las vidas de muchos de sus conciudadanos habrían naufragado en el oprobio, la indignidad, la miseria o la vergüenza. De niño trabajaba en la farmacia de mister Goover (H. B. Warner), que perdió a su hijo por culpa de una gripe y casi enloqueció de pena. Confundió un veneno con unos medicamentos y pudo haber causado la muerte de un niño, pero el pequeño Bailey se dio cuenta y no llevó el pedido, lo cual le acarreó las violentas bofetadas de su jefe. Cuando este descubrió que se había equivocado y que George había evitado una tragedia, lo abrazó conmovido, pidiéndole perdón.

Bailey jamás contó el incidente y no abrigó rencor por los golpes injustamente recibidos. Tampoco prestó mucha atención a su heroico rescate de su hermano Harry (Todd Karns), que pudo morir ahogado o de una pulmonía tras romper una placa de hielo y hundirse en el agua helada. George perdió la audición de un oído por culpa del frío, pero solo lo lamentó cuando no pudo alistarse en el Ejército para luchar contra los nazis durante la Segunda Guerra Mundial. La fatalidad lo condenó a ser un héroe de la retaguardia, responsable de hacer cumplir las medidas de seguridad impuestas a los civiles.

Los héroes de guerra, como Aquiles o Alejando Magno, poseen una historia que se transmite de generación en generación hasta adquirir el rango de leyenda. En cambio, los héroes de la vida civil se desvanecen enseguida de la memoria colectiva, reducidos a mera anécdota sin relieve. Bailey encarna la virtud de la humildad en un grado tan superlativo que se considera un hombre sin importancia. No carece de autoestima, pero su visión de sí mismo es poco realista. En muchos aspectos se considera un fracasado. Hasta que Clarence Oddbody (Henry Travers), un ángel de segunda clase, un ser bonachón pero algo torpe y despistado, lo ayuda a comprender que su vida no ha sido un fracaso, sino una peripecia muy fructífera. Frank Capra introduce la perspectiva sobrenatural para clarificar la narración, no para adornarla con elementos fantásticos. El mundo resulta más comprensible desde la óptica de la esperanza. El realismo que solo cree en evidencias, fracasos y desengaños recorta lo real hasta reducirlo al absurdo, sin dejar otra alternativa que la angustia o la impotencia.

El amor es leal y George Bailey es un hombre leal. Cuando su hermano le comunica que se ha casado y su cuñada, a la que acaba de conocer, le dice que su padre le ha ofrecido un prometedor trabajo a su marido, su cara se descompone, pues entiende que deberá continuar al frente del banco. Había acordado con Harry que lo sustituiría al acabar sus estudios universitarios, costeados con el dinero de George, pero ahora comprende que no será posible. Su amor fraternal le prohíbe malograr el futuro de su hermano. Un primer plano de James Stewart —un actor de enorme plasticidad, con un talento formidable para transitar por emociones opuestas en apenas unos segundos— muestra su descomunal pesar. Sin embargo, George no cambia de opinión.

Algo semejante sucede cuando se marcha de luna de miel con un fajo de billetes, dispuesto a disfrutar de unas semanas de ensueño con su esposa Mary (Donna Reed). Un tumulto callejero llama su atención y ordena a su amigo Ernie (Frank Faylen) que pare el taxi donde viajan. Acaba de producirse el Jueves Negro de la bolsa de Nueva York y se ha desatado el pánico. Todo el mundo quiere retirar el dinero de los bancos antes de que se produzca una quiebra en cadena. Los clientes del suyo son gente humilde, pero está asustada y teme perder sus modestos ahorros. George utiliza el dinero de su viaje de recién casados para sostener la liquidez de su banco. No le resulta fácil convencer a los clientes de que no cancelen sus cuentas y se limiten a retirar pequeñas cantidades. No lo hace solo. Su esposa Mary es la primera en ofrecer el dinero de la luna de miel, mostrando que su amor por George es algo más que una boba pasión romántica. Son una sola carne. Caminan al mismo paso y no se dejan dominar por tentaciones que resquebrajarían su exquisita compenetración. Mary quiere a George desde niña y George nunca ha sucumbido a los flirteos de Violet (Gloria Grahame), la casquivana belleza local. George y Mary recuerdan al mundo la dignidad del amor humano y la belleza de la vida familiar.

El amor es paciente y George es paciente. Saca adelante el negocio de empréstitos con incansable tesón, impulsando cooperativas de viviendas que garanticen un techo digno a familias de bajos ingresos. Potter hace todo lo posible para acabar con su negocio, pues no soporta su integridad y le produce una enorme amargura su apariencia —nada ficticia— de felicidad. Potter no se ha casado, no tiene hijos. Su situación parece una réplica del infierno anunciado por la teología: soledad, vacío, hastío, falta de amor, infinito malhumor. George titubea cuando Potter le ofrece un sueldo fabuloso para que trabaje en su banco y cierre el suyo, pero supera la tentación y se indigna con justa ira. Arroja el puro que le ha entregado para halagar su vanidad y le llama «araña venenosa».

George desconoce la envidia. Vive los éxitos de su hermano Harry, un héroe de guerra, como propios y cuida con ternura de su tío Billy (magnífico Thomas Mitchell), que habría acabado en un centro de salud mental sin su apoyo y afecto. Se ha dicho que George Bailey no es creíble, que solo es un mito, una ensoñación. Yo creo que sí existen hombres como él o como su esposa Mary, pero pasan desapercibidos, pues el bien suele ser discreto y silencioso. George Bailey es muy humano. Un hombre corriente que trabaja, ama a su familia y se preocupa por sus vecinos. Su vida nos enseña qué bello es amar, pues el afecto que prodiga mejora la existencia de los demás y lo salva en el momento más crítico de su itinerario vital.

No sé si estoy decepcionando a los que han adquirido este libro pensando que describiría el amor como un arrebato pasional. Desde mi punto de vista, el amor no es un estado de enajenación, sino un compromiso y un acto de fidelidad. Fidelidad a la pareja, a la familia, a los amigos, a lo bello, lo bueno y verdadero. Esa fidelidad, que puede extenderse al idioma, el paisaje y la cultura, no debe implicar ensimismamiento, sino apertura. George Bailey cuida a su familia, pero también a sus vecinos. De hecho, prioriza el bien común sobre sus intereses particulares. Su amor a su mujer y a sus hijos no le sirve de justificación para aceptar el trabajo que le ofrece Potter. El cuidado de la familia no incluye solo la provisión de bienes materiales. El ejemplo es más importante. Un legado material nunca tiene la altura de un legado moral y espiritual.

A pesar de los prejuicios de la época, Mary, la mujer de George, no es un personaje pasivo o un simple complemento. Desde niña se caracteriza por su ingenio y su iniciativa. Es cierto que su comportamiento se ajusta a lo que se espera de un ama de casa tradicional, pero ¿cabía otra posibilidad en 1946, con el Código Hays aún vigente? Cuando George se baja del taxi que los conducía a la estación de tren para iniciar su viaje de novios, apoya su decisión de aplacar el pánico de los clientes de su negocio de empréstitos y, más adelante, colabora con él en la creación de un parque de viviendas sociales. Posee las mismas cualidades y valores de George. Eso explica su éxito como pareja.

La historia de amor de George Bailey y Mary desprende la misma filosofía que la de Carl Fredricksen y Ellie, el matrimonio de *Up,* la extraordinaria película de animación de Disney y Pixar. El cine de animación ocupa un lugar fronterizo entre la infancia —a veces inocente, otras terrible— y la madurez, casi siempre impregnada de nostalgia y hambrienta de fantasía. La madurez se empobrece trágicamente al cortar sus lazos con el asombro de los primeros años, cuando lo posible y lo imposible convivían sin estorbarse mutuamente. Por eso hay que buscar una forma de mantener en comunicación esas dos etapas de la vida. *Up* seduce indistintamente a niños y adultos, y crea un espacio donde las diferencias de edad se vuelven irrelevantes.

Narra la historia de Carl Fredricksen, un viudo de setenta y ocho años con una pequeña casa de dos pisos situada en un paisaje urbano colonizado por los rascacielos. Acosado por una constructora, Fredricksen —que se parece extraordinariamente al Spencer Tracy de la vejez— se niega a vender su vivienda, llena de recuerdos de su mujer, Ellie. La aparición de Russell, un explorador de unos ocho años, mitad estadounidense, mitad japonés, cambia todo. Desolado por la pérdida de su compañera, Fredricksen se había vuelto insociable, pesimista y gruñón, pero gracias a su nuevo amigo descubre que la mejor forma de preservar el recuerdo de Ellie es recuperar el entusiasmo por la vida.

Up contiene cuatro minutos magistrales, uno de los momentos estelares de la historia del cine. Solo necesita unas pocas secuencias para contarnos la historia del matrimonio Fredricksen y conmovernos profundamente. Es inevitable sonreír al principio y cuesta reprimir una lágrima al final. De niño, Carl era tímido y tenía poca iniciativa. En cambio, Ellie se mostraba espontánea, resuelta y rebosaba energía. Sus divergencias solo acentúan su simpatía mutua, que con el tiempo se convierte en amor. Ya de adultos, se casan y se instalan en una vieja casa que rehabilitan poco a poco. Carl trabaja como vendedor de globos e intenta ahorrar para viajar a las cataratas Paraíso, el lugar que desea conocer Ellie desde su niñez, pero siempre surge un imprevisto que obliga a romper la hucha. La pareja sufre un duro revés cuando los médicos descubren que no pueden tener hijos, pero su afecto permanece intacto. Cuando es auténtico, el amor soporta y supera todas las desgracias.

Up utiliza una especie de leitmotiv para reflejar el paso del tiempo: la corbata de Carl. Año tras año, Ellie la anuda con cariño hasta que se convierte en una pajarita. Ambos llegan a la vejez hondamente enamorados. Cuando Carl al fin ha reunido el dinero necesario para viajar a las cataratas Paraíso, Ellie enferma y, tras una breve hospitalización, muere con enorme dignidad y deja un mensaje que su marido solo descubre un tiempo después. En la última página de un álbum de fotografías escribe: «Gracias por esta bella aventura, ahora te toca vivir una nueva. Te quiere, Ellie». La imagen de Carl sosteniendo un globo azul en la iglesia donde se ha celebrado el funeral de su mujer posee una enorme fuerza dramática. La penumbra del recinto contrasta con los globos de colores que decoran el altar acompañando a las coronas de flores. Las vidrieras policromadas subrayan el cromatismo de una escena que muestra sin tapujos el vacío producido por la muerte.

Carl pierde las ganas de vivir tras la muerte de Ellie. Incapaz de amar ningún aspecto del presente, solo manifiesta ternura al recordar a su mujer. En cierta manera, está muerto. Su apatía solo comienza a desvanecerse con la aparición de Russell, un pequeño boy-scout, y Dug, un golden retrevier buenazo y tontorrón. Russell quiere completar su colección de insignias. Solo le falta la que se concede por ayudar a una persona mayor. El azar lo lleva a casa de Fredricksen. Lejos de alegrarse, el anciano se siente abrumado con su ruidosa vitalidad. Russell es valiente, tenaz, espontáneo, glotón. Su afición al chocolate lo ha llevado al sobrepeso, lo cual no le impide cargar con una abultada mochila. Ingenuo pero no bobo, encontrará en Carl, Dug y Kevin, un gigantesco pájaro hembra de una especie extinta, el amor que le falta, pues sus padres biológicos apenas le prestan atención.

Russell no es un blandengue. Protege y salva a Kevin de Charles F. Muntz, un viejo explorador que pretende restaurar su reputación. Lo acusaron de falsificar el esqueleto de un ave desaparecida, pero lo cierto es que no mentía. El esqueleto pertenecía a la especie de Kevin y solo podrá demostrar que no cometió un fraude cuando atrape al único ejemplar que ha sobrevivido a la criba de los siglos. Dug se encariña al instante de Fredricksen y Russell, y los ayuda a escapar de su antiguo dueño, Muntz, que ha enloquecido tras ser despojado de los honores concedidos en el pasado. Con estos mimbres, *Up* teje una historia trepidante que habla sobre el amor, el duelo, la soledad y la superación.

Up explota con habilidad los símbolos transformando lugares y objetos en referencias míticas. Las cataratas Paraíso no son un simple paisaje, sino ese edén con el que todos soñamos. El buzón de casa de los Fredricksen no es una simple caja para recibir cartas. Cuando el matrimonio lo decora con sus manos manchadas de pintura, se transforma en un signo de amor y fidelidad. El zepelín de Muntz no es un mero vehículo. Simboliza esa voluntad de poder que no debe confundirse con el anhelo de aventura. Muntz no quiere rebasar metas, sino apoderarse de todo lo que hay en la tierra. Sus animales disecados reflejan su desprecio por la vida. Sus perros, adiestrados para servirlo, no son sus amigos, sino sus esclavos. La casa de Carl, que levanta el vuelo gracias a centenares de globos, no es una mera reliquia del pasado, sino un canto a los afectos y los vínculos duraderos. Una utopía en mitad de una vasta selva de hormigón y asfalto. En medio de una gran ciudad con altas dosis de deshumanización, constituye un oasis de ternura. Al enviudar, Fredricksen queda atrapado en un mundo que se ha desentendido de los ancianos y los niños. Su pequeño jardín debería ser un espacio para el encuentro, pero los especuladores solo reparan en su valor de mercado.

Up nos muestra el abandono que soportan las personas mayores en una sociedad obsesionada con las apariencias. También nos acerca al drama de los niños y animales de compañía que sufren maltrato o abandono. Niños, perros y ancianos parecen cachivaches inútiles en unas sociedades que identifican la virtud con la producción y la acumulación. Carl, Russell y Dug superan sus problemas y carencias anudando sus vidas. Carl aprende de Russell, siempre volcado en los demás. Por eso le regala lo que más aprecia: la chapa que Ellie prendió en su pecho cuando los dos eran niños. De nuevo, un simple objeto adquiere una poderosa fuerza simbólica. La chapa, que Carl cuelga en la camisa de scout de Russell a modo de condecoración, encarna los valores más hermosos: la lealtad, el sacrificio, la entrega.

Fredricksen culmina su feliz aprendizaje al descubrir que su pena no lo exime de preocuparse de los demás.

Up finaliza con una celebración de los placeres sencillos. Carl, Russell y Dug se sientan en la acera a comer helados mientras observan a los coches que pasan y comentan sus colores. La misantropía y la pena han quedado atrás. Los perros de Muntz, liberados de su esclavitud, aparecen en los títulos de crédito combatiendo la soledad de los ancianos en las residencias de la tercera edad. Ya no son guardianes, sino cuidadores que prefieren prodigar afecto a intimidar. *Up* es cine de altos vuelos. Los globos de Carl nos recuerdan que la esperanza no cae del cielo. Para encontrarla, hay que partir hacia lo desconocido, surcar las alturas, perder el miedo a lo incierto.

Amar siempre es arriesgado. Significa exponerse al rechazo y las pérdidas. El primer obstáculo puede superarse y siempre es menos amargo que un desengaño. No hay nada peor que amar y descubrir al cabo del tiempo que no conocías realmente a la persona amada, pues se había escondido bajo una máscara para escamotear la penumbra de su interior.

Superar una pérdida es mucho más difícil. En *¡Qué bello es vivir!*, Mary está a punto de perder a George, pero consigue retenerlo a su lado gracias a la intervención de un ángel. Algunos objetarán que no hay ángeles en la vida real, sin reparar en que el amor en sí mismo es un milagro. Carl no consigue salvar a Ellie, pero la recupera mediante los mensajes que ella le dejó en su álbum de recuerdos. La memoria mantiene vivos a los que se fueron.

Como señaló Henri Bergson, la existencia es duración, no un continuo espacio-tiempo. La conciencia no percibe el tiempo como una sucesión de fragmentos homogéneos, sino como una totalidad que recoge el pasado y anticipa el porvenir. Construimos el futuro a partir de la interpretación de lo vivido y no por simple acumulación. No podemos recuperar el tiempo perdido, pero sí está en nuestra mano mantenerlo con vida. El pasado no se interrumpe. Nos sigue y enriquece nuestro presente. El amor selecciona lo que merece perdurar. No es solo es un sentimiento, sino un impulso creador. Frente a un cosmos que se enfría y avanza hacia el caos, el amor, la fuerza más poderosa del cosmos, produce vida y opone su resplandor a la oscuridad y el olvido.

26

Amor al paisaje

> Esta flor vivirá pocos días, Platero, pero su recuerdo ha de ser eterno. Será su vivir como un día de tu primavera, como una primavera de mi vida.
>
> JUAN RAMÓN JIMÉNEZ, *Platero y yo*

No me agrada nada que aliente la división y el conflicto. El patriotismo me parece un sentimiento peligroso, pues a veces no expresa amor a las propias raíces, sino odio a lo diferente. Sin embargo, amo los paisajes de España y las obras literarias que los recrean. El paisajismo es una figura del pensamiento y no un simple género artístico. Es una forma de razonar que interioriza el mundo exterior, una manera de apropiarse de los lugares que también nos ayuda a conocernos mejor.

El 17 de septiembre de 1906 el joven Ortega y Gasset publicó un artículo titulado «La pedagogía del paisaje». Acompañado de Rubín de Cendoya, «místico español, un hombre oscuro, un hombre ferviente», Ortega pasea por un monte de pinos de la Raya de Segovia durante la hora del crepúsculo. Ambos se detienen para contemplar «las lomas nerviosas del Guadarrama», embriagados por un silencio que parece a punto de romperse, pero que persiste, insinuando revelaciones que se demoran. Es un silencio elocuente, que contiene «la entraña de las cosas», impacientes por hablar, por manifestarse, por salir a la luz y revelar sus secretos. ¡Qué insignificantes resultan los individuos ante una sierra que perdurará siglos! Pero, al mismo tiempo, ese paisaje monumental, con sus crestas blancas y sus laderas azules, salva al hombre del estrépito de las ciudades, donde el tiempo fluye como un río desbordado que ahoga todo en su fragor.

El paisaje es una pedagogía mucho más eficaz que cualquier pedagogía social, pues escarba en el fondo de nuestra conciencia levantando una polvareda que puede confundirse con el caos, pero, cuando se restablece la tranquilidad, percibimos con nitidez valiosas e inesperadas enseñanzas: «Los árboles son grandes maestros». Un plátano fue el mejor amigo de Hippolyte Taine y, aunque postulara que el saber brota del diálogo entre los hombres, Platón buscaba la compañía de otro plátano en las afueras de Atenas. Según Ortega, «un árbol es tal vez lo más bello que existe: tiene reciedad en el tronco, caprichosa indecisión en las ramas, ternura en las hojuelas movedizas». Muchas civilizaciones han rendido culto a su prodigiosa serenidad, que no necesita ostentaciones ni alardes. Los antiguos egipcios creían que el alma de los muertos se alojaba en los árboles y se impregnaba de su grandeza. El árbol es morada y altar, hogar y mausoleo, vida y trascendencia.

En 1902 un joven Unamuno publicó *Paisajes*, un libro de viajes que incluye un capítulo titulado «Humilde heroísmo», protagonizado por un labrador que cava entre el río y la montaña. En su duro existir, «se ha dormido muchas veces al rumor del río». Nació y «vive muriendo, porque su vida es una muerte lenta, un sacrificio involuntario». Su vida es «una oración». Es un hombre humilde, de la tierra, que «viene de la piedra, por camino de siglos y siglos, que se pierde en el pasado; va al ángel, que alboreará en un porvenir inasequible». El agua ha moldeado el paisaje erosionando los peñascos, abriendo hoces y cañadas, creando fértiles vegas, pero es el labrador, «el que cava junto al río y frente a la sierra, quien ha esculpido, minuto a minuto y gota a gota, a golpes de azadón, las montañas de la fe, y quien ha dejado en sus avenidas silenciosas el mantillo de que todo ideal se nutre».

Ortega y Unamuno coinciden en la necesidad de pensar mediante imágenes, paisajes, impresiones, metáforas, sin confiar todo el peso de la especulación al concepto, incapaz de encarnar la compleja trama del pensamiento. Una montaña o un río pueden refrescar nuestro espíritu, educar nuestra sensibilidad, aliviar nuestras perplejidades, mitigar nuestro escepticismo. En definitiva, pueden orientarnos en el laberinto de la vida y descubrir que el amor no es un afecto, sino la fuerza que imprime unidad al mundo.

Advierto ese amor en el paisaje que rodea mi casa. Desde el balcón se contempla el campanario de una iglesia, con un nido de cigüeñas y un chapitel de pizarra rematado por una aguja. La iglesia señala el centro de un pequeño pueblo castellano, con algunas casas viejas que reflejan la pobreza de un pasado reciente. No queda ninguna huella de la antigua aljama ni del castillo, que perteneció al condestable Álvaro de Luna. Desviando la mirada hacia la derecha, se divisa el perfil de Madrid, con sus moles de hormigón y cristal. No es un perfil nítido, sino borroso, pues la contaminación se extiende hasta sus confines, dibujando una bóveda gris que parece inmóvil y eterna, particularmente en los meses de verano. Los barrios de la periferia, ínfimos y caóticos al lado de los rascacielos, parecen guijarros amontonados en la desembocadura de un río.

Mis ojos casi siempre eluden esa perspectiva. Prefieren mirar a la izquierda y contemplar la estepa, con sus planicies y sus suaves colinas. Una hilera de fresnos y chopos revela la presencia de un río que serpentea débilmente entre el trigo y la cebada. Unos olivos evocan el paisaje andaluz. En Castilla no hay mar, pero sí cielo, y su azul a veces tiembla como el agua.

En las ciudades, la proximidad no significa cercanía, amistad o complicidad. No se padece soledad, sino aislamiento. El desarraigo es la condición natural del habitante de los grandes espacios urbanos, donde nada se ha construido a la medida del hombre. Isidoro, un personaje de Miguel Delibes, opina que «ser de pueblo es un don de Dios». El pueblo permanece; la ciudad se desintegra: «Los tesos y el nido de la cigüeña y los chopos y el riachuelo eran siempre los mismos». En cambio, el ladrillo y el cemento solo producen formas efímeras, espoleados por las exigencias del progreso.

Aunque siento un gran aprecio por el barrio de Argüelles, que fue el escenario de mi infancia, comprendo que Delibes compare a los habitantes de las grandes ciudades con los incluseros. La ciudad nunca acoge ni ampara. Siempre se vive bajo la amenaza de ser arrojado a un lado para abrir paso a un futuro voraz e imprevisible. «En las ciudades —escribe Miguel Delibes en *Castilla*— uno se muere del todo; en los pueblos, no [...], algo queda de uno agarrado a los cuetos, los chopos y los rastrojos». La ciudad es un espacio discontinuo donde la muerte parece un acontecimiento absurdo y carente de utilidad. En los pueblos, la vida sabe cuánto le debe a la muerte, pues «si los trigos y las cebadas, los cuervos y las urracas se reproducen es porque uno les dio su sangre y su calor y nada más». En Castilla, «ser de pueblo es una cosa importante». Las tradiciones y las costumbres no son simples inercias, sino la cristalización de vivencias colectivas donde se ha forjado una manera de interpretar el mundo. El que olvida su pasado pierde su identidad y se convierte en un extraño en su propio hogar.

Castilla es tierra de penuria y escasez, pero también de prodigios. La estepa —escribe Delibes— es «un mar gris y violáceo en invierno, un mar verde en primavera, un mar amarillo en verano y un mar ocre en otoño, pero siempre un mar». En *Las cosas del campo,* el poeta José Antonio Muñoz Rojas describe los campos de Antequera, un paisaje diferente, pero con la misma capacidad de despertar la misma mirada amorosa, subyugada. Esencial y machadiano, clásico y moderno, con algo de místico y no poco de escéptico, Muñoz Rojas escribió al ritmo de las estaciones, siguiendo un devenir vagamente cronológico que inició su vuelo el 30 de marzo de 1946 y finalizó el 31 de marzo de 1947, «un ciclo campesino completo». Surgió de este modo un «diario de sucesos», notas breves que abordaban con alegría, humor y delicadeza la vida secreta de los olivos, las idas y venidas de los pájaros, el estoicismo de los mulos, la parquedad de los viejos agricultores, la entereza de los niños familiarizados con el hambre y la pobreza.

El poeta se relaciona con el campo como un amante emocionado y agradecido: «A fuerza de pasar los ojos sobre este campo, lo vamos conociendo como el cuerpo de una enamorada, distinguimos todas sus señales, sabemos la ocasión del gozo, la de su esquivez. ¡Oh enorme cuerpo del amante!». Cuando llega la primavera, hay que abrir los ojos «para no perder tanta anunciación, tanto nacimiento, tanta esperanza». La plenitud acontece bajo distintas formas y apariencias: «Cada árbol tiene su sazón y su manera de madurar; los hay tímidos, los hay airosos, los hay torpes». No es posible un conocimiento perfecto, completo, de lo amado.

Las palabras son insuficientes; los nombres se esconden: «¡Oh, jaramagos, lenguazas, zapaticos, nazarenos, ignoradas yerbas del campo!». Siempre hay algo irreductiblemente virginal, selvático, ingobernable. Las herrizas, agrestes y aparentemente improductivas, engendran coscojas, acebuches, romero, tomillo, y, de vez en cuando, un lirio o un narciso: «¡Oh reino donde el arado no llega ni se hunde la planta del hombre! ¡Oh reino que bien puede compararse a la libertad!». Las herrizas se parecen a esas vidas minúsculas que de lejos resultan insignificantes, pero que se revelan extraordinarias cuando puedes observarlas de cerca.

El campo se muestra pródigo en contrastes. El tronco áspero y duro de la encina parece eterno. Soporta el frío, el viento, el sol abrasador. En cambio, sus flores amarillas son efímeras, humanas. «Goterones de ternura» que conmueven como el llanto de «un hombre fuerte y maduro». Su seriedad contemplativa, de asceta acostumbrado a maltratar su carne «con mucho cilicio», se transforma en locura de amor. Parecen «gigantes enamorados» de los que se burlan los pájaros y los campesinos que vuelven del duro trajinar. En primavera el poeta quisiera dormir bajo una encina florecida, pero el frío lo obliga a buscar otro cobijo, abandonando «tanta hermosura a la noche».

Pasa el verano, pasa el otoño, llega el invierno. El hombre también pasa, pero no lo hace de balde, aunque muchas veces ignore lo que lleva en sus alforjas: «Parece que somos pozos oscuros, hondos, donde no llega nada». Pero el corazón lleva la loma, el peñascal, los trigos, el primer soplo de otoño, las frías noches de invierno, la matalahúga, «que la siembra la luna». El corazón vive en los ojos, los oídos, el olfato. «Lo sabe, lo acecha todo, lo espera todo». El corazón sabe que «la belleza es un vuelo [...]. No está quieta en las cosas y no se mueve de ellas. Dentro y fuera». En el corazón está todo: «la desazón, la felicidad acechadora, la alegría que apunta, la sombra cernida. ¡Ay corazón, lento y oscuro!». Nada muere, nada acaba. «Todo esto sigue. Y el sonar del campo, del río, entre estas riberas de cielo hermosísimas, deja un largo eco, una llamada eterna a la belleza». No hace falta ser hombre para disfrutar de lo eterno. «¡Quién fuera abeja!», exclama el poeta. Ser abeja «sobre todo cuando los tilos florecen, meterse follaje adentro, estar en la penumbra verde clara y olvidarse».

Muñoz Rojas escribe para dejar constancia de su amor por los caminos polvorientos, los barrancos y las veras, los jaramagos y los abejarucos, las gayombas y los álamos blancos, los melonares y los trigos. Se define como «un agricultor que escribe», cuya vida ha transcurrido entre Granada y Sevilla. Su Andalucía no es la Andalucía pintoresca. Es la Andalucía del olivar, que «se presta menos a la estampa y a la copla». *Las cosas del campo* es un libro que nace del amor. Del amor al paisaje, del amor al hombre, del amor a la vida. La poesía de sus páginas es la crónica de ese amor, de la necesidad de poner en palabras una vivencia carnal y espiritual, una experiencia total, que no ignora su impotencia para recrear el misterio y lo infinito: «Oh campo, esta hermosura no tiene página ni espejo y solo, a veces, se deja seducir por el temblor de la palabra, por la insinuación de la poesía. Pero ¿recogerte, encerrarte? ¿Quién pone puertas al campo?».

Mi padre era de Córdoba. Mi madre nació en Madrid, pero pasaba los veranos en Puente del Arzobispo, un pueblo de Toledo. Era el lugar donde habían nacido mis abuelos y el pueblo donde había ejercido la medicina mi bisabuelo Domingo Picornel. Mi contacto con Andalucía ha sido escaso. Después de la muerte de mi padre en 1972, apenas he viajado una docena de veces a Málaga y Cádiz. En cambio, he establecido un vínculo muy estrecho con el campo castellano. Vivo en un pueblo de las afueras de Madrid, lo cual significa que teóricamente no resido en Castilla, pero una medida política no puede alterar la realidad. Madrid sigue siendo Castilla. Por su paisaje, su cielo y su forma de entender el tiempo. No me refiero a la gran urbe, sino a los pueblos que circundan la ciudad y que luchan por no dejarse engullir por su estilo de vida.

Como escribe José Jiménez Lozano es su *Guía espiritual de Castilla,* aún podemos atisbar los vestigios de una forma de entender el mundo que nació del mestizaje: «La historia y el alma colectivas, los sentires, pensares y vivires de Castilla son ciertamente fronterizos». Castilla es un punto de encuentro entre Occidente y Oriente. Durante mucho tiempo el islam fue el enemigo, pero la confrontación no excluyó el intercambio, el comercio y la amalgama. En Castilla hay atalayas y jardines, lugares donde holgar y sitios donde parapetarse. Los asentamientos fronterizos (*kibbutzim*) son la evidencia de un tránsito continuo. No son simples poblaciones, sino modos de ser, donde lo extraño y lo propio se fecundan en un ejemplo de asimilación y resistencia, tolerancia y rechazo.

La huella de la colonización romana en Castilla es poco vistosa: un anillo, una lápida, textos sueltos que testimonian el paso de herejías como el gnosticismo o el priscilianismo. Castilla es tierra de perplejidades, predio de disputas teológicas, heredad de desencantos y ensoñaciones. En sus iglesias derruidas, como la de San Pedro de Montes, el espíritu no sabe de grandezas, sino de alegrías humildes y sencillas. La ventanita que ha sobrevivido al correr de los siglos —escribe Jiménez Lozano— es «el reverso del rostro del poder». Castilla contiene «una estética de lo pequeño, lo alegre y gratuito y puro».

La desnudez del paisaje de Castilla estimula las aventuras del espíritu. No parece casual que en esa tierra naciera Teresa Sánchez, la reformadora del Carmelo. Jiménez Lozano califica a Teresa de Jesús de «mística anarquista». En sus conventillos o palomarcillos hay una desnudez total. Nada debe inmiscuirse entre Dios y la conciencia. La pobreza no es tanto un ideal ético como un ejercicio de depuración. La vía del despojamiento no excluye la belleza. El agua y la huerta, herencia del islam, juegan un extraordinario papel en la vida ascética de la carmelita descalza, que desarrolla su teoría de los cuatro grados de la oración explotando metáforas sobre el riego. El pozo, la noria, la acequia y la lluvia son la fuente de vida que mantiene un huerto vivo y floreciente. La oración comienza con la pesada tarea de acarrear cubos hasta que el espíritu se limpia de manchas y logra refrescarse con el agua del cielo.

Jiménez Lozano nos recuerda que Juan de Yepes, otro místico, nació y creció en una familia de «humillados y ofendidos». En Fontiveros, su localidad natal, había una fuerte influencia del islam, que se refleja en la forma de vestir de las clases populares y en una iglesia de arcos y artesonado mudéjar. Juan de Yepes, que se transformará con los años en Juan de la Cruz, protagonizó «el acercamiento real a lo real absoluto» más «demoledor que se haya hecho jamás hasta asegurarse que solo en la nada puede asirse el todo».

El impulso místico decrece con la llegada del gótico a Castilla. El gótico no es un arte teológico, sino civil, que desempeña un papel político aglutinando las ciudades alrededor de la catedral donde se oficia el culto. La catedral no es un espacio cerrado, como un monasterio, sino un lugar abierto donde las formas responden al propósito de ordenar la vida civil. Lo espiritual pasa a segundo plano. En esa época comienza a circular por el Reino de España el espíritu jansenista, que prima el dictado de la conciencia sobre la ortodoxia. La Inquisición recrudece su actividad luchando contra las herejías. El cristianismo se dirige hacia la división y el fracaso, pues la caridad es reemplazada por el miedo y la ambición. No obstante, Castilla conserva su espiritualidad, muy visible en Ávila, una ciudad muy querida por Jiménez Lozano. Sus murallas se alzan como un convento, insinuando que en su interior pervive el idealismo y el espíritu soñador que inspiró el *Quijote*.

Es imposible hablar de Castilla sin mencionar la novela de Cervantes. Siempre he amado el *Quijote*, una obra que sus primeros lectores consideraron una simple parodia, un entretenimiento intrascendente para mentes poco cultivadas. La visión satírica o didáctica se resquebrajó con el Romanticismo, que atribuyó a la novela una resonancia mucho más profunda. Desde una perspectiva más atinada, se apuntó que la mofa de los libros de caballería solo era la pátina de un complejo lienzo. Las andanzas de don Quijote componían una «epopeya del fracaso». Gracias a esta lectura, el hidalgo que había desafiado a los molinos dejó de ser un pobre necio para transformarse en la encarnación de un idealismo derrotado por la implacable realidad. La locura del *Quijote* constituyó a partir de entonces una rebelión contra los males de su tiempo, que aún siguen moviendo sus aspas con violencia ciega. Su aventura ya no era un desatino, sino la triste historia de un hombre que sueña con un porvenir sin mozos azotados, galeotes abocados a morir en galeras o mujeres coaccionadas para desposarse con hombres a los que no aman. Sucesivamente escarnecido por el cinismo de los poderosos y el embrutecimiento de los menesterosos, don Quijote solo recobra el juicio cuando admite su impotencia para alterar el rumbo de las cosas. Su tardía cordura es la claudicación del ser humano ante fuerzas infinitamente superiores.

La paradójica clarividencia del hidalgo se revela en sus consejos para gobernar una ínsula y en su descenso a la cueva de Montesinos, un viaje que evoca las experiencias de héroes míticos, ascetas y chamanes. Don Quijote aconseja a su escudero que emplee el amor para gobernar. Primero tiene que conocerse a sí mismo, «que es el más difícil conocimiento que puede imaginarse». Solo entonces estará preparado para practicar «una blanda suavidad guiada por la prudencia». No debe avergonzarse de ser hijo de labradores —pues el linaje se hereda y la virtud se adquiere— y siempre debe buscar el justo medio. En ningún caso debe humillar a ningún hombre —incluso si ha cometido un crimen y merece ser castigado— y ha de cultivar la discreción, la compasión, la clemencia, la imparcialidad y la misericordia. La clarividencia de don Quijote vuelve a manifestarse al salir de la cueva de Montesinos. Parece un Sócrates que, en vez de contemplar el mundo de las ideas, ha penetrado en el inconsciente: «Todas las cosas que tienen algo de dificultad te parecen imposibles». Sin embargo, lo imposible es la llave del conocimiento. Ha permanecido una hora en la cueva, pero su memoria recuerda tres días. No está mintiendo. Solo deja testimonio del carácter relativo del tiempo, que se dilata o contrae según el punto de referencia. No razona como un orate, sino como un alma ardiente y visionaria, que concibe lo onírico como un estrato más de la realidad, quizá el más hondo y clarificador.

Don Quijote es un hombre de acción que reflexiona como un filósofo y medita como un místico. Desconfía de los sentidos, busca la verdad y aspira a la virtud perfecta. Si Cervantes pretendía que Alonso Quijano resultara ridículo, fracasó, pues el quijotismo ha pasado a la posteridad como ejemplo de nobleza y amor al hombre. Don Quijote roza lo sublime; Alonso Quijano, en cambio, solo es un pobre y melancólico hidalgo. Su existencia anodina es mucho más patética que sus floridas ensoñaciones.

Mis amores están condicionados por la edad y mi trayectoria vital. El paisaje castellano, los pueblos y el *Quijote* tal vez no dicen mucho a las nuevas generaciones, pero quizá les recuerdan que hay algo más allá del estrépito de las grandes aglomeraciones urbanas. Algunos jóvenes se plantean trasladarse a la España vaciada, con la idea de vivir a otro ritmo, sin experimentar la sensación de que el tiempo es una riada dispuesta a arrastrarlos con violencia. Volver a los pueblos, aliviar la sobrepoblación de las ciudades, quizá humanizaría a una sociedad cada vez más fragmentada y con escasos elementos de cohesión. Según Baudelaire, el propósito del *flâneur* es hacer «del mundo entero su familia». Tal vez para realizar ese sueño haya que dar un paso atrás y regresar a los pueblos, donde aún es posible experimentar al otro como algo cercano y a la naturaleza como una parte íntima, recogida y misteriosa de nosotros mismos.

27

Aquellos maravillosos vinilos

El amor es como una flor: dale tiempo y crecerá.
JOHN LENNON

Ahora que Piedad ha finalizado el tratamiento, miro atrás y me pregunto cómo hemos soportado la angustia de estos meses. Los amigos y el personal sanitario nos han ayudado muchísimo, pero en la intimidad del hogar nos hemos refugiado en las cosas que amamos: el cine y la música. Ya he hablado mucho de cine. Es el momento de hablar de mi amor a la música, una pasión que comparto con mi mujer.

A los dos nos gustan los Beatles y preferimos el vinilo al CD. Una de nuestras joyas es el vinilo de *¡Qué noche la de aquel día!*, que yo adquirí en los setenta en una pequeña tienda del centro de Madrid. Las caras de los cuatro chicos de Liverpool ocupan veinte celdillas bordeadas por un azul suave. La primera línea pertenece a John Lennon, que esboza una sonrisa, entrecierra los ojos, simula unos prismáticos con los dedos, aprieta los labios o extiende las manos. De niño, no sabía que Lennon era mucho más salvaje que Elvis, que consumía anfetaminas hasta echar espuma por la boca, que se liaba a mamporros con cualquier pretexto y que no le causaba ningún problema mantener relaciones sexuales en un baño público o un portal. Y hablo únicamente de las giras por Hamburgo. Solo Paul y, más tarde, Yoko Ono lograban aplacarlo cuando se ponía furioso, lo cual sucedía a menudo.

Las fotografías de George Harrison en la portada de *¡Qué noche la de aquel día!* transmiten timidez y dulzura. Con la barbilla apoyada en la mano, la boca entreabierta, de espaldas o con un cigarrillo en la boca, parece un chico afable, tierno, creativo. El cigarrillo —¡ay!— acabó matándolo. Su entusiasmo por la meditación trascendental del *maharishi* Mahesh Yogi solo rivalizó con su ininterrumpida pasión por el tabaco. Desahuciado por los médicos, afrontó la muerte con enorme dignidad y una inquebrantable fe en Dios, pero no en el Dios iracundo de la tradición bíblica, sino en el Dios amable y compasivo aclamado en su célebre tema *My Sweet Lord*. Las fotografías de Paul son particularmente encantadoras. Incluso cuando posa con cara de asco, se nota que es un tipo estupendo, el amigo ideal para intercambiar una confidencia, viajar en tercera clase o acometer un proyecto disparatado.

Las fotografías de Ringo desprenden melancolía, incluso tristeza. Serio, retraído, más serio todavía, titubeante, pensativo. Sin embargo, sabemos que Ringo es alegre, bromista y alocado. Quizá esos rasgos esconden un temperamento taciturno y meditabundo, como sucede en el caso de muchos cómicos geniales. Se ha comparado a Ringo con Groucho Marx. Yo creo que se parece más a Buster Keaton, pero con el estilo interpretativo de Harold Lloyd.

El vinilo de *Let it be* es otro de nuestros tesoros musicales. Los dos amamos ese álbum. Aunque fue su último lanzamiento, se grabó antes que *Abbey Road*. Las grabaciones de *Let it be* discurrieron en un ambiente hostil y conflictivo, con abundantes discusiones y desencuentros. Al parecer, Paul, John, George y Ringo, lejos de interpretar conjuntamente los temas, realizaron sus aportaciones en solitario y luego se fundieron en el laboratorio de mezclas. John Lennon encargó la producción al extravagante e imprevisible Phil Spector, que introdujo su célebre «muro de sonido», compuesto por coros femeninos y una aparatosa orquestación de carácter melódico. Algunos consideraron que el resultado final era aberrante y malograba la intención original de la banda, deseosa de recuperar el estilo roquero de sus inicios. De hecho, Paul McCartney pensó en un principio que el elepé debería titularse *Get back* para reflejar el propósito del grupo de volver a sus raíces.

El álbum inspiró una mediocre película que intentaba rescatar la mezcla de cine y música de *A hard day's night* y *Magical Mystery Tour.* Se especuló con los escenarios más insólitos para realizar el rodaje (un barco, un hospital infantil, las pirámides de Egipto), pero finalmente se eligió el tejado de los estudios de grabación. La policía interrumpió varias veces el rodaje, pues los vecinos se quejaban del ruido. Se ha dicho que fue el primer concierto desde la gira estadounidense de 1966 y el último de su carrera. La película se lanzó con el mismo título que el álbum y la crítica afirmó unánimemente que era una calamidad. No obstante, reconoció que era entrañable y enternecedora, pues mostraba el fin de un conjunto mítico e irrepetible. Se le concedió el Oscar a la mejor banda sonora. Ningún miembro del grupo acudió a recogerlo. Quincy Jones lo hizo en su nombre, lo cual confirmó que los chicos de Liverpool ya no se soportaban. El disco se lanzó el 8 de mayo de 1970, y el 31 de diciembre Paul presentó una demanda para la disolución de los Beatles, que no se consumó a efectos legales hasta 1975.

En nuestra colección de vinilos también ocupa un lugar destacado un *Grandes éxitos* de Elvis Presley. La primera vez que vi a Elvis yo era un niño de pantalón corto y el corte de pelo a tazón. En la España de finales de los años sesenta ya se había producido una tímida apertura, que —entre otras cosas— había permitido que en 1965 los Beatles actuaran en la plaza de toros de Las Ventas ante un público de cinco mil jóvenes. No conservo ningún recuerdo de ese evento, pues en esas fechas yo solo contaba dos años, pero en algún momento de mi niñez apareció la imagen de John Lennon con sombrero cordobés, guitarra eléctrica y armónica. No me impresionó gran cosa. En cambio, mi primer contacto con Elvis me produjo una auténtica conmoción. Encendí la televisión —un Telefunken en blanco y negro— y apareció cantando uno de sus números más famosos: el rock de la cárcel. Con uniforme de preso y un llamativo tupé, su voz de barítono alto y con registros de tenor jugaba con una letra por entonces incomprensible para mí, enlazando frases a un ritmo frenético. Nunca había escuchado algo semejante y, menos aún, había contemplado a nadie mover las piernas y las caderas a semejante velocidad de vértigo.

No fantaseé con ser Elvis, pero sí pensé que mi peinado estilo Beatles era un poco anticuado. No sabía que Elvis había aparecido primero, que los cuatro de Liverpool no habrían existido sin sus canciones —según reconoció el mismísimo John Lennon—, que el joven que se agarraba de una barra, chasqueaba los dedos, se subía a una mesa y trepaba por unas escaleras de caracol sin perder el sentido del ritmo había provocado una auténtica revolución cultural, propinando un impulso definitivo al rock and roll.

Solo tenía diez años cuando vi *Aloha from Hawaii,* un concierto transmitido vía satélite que logró mil millones de espectadores. Fue una experiencia decepcionante o, más exactamente, demoledora, pues el muchacho de Tupelo (Misisipi) había engordado, se vestía como un hortera y hacía payasadas en el escenario propinando golpes de kárate al aire. Comprendí que los héroes no solo envejecían, sino que, además, podían convertirse en una sombra —o una caricatura— de sí mismos. Como la mente se niega a asimilar las desilusiones, intenté olvidarme del concierto en Hawái escuchando el *Grandes éxitos* que me había regalado mi madre, con canciones como «Hound Dog», «Blue Suede Shoes», «In the Ghetto».

La caída de un ídolo es un duro golpe que no siempre se supera. Quizá eso explique que poco a poco dejara de escuchar a Elvis. Es cierto que los Beatles también cambiaron, pero no se pusieron un traje blanco de lentejuelas, sino que reemplazaron los flequillos y los elegantes trajes negros por melenas, barbas descuidadas y ropas de colores en el más puro estilo hippy. La muerte de Elvis no me afectó demasiado. Me entristeció saber que se había convertido en adicto a los fármacos, que comía sin medida hamburguesas y pizzas, que se paseaba por Graceland, su mansión en Memphis, con un revólver en la cintura, disparando contra todo lo que le molestaba: un inodoro atascado, un programa de televisión aburrido, una lámpara con las bombillas fundidas.

Mucho después se hizo público que Elvis había logrado entrevistarse con Nixon, al que ofreció su ayuda para luchar contra las drogas y el comunismo. Eso sí, no podría hacerlo sin una placa de agente federal. Al principio Nixon se quedó estupefacto, pero aceptó recibirlo y le entregó la placa. Una fotografía recogió el encuentro mostrando a un Nixon visiblemente incómodo y a un Elvis con aspecto de mafioso de Las Vegas. Conocer este hecho solo acentuó mi desencanto con Elvis. Mi elepé con sus grandes éxitos pasó a ocupar un lugar marginal en mi pequeña colección. Dejé de escucharlo, como dejé de leer a Verne y a Salgari, convencido de que la madurez consistía en dejar cosas atrás sin mucho pesar. Con los años he recuperado a Elvis, a Verne y a Salgari, y considero que mi deuda con ellos es impagable.

A finales de los años ochenta, un amigo me prestó un elepé de Elvis con canciones poco conocidas que habían aparecido en la cara B de sus singles o que pertenecían a su repertorio de blues. Entre ellas se hallaba *Stranger in My Own Home Town*, que me conmovió profundamente, con un Elvis cantando como un paria sin hogar. Su voz nunca me había sonado tan negra, tan desgarrada, tan auténtica. La letra hablaba de un hombre que vuelve a su ciudad natal lleno de buenas intenciones y solo encuentra rechazo, hostilidad. Pensé que tal vez Elvis se sentía así al final de su vida, deambulando por Graceland con su revólver, lleno de rabia y perplejidad. A diferencia de los Beatles, no había logrado adaptarse a los cambios sociales y estéticos. Los tiempos habían cambiado y él se había quedado desplazado. Solo era una reliquia del pasado, un cantante anticuado y quizá un hombre atrapado en la niñez. Devolví el elepé de Elvis a mi amigo, pero antes hice una copia en un casete. Desgraciadamente perdí la cinta. De hecho, solo conservo unos pocos casetes que nunca escucho. A diferencia del vinilo, el casete no posee el necesario encanto para alimentar la nostalgia y el coleccionismo. Es un formato definitivamente desechado.

John Lennon dijo que «antes de Elvis no había nada». Elvis siempre será el rey. Cuando ahora lo contemplo, cantando y bailando el rock de la cárcel, pienso que también merecería ser recordado como un artista adolescente en busca de su propia identidad. Quizá no comprendía lo que hacía, pero cambió el mundo con sus canciones levantando de su asiento a miles de jóvenes que ya no se conformaron con seguir viviendo como hasta entonces. En mi caso, implicó un cambio importante. Le exigí a mi madre un nuevo peinado y ella aceptó. Más adelante intenté dejarme el pelo largo, pero se ondulaba de una manera grotesca y no soportaba mirarme al espejo sin experimentar desolación.

A los dieciséis años Piedad y yo aún no nos conocíamos, pero los dos escuchábamos con fervor *Made in Japan,* un elepé doble de Deep Purple. Intenté dejarme una melena, sí, pero nunca soñé con ser un astro del rock and roll. Cantaba muy mal y no sabía tocar ningún instrumento. Sin embargo, siempre he amado el rock. Adoraba los elepés dobles o triples. Por su duración y por su despliegue visual. Compré mi ejemplar de *Made in Japan* en la Toni Martin, legendaria tienda de discos de la madrileña calle Martín de los Heros, cerca de plaza de España.

A finales de los setenta la Toni Martin era un oasis de libertad y frescura en un país que acababa de librarse de una dictadura y que aún luchaba contra las fuerzas sociales y políticas nostálgicas del franquismo. Descubrí su existencia por azar. Yo estudiaba en un colegio de padres reparadores llamado Fray Luis de León, donde todavía se utilizaba la pedagogía del palo y la humillación verbal. Durante los recreos la mayoría de mis compañeros desahogaban su mente, ferozmente maltratada por el sentimiento de culpa y pecado, en unos billares con futbolines y máquinas de *pinball.* Yo no era una excepción, pero de vez en cuando sacrificaba las partidas de futbolín y *pinball* por unos momentos de embriaguez en una tienda cuyos altavoces reproducían una música relativamente desconocida que escandalizaba a los mayores. El rock —hard, progresivo o country— no era un simple estilo musical, sino un alarido de libertad y un gesto de resistencia contra un clima asfixiante y opresivo.

Por aquel entonces la oferta musical en España era paupérrima. En El Corte Inglés solo podían comprarse discos de Raphael, Julio Iglesias o Camilo Sesto. Si escarbabas un poco en los expositores, podías toparte con Elvis Presley, pero —salvo que mi memoria me engañe— no había nada más moderno. Me pregunto si esa escasez de grupos y cantantes de pop y rock reflejaba una disimulada oposición a la revolución contracultural iniciada en los sesenta. En cambio, la Toni Martin exhibía en su escaparte vinilos de los Rolling Stones, The Who, Led Zeppelin, Pink Floyd, Yes, Genesis, Jethro Tull, Janis Joplin, Jimi Hendrix, Deep Purple. A veces me pasaba la media hora del recreo observando portadas. El formato grande del vinilo se prestaba a composiciones innovadoras de enorme belleza visual. *Yessongs*, el triple álbum en directo de Yes, incluía ilustraciones de Roger Dean que mostraban restos de planetas flotando en el cosmos o paisajes de otros mundos con lagos, ciervos, musgo y árboles. Era un paisaje mucho más atractivo que el mundo monocromo de los televisores de la época o la terrorífica eternidad de la que hablaban los curas, con sus legiones de réprobos ardiendo en el infierno. El pop-rock no fue una simple moda, sino una explosión de creatividad e insumisión que contribuyó a demoler la podredumbre franquista, con su corte de sacerdotes tridentinos, beatas de rostro sombrío y militares con bigotito al estilo Alfredo Mayo o Adolphe Menjou.

No recuerdo cómo adquirí mi primer ejemplar de *Vibraciones*, una excelente revista musical creada por Àngel Casas, con deslumbrantes fotografías de Francesc Fàbregas y artículos de Constantino Romero, Oriol Llopis, Jaime Gonzalo, Jesús Ordovás y Diego A. Manrique. Nacida en octubre de 1974, *Vibraciones* me reveló la existencia de artistas como Frank Zappa, David Bowie, Eric Clapton o The Clash. Por desgracia, no conservo el número dedicado a Deep Purple. Si la memoria no me engaña, Ritchie Blackmore aparecía en la portada, con una camisa negra adornada con flores de colores, una guitarra eléctrica y la cabeza inclinada hacia atrás, ondulando una de esas melenas que se convertirían en la seña de identidad de hippies y roqueros.

Aprendí más en las páginas de *Vibraciones* y en los expositores de la Toni Martin que en las aulas, con sus ejercicios memorísticos y su pirotecnia aritmética. Nunca me atrajo averiguar el punto de encuentro de dos vehículos en movimiento o las propiedades de los gases nobles. En cambio, escuché fascinado las siete canciones de *Made in Japan.* Por entonces no entendía las letras y mis conocimientos de rock eran elementales, pero solo necesité unos minutos para comprender que había algo excepcional en ese concierto. *Made in Japan* me parecía un buen título. Años después leí que, en la época en que se grabó el concierto, los artículos fabricados en Japón eran baratos y de escasa calidad. Algo parecido a lo que sucede en nuestros días —o, por lo menos, hasta hace muy poco— con *Made in China.* Estaba claro que la banda británica poseía sentido del humor y escasa fe en su doble disco en directo. No sospechaban que su actuación cambiaría la historia del rock imponiendo el directo como alternativa forzosa en la carrera discográfica de cualquier banda o cantante de rock con cierta importancia.

Made in Japan reúne canciones interpretadas en dos escenarios (Osaka y Tokio), pero sin arreglos ni maquillajes. Por eso es un documento cargado de espontaneidad y autenticidad. La leyenda refiere que un espectador se suicidó en el minuto nueve de «Child in Time», feliz de despedirse del mundo mientras escuchaba su tema favorito. En la grabación suena un estampido que se parece inquietantemente al disparo de un revólver. Nunca se ha aclarado la cuestión y en el rock, como en el Oeste, la leyenda se imprime y la realidad se olvida.

Según la crítica especializada, «Child in Time» es una de las diez mejores canciones de la historia del hard rock. Ian Guillan realiza una prodigiosa exhibición de sus cualidades vocales. Con diez minutos de duración, su letra habla del bien y el mal, la violencia y el azar. Los gritos agudos y desgarradores de Guillan pusieron el listón demasiado alto para el propio cantante, que dejó de interpretar la canción al cumplir años por la imposibilidad de reproducir las notas más altas. Los directos de Deep Purple eran salvajes. Se convirtió en algo habitual destrozar los instrumentos después de acabar los conciertos. Gillan parecía una versión blanca de Little Richard, con su derroche de carisma y dramatismo sobre el escenario. «Smoke on the Water» es el tema más conocido de *Made in Japan*. La revista *Rolling Stone* considera que es una de las quinientas mejores canciones de la historia del rock, y, para muchos, el tema estrella de Deep Purple, quizá por su sencillez y contundencia. Su riff es inconfundible y evoca la década de los setenta, con sus grandes bandas y sus conciertos multitudinarios.

El viaje de Deep Purple a Japón constituyó un verdadero desafío. Hasta entonces pocos grupos de rock habían tocado allí. Los japoneses se habían familiarizado con los militares estadounidenses, pero no estaban acostumbrados a cruzarse con estrellas de rock con el pelo largo y solo una minoría hablaba inglés. Ian Pace salió a dar un paseo y se extravió. Necesitó cinco horas para volver, pues todos los carteles estaban en japonés y los transeúntes se limitaban a sonreír cuando se dirigía a ellos, sin comprender ni una palabra. Grabar un disco en directo no parecía una buena idea, pues esa clase de trabajos se consideraban de baja calidad, el típico y fácil recurso ante la escasez de ideas. Se acordó que la banda tocara el 15 y el 16 de agosto en el Koseinenkin del Festival Hall de Osaka y el 17 en el Budokan Hall de Tokio. Los conciertos iban a comenzar a las seis de la tarde, una hora estrafalaria para los músicos de una banda acostumbrada a trasnochar hasta el filo de la madrugada. Las entradas se agotaron a las tres horas.

El choque cultural, lejos de ser traumático, fue fecundo e inspirador:

> Llegamos en un momento en que Japón era un país que todavía no había sucumbido a la cultura estadounidense, no había una hamburguesería en cada esquina. Éramos extraños en tierra extraña. Pero se esforzaban en mostrarnos su cultura, nos llevaron a un club de geishas. El promotor de los conciertos era hijo de un samurái y tal vez por eso nos sentimos predispuestos a tocar de forma heroica. Muchos solos, mucha intensidad. Eso es lo que hace única una grabación como *Made in Japan*.

Catorce mil personas acudieron cada noche, pasando de la contención y la sobriedad al fervor y la desinhibición. La banda las saludó con un irónico *Good morning*, pues nunca habían comenzado a tocar tan temprano. Durante el concierto de Tokio, Ritchie Blackmore arrojó su guitarra al público. El personal de seguridad recuperó el instrumento y se lo devolvió sin entender el significado de su gesto. Blackmore se quedó perplejo. Martin Birch grabó las actuaciones entre resoplidos, pues no se encontraba cómodo con el equipo de ocho pistas que le habían facilitado. Sin embargo, la crítica celebró su edición de *Made in Japan.* Desde *Melody Market* hasta *Rolling Stone,* todos alabaron el doble elepé en directo. Jon Lord leyó los elogios sin sorprenderse: «Éramos un grupo fogoso, un grupo absolutamente en la cima de su carrera. Por eso amo tanto ese álbum. Es una preciosa instantánea del grupo en toda su gloria».

El directo de *Made in Japan* es tan extraordinario porque asimila las pautas del jazz, que reinventa los temas mediante la improvisación. En «Highway Star», el sonido del órgano se alarga hasta desembocar en un contundente riff. Jon Lord se basa en una progresión de Bach, y Blackmore en una secuencia de Mozart, logrando solos inolvidables. «Child in Time» se convierte en un vertiginoso intercambio entre la voz de Guillan y la guitarra de Blackmore. En la época de la Guerra Fría, la letra —que habla de «plomo volante» y balas que rebotan— resultaba particularmente estremecedora. En «Smoke on the Water», Blackmore interpreta el riff con dos dedos, prescindiendo de la púa. El grito de Guillan es la señal para que los instrumentos entablen un chispeante diálogo con un apoteósico clímax final. «The Mule» incluye un solo de batería de seis minutos y diez segundos. Ian Pace perdió dos kilos a causa del esfuerzo. «Strange Kind of Woman», con una base de blues, recoge un alarido de Guillan de once segundos y un intercambio de gritos con el público que pone a prueba sus recursos vocales. «Lazy» es puro R&B, con un final trepidante donde todos los instrumentos se lanzan a una carrera desbocada y convergen en un frenesí unánime. «Space Truckin´» es pura psicodelia, una catedral sonora con ecos de *Así habló Zaratustra,* de Richard Strauss, y *2001. A Odyssey of Space.* Los bises («Black Night», «Speed King» y «Lucille») se incluyeron en ediciones posteriores y confirman que Deep Purple crecía en los directos, desbordando las limitaciones del estudio con inauditos raptos de creatividad.

Made in Japan viajó al espacio exterior. La tripulación del transbordador Columbia se despertaba escuchando «Space Truckin´». El 1 de febrero de 2003 el transbordador se desintegró mientras regresaba a la atmósfera. Murieron sus siete tripulantes. Entre los restos aparecieron fragmentos de los álbumes *Machine Head* y *Purpendicular.* Curiosamente, el elepé *Down to Earth,* de Rainbow, el grupo creado por Ritchie Blackmore en 1975, se recuperó intacto. No sé qué opinarían los extraterrestres si escucharan *Made in Japan.* Si son seres inteligentes, apreciarían su energía y su color. Creo que Nietzsche habría elogiado el álbum. Por su alegría, por su descaro, por su rebeldía.

Durante los meses que duró el tratamiento, Piedad y yo hemos escuchado los viejos vinilos que adquirimos en nuestra juventud. Entre sus surcos hemos aprendido que no hay nada más inútil que la tristeza y que bailar no es algo banal, sino la forma más perfecta de celebrar la vida. El amor no correspondido siempre es doloroso. Sin embargo, el amor a la música nunca produce esa sensación. Es suficiente colocar la aguja sobre un vinilo o pulsar un botón de reproducción para sentir su abrazo cálido y sincero.

La música no es excluyente. Siempre es posible cambiar de estilo, sin experimentar la sensación de haber cometido una traición. Por eso, hemos alternado el rock con la música clásica. Siempre hemos apreciado mucho la forma de dirigir de Carlos Kleiber y Wilhelm Furtwängler. Un director de orquesta es un creador que explora caminos. Sus gestos hacen visible el prodigio de la música. No se trata de simples indicaciones, sino de movimientos que expresan una forma de comprender y ejecutar la obra interpretada. El baile de la batuta, la coreografía de los brazos, el sentimiento del rostro, la fiebre o la calma de la mirada reflejan una vivencia personal.

Carlos Kleiber analiza cada compás, cada nota, sin dejar nada al azar. Esa es la razón por la que algunos lo llamaban «el alquimista musical», señalando que su magia consistía en otorgar la máxima libertad a sus instrumentistas, escuchando todas sus sugerencias y abriéndose a planteamientos divergentes, pero sin renunciar a un criterio propio, sin el cual no es posible dirigir con solvencia.

Se ha dicho que Kleiber bailaba sobre el podio de director, con gestos llenos de elegancia que marcaban los cambios de tempo, resolviendo con inteligencia las tensiones de obras con grandes contrastes. Aunque en sus interpretaciones se advertían sus orígenes vieneses, con su corte de ligereza y jovialidad, también se apreciaba el carácter heroico y solemne de la tradición germánica, pero sin acartonamientos y sin el frío tecnicismo de Karajan, al que admiraba sinceramente, pese a los abismos que les separaban.

Si tuviéramos que escoger una grabación de Carlos Kleiber, elegiríamos su versión de la Quinta y la Séptima sinfonías de Beethoven para Deutsche Grammophon, donde el *ostinato* (sucesión de compases que repiten una y otra vez una secuencia de notas) crece como una progresión imparable hacia una explosión llena de energía. Gracias a ese recurso, se imponen la vitalidad y el optimismo, disipando otras visiones más sombrías. Algunos críticos han señalado que el Beethoven de Kleiber es una especie de Capilla Sixtina restaurada, donde lo solar ha desplazado a las sombras que oscurecían un conjunto majestuoso.

Nos quedan bastantes grabaciones de Furtwängler. Podemos apreciar su genio en ellas, con independencia de su calidad sonora, a veces deficiente.

El 22 de agosto de 1954 dirigió en el Festival de Lucerna la Novena sinfonía de Beethoven. Se ha dicho que la de Lucerna es la más serena, contemplativa y mística. Al frente de la Filarmónica de Londres, Furtwängler contó con figuras como la soprano Elisabeth Schwarzkopf, el tenor Ernst Haefliger, la contralto Elsa Cavelti y el bajo Otto Edelmann. Desde su primera interpretación en Lübeck el 26 de abril de 1913, había dirigido la Novena en noventa y seis ocasiones, de las que se conservan diez.

Algunas interpretaciones son particularmente dramáticas o significativas, como la de Londres en 1937, la de 1942 en Berlín o la de Bayreuth en 1951. La de 1954 fue la última. En esa ocasión, Furtwängler redondeó la arquitectura de la Novena con una tensión que parece emerger de la confrontación entre la vida y la muerte, la alegría y el luto, la épica y la melancolía. No es una Novena solar, pero tampoco trágica. Se aprecia una visión de conjunto donde prevalece lo ético y espiritual. No hay que olvidar que la Novena es un canto a la fraternidad. Tras la experiencia de la guerra, Furtwängler despliega todos sus recursos para que la «Oda a la alegría» se escuche como un himno universal, como una Marsellesa para la humanidad, tal como pretendía Beethoven, desengañado por los acontecimientos de su época, pero con la firme determinación de no caer en un estéril pesimismo.

La música desconoce la pereza. Siempre está ahí, esperándonos. Ahora que ha pasado lo peor, Piedad y yo volveremos a escuchar esos vinilos que nos acompañan desde nuestra juventud y que —como proclama *Gimme Shelter*, la famosa canción de los Rolling Stone— siempre serán un refugio en mitad de la tormenta.

28

Raimundo: siempre *p'alante*

¡Hay que vivir! Y él me enseñó a vivir, él nos enseñó a vivir, a sentir la vida, a sentir el sentido de la vida, a sumergirnos en el alma de la montaña, en el alma del lago, en el alma del pueblo de la aldea, a perdernos en ellas para quedar en ellas.

MIGUEL DE UNAMUNO, *San Manuel Bueno, mártir*

Raimundo, el padre de mi querido amigo Diego, no ha logrado superar una neumonía asociada a un cáncer de lengua. No voy a consentir que su muerte oscurezca el luminoso rastro que ha dejado tras su paso por este mundo. Su ausencia me duele, pero yo siento que sigue muy vivo. En el recuerdo de quienes lo quisieron, que fueron muchos, y en algún lugar que solo podemos imaginar, pero que en algunos aspectos parece más real que el día a día, con su carga de incertidumbre y misterio. Raimundo creía en Dios, yo también, lo cual significa que los dos creemos en la persistencia de lo bello y lo bueno.

Nunca llegué a conocerlo en persona: Raimundo residía en Zaragoza, donde trabajaba como abogado. Solo hablamos por teléfono en varias ocasiones e intercambiamos mensajes mediante el correo electrónico. Yo solía decirle que Diego y Silvia eran nuestros «hijos prestados» y él se reía, comentando que le agradaba la idea de compartir hijos con nosotros. Para él, Silvia no era simplemente su nuera, sino una nueva hija a la que había recibido con los brazos abiertos. Pilar, la mujer de Raimundo, no ha sido menos generosa. Quizá es menos expresiva, pero se arrojaría al agua sin pensarlo si alguien necesitara su ayuda para no ahogarse.

En una de las primeras conversaciones que mantuve con Raimundo, me dijo: «No os hemos visto aún, pero ya os queremos». Yo no sabía que los médicos habían augurado a Raimundo una esperanza de vida de cinco años y que ya estaba cerca de esa fecha. Durante una de nuestras conversaciones por teléfono, advirtió mi angustia por Piedad y se esforzó en aplacarla con golpes de humor y palabras afectuosas. Se burló de la intervención quirúrgica que había sufrido para frenar el avance del cáncer. Le amputaron un trozo de lengua y lo rellenaron con un injerto de piel extraído de la muñeca izquierda. «Yo ya puedo decir que tengo pelos en la lengua», comentó entre carcajadas. Después añadió que desde la operación hablaba con acento francés, pues pronunciaba la erre con dificultad. Solo manifestó algo de pesar al comentar que la expresión oral era la base de su trabajo y quizá había perdido algo de fluidez por culpa de la nueva inflexión impuesta por la enfermedad.

Raimundo poseía una sabiduría natural, una cualidad mucho más útil para la vida que la simple acumulación de datos. Esa sabiduría, que nunca prescindió del alimento de los libros o el cine, le permitió seguir disfrutando de la vida a pesar de la enfermedad. Según me contó Diego, la última película que vio en una sala fue *El conde de Montecristo*, la versión de 2024 dirigida por Matthieu Delaporte y Alexandre de La Patellière. Raimundo acudió con su mujer, sus hijos y sus nueras. Aunque ya llevaba un moderno bastón adquirido en una tienda de deportes, resistió las tres horas que duró la proyección y la cena posterior en un restaurante de comida rápida. La enfermedad lo había debilitado y ya había sufrido alguna caída. Cada vez dormía más horas, pero la historia de Edmundo Dantés lo mantuvo en vilo desde el principio hasta el final. Raimundo podría haberse identificado con Dantés, pues soportaba la crueldad de una enfermedad implacable, pero nunca experimentó rabia, odio o deseos de venganza. Silvia me refirió que habló con él durante unas Navidades y le confesó que afrontaba el porvenir con mucha tranquilidad y sin temor. Se consideraba afortunado, pues su vida había sido muy buena. Había disfrutado del amor de Pilar y de dos hijos estupendos. Y había visto cómo crecía su familia con dos nuevas hijas, Marta, la mujer de su hijo Andrés, y Silvia. Esta vez no se había cumplido eso de que los suegros y las nueras no suelen llevarse bien. Al revés, su círculo de afectos se había ensanchado. Su propósito era despedirse de este mundo con gratitud y serenidad, no pataleando con frustración, como si lo arrojaran a un abismo insondable.

«Curiosamente, o no, la muerte tiene algo de esperanzador —afirma Diego—. Genera un sentimiento extraño en alguien que ha perdido a un padre razonablemente joven». Raimundo sobrellevó el cáncer con estoicismo y humor. Solía echarse cuatro gotas de vino en la cicatriz de su antebrazo, asegurando que así lo paladeaba mejor. Su intención era hacer reír a sus seres queridos para atenuar el sufrimiento que les causaba su enfermedad. «Mi padre fue un hombre especial —apunta Diego—. Quizá también por culpa de mi madre, que estuvo con él en todo momento. Como bien dijo mi hermano en su funeral, presenciamos en estos casi cinco años el mayor acto de amor que hasta entonces habíamos visto. Mi madre dejó de lado su vida para que la de mi padre fuera un poco más fácil. Sabiendo que el final tenía una fecha. Ojalá nosotros nos parezcamos a ellos».

Raimundo aprovechó hasta el último instante de vida. Su mujer le regaló un reloj pocos días antes de morir y se ilusionó con él, pese a tener los días contados. Su sano hedonismo se alimentaba de pequeños placeres, como ver un wéstern, escuchar un álbum de Sinatra o sintonizar Radio Clásica para disfrutar de un concierto. Amante de la buena mesa y de las charlas de sobremesa, cada vez que visitaba a Diego y a Silvia pedía unos callos y una copa de vino. Era estoico ante la fatalidad y un epicúreo el resto del tiempo. Le gustaba pasear a Migas, su pequeño jack russell y, durante esas caminatas, aprovechaba para llamar a Diego y a Silvia. Para él, ya estaban casados y le ilusionaba su inminente boda. Desgraciadamente, ya no podrá asistir físicamente, pero todos piensan que estará allí, como una luz que transmite su calor con discreción.

Actor aficionado en su juventud, preparaba a Diego todos los años para que recitara poemas de Alberti y Gloria Fuertes en el certamen anual del colegio. Ese esmero convivía con una inofensiva negligencia. Nunca recordaba el curso que estudiaban sus hijos, pero jamás se olvidaba de darles un beso. Alegre y bonachón, su humor solo se tambaleó al final. Siempre que se enfadaba pedía perdón, como esa vez que no pudo comerse los callos que habían pedido en un bar. Frustrado, se marchó a dar un paseo y, al regresar, se disculpó, aceptando llevarse los callos a Zaragoza en un envase. Durante uno de sus últimos días, pidió ayuda a Diego para ir al baño. Su hijo no acertó a sostenerlo bien y se cayó al suelo. No se quejó. Solo pidió que su mujer no se enterara y padre e hijo se rieron, como dos colegiales que hacen una diablura a escondidas.

Maestros de la felicidad fue el último libro que leyó Raimundo. Le gustó tanto que compró siete u ocho ejemplares para regalárselos a los médicos, enfermeros y administrativos que le habían atendido. En nuestra última conversación telefónica, elogió la obra, destacando su tono esperanzador y luminoso. Generoso y desinteresado, Raimundo atribuía más importancia a dar que acumular. Nunca escatimó un gesto de afecto con las personas heridas y jamás desatendió a quienes buscaban su ayuda.

Pidió que en su funeral no hubiera flores, pero el tanatorio y la iglesia se llenaron de ramos de todos los colores. Una explosión de cariño que hizo reír a su familia, pues todos recordaban su insistencia en que no deseaba ese tipo de homenaje. «A sus nietos les hablaremos del abuelo Raimundo —promete Diego—. Quizá alguno hasta lleve su nombre, quién sabe. Les contaremos lo orgullosos que estamos de él, lo felices que hubieran sido a su lado, lo mucho que hubieran aprendido, reído y jugado con él y con la abuela Pilar. Les hablaremos de las ganas que tenía de cuidarlos y les pondremos el vídeo en el que mi madre, siendo yo un bebé, trata de darme un puré. Pero mi padre, al otro lado de la cámara, no para de hacerme reír. Por supuesto, no fui capaz de comerme el puré, pues las risas me hicieron escupir las cucharadas. Y les daremos la lección más generosa, humana y bonita que un padre, marido y amigo puede dar a todos los que quiere a pesar de que su tiempo se acaba: "Siempre *p'alante*"».

Poco después de la muerte de Raimundo, me reuní con un grupo de mujeres afectadas por el cáncer. Paula, psicooncóloga del Hospital Universitario Infanta Leonor, me habló de Engánchate, una asociación que surgió hace unos años para proporcionar apoyo emocional a las pacientes. La palabra *cáncer* es una palabra maldita. De hecho, yo casi siempre busco eufemismos para referirme a ella, pues sé que está asociada a la muerte. Sin embargo, hace mucho tiempo que no es así. La oncología ha avanzado muchísimo y el porcentaje de curaciones cada vez es más alto. Mariano Barbacid, el famoso bioquímico español cuyas investigaciones han supuesto un notable avance en el estudio sobre las bases moleculares del cáncer, declaró hace poco: «Dentro de unos años moriremos con cáncer, pero no de cáncer».

Hay que normalizar esa palabra maldita que inspira tanto miedo y desaliento. Las infecciones parecían invencibles, pero gracias a los antibióticos ya no son accidentes insalvables. Tenemos que asociar el cáncer a la esperanza. La esperanza no es una expectativa ingenua, sino el sentimiento que despeja el futuro. No es un amuleto, sino un poderoso rayo de luz que abre un camino en la oscuridad más impenetrable. Pero ¿dónde podemos encontrar la esperanza, especialmente cuando una enfermedad con una connotación tan negativa irrumpe en nuestras vidas, eclipsando la alegría de vivir? La medicina es el primer lugar al que debemos acudir, pues solo ella dispone de los medios para erradicar esas células que conspiran contra nosotros. El cuidado especializado, que debe incluir el apoyo emocional, está reservado al personal sanitario, pero el cuidado cotidiano es una tarea de la familia. Cuando Piedad enfermó, no pudimos contar con ese apoyo. No tenemos hijos y nuestros padres fallecieron hace tiempo. Yo he perdido a mis hermanos y mi mujer se ha distanciado de los suyos. Durante los meses de tratamiento solo pudimos contar con el apoyo de los amigos, que no siempre pudieron estar a nuestro lado por sus compromisos familiares y profesionales. Por eso son tan necesarios los grupos de apoyo, las asociaciones que agrupan a las personas heridas para confortarlas y combatir su sensación de soledad y desamparo. Hay otros recursos no menos útiles, como el cine, la literatura o la música.

La enfermedad suele colonizar la imaginación y los sueños. Nos acosa con su carga de incertidumbre y perturba nuestro descanso. Ya no pensamos: rumiamos o sufrimos el asalto de las pesadillas. No hay que permitirlo. El cáncer se parece al genio maligno cartesiano. Se introduce en todas las facetas de nuestra vida para arruinar las posibilidades de dicha. La esperanza, que no es solo la expectativa de un feliz desenlace, es el arma más poderosa para atenuar o neutralizar la angustia. Ernst Bloch asocia la esperanza a la música. En *El principio de esperanza,* apunta que la música es «una luz en el cielo más lejano». En ella hay algo «superador e inconcluso», una apertura que solo atisbamos en la poesía. La música es el lenguaje de la esperanza, de lo indeterminado y abierto, de lo que siempre está un paso más allá, trascendiendo un umbral que excede nuestra percepción del ser como algo inmediato y cerrado. Es «una fuente que habla», que mana y burbujea, expresando «lo que es mudo en el hombre mismo». La música es la «dicha de los ciegos», pues nos abre los ojos a las cosas existentes y a lo que está por encima de ellas.

Para Beethoven, «la música es una revelación más alta que la filosofía». Bloch, que opina lo mismo, señala que la muerte, «hacha helada de la nada», es «la más pura antiutopía». Por contraste, «la música es la más utópica de todas las artes». Por muy profunda que sea la noche, por muy oscura que sea la muerte, la música crepita como el fuego, iluminando la Estigia. La música colinda con la muerte, pero no para señalar un límite o un término, sino la interminable expansión de lo invisible.

La pintura y la arquitectura están acotadas por el espacio. En cambio, la música es tiempo y el tiempo fluye sin descanso. La música avanza hacia la muerte para devorarla, para triunfar sobre su silencio. Desde la flauta pánica, que buscaba consuelo tras una pérdida, «la música enciende las lámparas de algo». La música traspasa el paisaje misterioso de la muerte. Es aurora, «libertad futura, una estrella, [...] una nueva tierra». En *Ocnos,* Luis Cernuda compara la música con un rayo de sol. No podemos atraparlo con la mano, pero traspasa nuestro espíritu y enciende nuestros sueños. La música es la única utopía que no ha sido desmentida por la historia. Por eso hay que continuar creyendo en ella.

Acudí a mi cita con Paula y la asociación de mujeres afectadas por el cáncer con todas estas ideas en la cabeza, sin tener muy claro si les servirían de algo. Cuando hablo en público, nunca acudo con un guion cerrado. Me gusta improvisar, dejar que los oyentes modulen mis palabras, dejarme llevar por sus reacciones. Quizá no medí mis fuerzas, pues al pisar el Hospital Universitario Infanta Leonor experimenté la congoja que siempre me asalta en los espacios sanitarios. «Un hospital es el lugar donde la gente se muere», pensé, pero recordé enseguida las palabras de mi amigo Damián, ginecólogo de ese centro: «También es el lugar donde nacen las personas». Esa idea me reconfortó un poco, pero no borró completamente mi malestar. Durante la niñez abrigamos la idea de que el mundo es un lugar confortable y estable. No pensamos que esa impresión es ficticia, el fruto del entorno protector creado por nuestros padres. No recuerdo en qué película —creo que fue en *El cuervo,* famosa porque durante su rodaje murió accidentalmente Brandon

Lee, hijo del mítico Bruce Lee—, el villano de turno comenta: «¿Sabes cuándo acaba la niñez? Cuando descubres que vas a morir». Saber que vamos a morir no debería menoscabar nuestro apego a la vida, pero lo cierto es que la sociedad occidental no soporta la confrontación con la finitud desde que las viejas creencias religiosas se desplomaron. Antes el ser humano se consideraba una criatura destinada a la eternidad. En nuestros días la mayoría de los europeos no ven otro horizonte que la nada, algo que no sucede en Estados Unidos, donde el proceso de secularización no ha logrado disolver la fe en el más allá.

Las mujeres de Engánchate me escucharon con enorme paciencia y generosidad. Acompañadas por Pepa, ginecóloga oncológica, y por Paula, narraron lo que habían vivido. En sus palabras se advertía la rica diversidad de la conducta humana. Todos los sentimientos desfilaron por la sala donde nos habíamos reunido: miedo, coraje, angustia, humor, serenidad, desaliento. Algunas mujeres se acercaron a hablar conmigo y no pudieron reprimir sus lágrimas. Pilar, que me autorizó la publicación de su nombre, me confesó que le sucedía lo mismo que a mí: no soportaba la palabra *cáncer.* Prefería hablar del «bicho» y subrayaba que no habría podido hacerle frente sin el apoyo de su familia. Desgraciadamente, no todas las afectadas disfrutaban de ese privilegio. Algunas habían perdido a sus parejas; otras sufrían problemas añadidos, como el caso de Mari José, con una hija atrapada en una espiral de ansiedad, depresión y autolesiones. A veces, el dolor se acumula como una avalancha de barro que arrastra todo a su paso. El mismo día en que le diagnosticaron a Mari José el hallazgo de un segundo tumor en el pecho, su hija intentó suicidarse con una sobredosis de pastillas.

Paula enfatizó en la necesidad de cuidarse a uno mismo, una idea especialmente comprensible en los casos de mujeres acostumbradas a llevar todo el peso de una familia y con parejas poco solidarias. Me cuesta trabajo entender a esas personas que eluden sus responsabilidades y no cuidan a sus seres queridos. Pilar, la esposa de Raimundo, anticipó su jubilación como farmacéutica para cuidar a su marido y nunca se quejó por la carga que llevaba sobre sus espaldas. De hecho, ni siquiera lo vivió como una carga, sino como un acto de amor. Yo he experimentado la misma sensación al cuidar a Piedad o a mi madre, María Rosa, aquejada de alzhéimer durante los últimos cinco años de su vida. Pienso que, al cuidar a los otros, nos cuidamos a nosotros mismos.

Mi encuentro con las mujeres de Engánchate me dejó una cosa muy clara: la dignidad del ser humano se manifiesta en los cuidados que prodiga a sus semejantes. Quizá suene incorrecto, pero pienso que la dignidad no es algo inalienable. Los verdugos nazis que ahorcaban a niños judíos perdieron la dignidad. La sociedad reconoció su derecho a un juicio justo, pero en la mayoría de los casos los envió al patíbulo. Su condición de seres humanos les garantizó ese mínimo de dignidad que los eximió de una ejecución sumarísima, pero se trató de una dignidad otorgada, no adquirida.

La verdadera dignidad, la que nos asombra y nos conmueve, es la que mostró Janusz Korczak, médico y pedagogo, que escogió morir con los niños huérfanos del gueto de Varsovia deportados a Treblinka. Se subió al tren con ellos y los confortó hasta el último momento. No es fácil emular la conducta ejemplar de Korczak, pero cada vez que acariciamos a una persona herida y postergamos nuestros deseos para cuidarla, participamos de esa ejemplaridad.

Diego me dijo con resignación al hablar de su padre: «Cuando se van, tienen el capricho de no volver, y no queda otra que aceptarlo». Diego se refiere únicamente a lo físico, a la «corteza», por utilizar la expresión que emplea Saint-Exupéry para designar el cuerpo del principito, pues cree que su padre no se ha ido del todo y piensa que continúa interviniendo en la vida de sus seres queridos propiciando encuentros y alimentando afectos. Yo opino lo mismo y albergo la certeza de que todo lo que amamos vuelve de alguna manera, tal como apunta Luis Rosales en *La casa encendida,* uno de los poemarios más hermosos del siglo XX. Es un libro que me acompaña desde mis años universitarios, cuando me emocionaba saber que Rosales había vivido en el número 34 de la calle Altamirano. Yo vivía en el 48. Es el tramo final de una calle estrecha que desemboca en el parque del Oeste.

Publicada en 1949, *La casa encendida* no se desvía de la perspectiva manifestada en *Abril,* su poemario de 1935. Rosales afirma que «el silencio es amor». Y el amor salva, vivifica, resucita: «No lloro lo perdido, Señor, nada se pierde». Lejos de cualquier forma de pesimismo, Luis Rosales sitúa al hombre en el centro de la naturaleza, pero no como sujeto escindido de la materia, sino como carne y espíritu en perfecta comunión con la totalidad. En el prólogo de *La casa encendida,* Rosales escribe: «Como diría Jorge Guillén, el mundo está bien hecho y el hombre participa en su armonía». La belleza siempre se halla en lo más inmediato y sencillo: el humo del tren que se pierde en la lejanía; una «viejecita de madera» que dormita bajo el sol; «unas niñas que juegan como escribiéndose en el aire».

La vida no está exenta de dolor, de imperfección, de tristes pérdidas, pero las heridas se cierran en la plenitud del instante y en la expectativa de la eternidad. «Quizá ser hombre es lo más inmediato, lo más fácil», señala Rosales. Y añade alborozado: «Vivir es ver volver». Indiscutiblemente, «el tiempo pasa; las cosas que quisimos son caedizas, fugitivas: se van». Antes o después perdemos a «aquellos seres que amábamos un día y a cuyo amor debemos lo que somos». Pero, insiste el poeta, «vivir es ver volver». Los seres que se fueron no son un sueño desvanecido, sino algo indestructible que vuelve una y otra vez. La sonrisa, la alegría, la belleza nos devuelven lo que perdimos. Todo lo que ha existido una vez «sigue viviendo en la poesía, sigue escribiendo lo que somos, en ella y solo en ella».

Al comienzo de *La casa encendida,* Luis Rosales llega a su casa en Altamirano 34, abatido por el hastío y la melancolía, «porque todo es igual y tú lo sabes». Aunque lo rodean sus libros y los recuerdos de su infancia, siente que es «un náufrago» y admite con pesar: «y te has sentido solo, / humanamente solo...». Desdoblado, utiliza la segunda persona para hablar consigo mismo: «Te has bañado, respetuosa y tristemente, lo mismo que un suicida». El poeta está a punto de cumplir cuarenta años y advierte los primeros signos de envejecimiento: «Crece la nieve en una vida que quizá / está siendo la mía».

Cuando vuelve a su cuarto, descubre que la habitación de enfrente se ha encendido y enseguida le saluda una voz familiar. Es Juan Panero, poeta y amigo que murió el 7 de agosto de 1937 en un accidente de tráfico, con solo veintinueve años, después de sacar a la luz un único libro, *Cantos del ofrecimiento* (1936) y dejar un puñado de inéditos. No se trata de una alucinación, o una simple evocación nostálgica, sino de «un milagro»: «Y estaba allí, mirándome / con aquella mirada tan suya, tan suave y tan honda, que

/ parecía que iba quemándose mientras miraba». Juan mecía a los hijos de Luis, con su voz pausada, hablando tan despacio «como un niño que pensaba escribiendo», con su corazón siempre nuevo, creciendo hacia el cielo, viéndolo todo a la vez, aprendiendo a callar junto a la amada. Siendo marinero, siendo salida al campo, siendo árbol, siendo hombre. Luis Rosales recuerda sus años de estudiante, cuando acudían juntos a clase contemplando los picos blancos del Guadarrama, bromeando con sus amigos: Piedad, Luis Felipe, María José, Concha. Todos juntos en una mañana «más dulce / que una sonrisa que se ha quedado niña para siempre». «TÚ LO SIGUES VIENDO COMO ENTONCES», escribe Rosales en mayúsculas para expresar su júbilo. Pero no es el mismo. Juan ya no es un joven prometedor, sino una presencia que ha vencido a la muerte: «ESTABA HABLANDO PARA SIEMPRE, VIVIENDO PARA / SIEMPRE; ARDIENDO PARA SIEMPRE». Antes de despedirse, Juan Panero despeja cualquier duda: «No lo olvides: / la muerte no interrumpe nada». Al marcharse, la luz de la habitación desaparece y se hace el silencio, pero los amigos continúan juntos: «Y yo seguí contigo, / y yo seguí callado entre la sombra, / y yo seguí callando, / callando hasta nacer y hasta nacerte».

Después de separarse de Juan, el poeta regresa a su habitación, que ya no está en penumbra, sino encendida, albeando, «encarnando la luz y casi llorándola». En su interior, llueve sobre el mar y un barco avanza entre la niebla. Y en una escalera que baja hasta las aguas, hay una mujer sentada, con un sombrero de colegiala. «Una mujer que también llueve, / que también dice adiós entre la niebla». Luis corre hacia ella comprendiendo que «LA TRISTEZA ES ANTERIOR AL HOMBRE, ES LA TIERRA DEL HOMBRE».

La mujer es María, la esposa del poeta. Su tristeza no es desolación ni desesperanza, sino el ineludible precio de la vida. Hay vida porque hay pérdidas. Sin dolor, nunca maduraríamos. Algo más tarde, la revelación experimentada en presencia de María adquiere una formulación definitiva: «LAS PERSONAS QUE NO CONOCEN EL DOLOR SON COMO IGLESIAS SIN BENDECIR».

El poeta recuerda a sus padres, muertos hace tiempo. Ahora entiende que nunca se marcharon del todo. Siguen a su lado, preocupándose por él: «¿Y quién te cuida, Luis?». Luis siente que los padres perdidos caminan en su sangre, buscándolo hacia dentro. Con ellos, vuelve la niñez: Granada, el Corpus, el puesto de golosinas al borde de la acera, la vieja criada Pepona. Todos han vuelto para mostrar que la memoria y la esperanza salvan al hombre de su destino mortal. «Y AHORA VAMOS A HABLAR, ¿SABÉIS?, VAMOS A HABLAR». El poeta no esconde su hondo apego a su madre: «¡Vamos a hablar!, mientras recuerdo, madre, / madre, mientras recuerdo / que hemos vivido el mismo corazón / durante largos meses, / que yo... / que tú lo sabes, / he vivido doliéndote, doliendo y para ti». El reencuentro con los seres queridos es la culminación del amor, la memoria total.

A la noche siguiente Luis saluda al sereno y mira hacia arriba contemplado su casa: «Vi iluminadas, obradoras, radiantes, estelares / las ventanas, / —sí, todas las ventanas—; / gracias, Señor, la casa está encendida». La casa encendida es la última morada, el lugar donde la memoria y la esperanza al fin se encuentran mostrando la plenitud del ser.

De vez en cuando me acerco a la calle Altamirano. Paso por el número 34, leo la placa dedicada a la memoria de Luis Rosales, y bajo hasta el 48, donde viví con mis padres y mis hermanos. Todos han muerto. Miro hacia arriba y sueño que las ventanas están encendidas, con mis seres queridos esperándome para hablar. Después me interno en el parque del Oeste y descubro que realmente vivir es ver volver, pues detrás de cada árbol y cada rosal hay un fragmento de mi niñez.

Al igual que Javier Gomá, opino que «la muerte de un hombre representa, siempre, una injusticia [...]. El mundo carece del derecho a condenar a muerte al yo, una vez que este ha sido despertado por la naturaleza al sentimiento de su propia dignidad indeclinable. Por su parte, la muerte de una individualidad lograda constituye, además de una indignidad, un empobrecimiento objetivo y desgraciado del ser». *(Necesario pero imposible)*. Los que mueren no nos dejan. Todo permanece en el amor. Todo vuelve. Como escribió Edith Stein, «tras la noche oscura resplandece la llama de amor viva». Esa llama que Luis Rosales atisbó en las ventanas de Altamirano 34, cuando descubrió que su amigo Juan había vuelto para hablar y contarle que la verdad de este mundo se halla en la esperanza y no en la desolación.

A modo de despedida

> El mejor remedio para los que tienen miedo, se sienten solos o infelices, es salir a la calle, en algún lugar en el que puedan estar a solas con el cielo, la naturaleza y con Dios
>
> ANNE FRANK, *Diario*

El ser humano es un animal de metáforas. Necesita establecer analogías para comprender el mundo. Aunque la razón desconfía de las metáforas, el corazón no cesa de acudir a ellas, pues entiende que una imagen siempre es más sugestiva que un concepto. El jardín se ha empleado como alegoría del paraíso. No solo por su belleza, sino por su fecundidad. Un jardín es sinónimo de vida, con sus flores que nacen, mueren y resucitan al correr de las estaciones, sus fuentes que impregnan el aire de frescor y misterio, y sus árboles, testigos del paso del tiempo. Un jardín parece el lugar más indicado para despedirse de un largo viaje por el miedo y el sufrimiento.

Piedad está curada. La enfermedad ya no habita en su cuerpo. Ha sido felizmente desalojada y arrojada muy lejos, a un yermo aciago y deshabitado. Acompañados por Silvia y Diego, hemos decidido celebrarlo con un paseo por el parque de El Capricho, el único jardín romántico de Madrid.

Ciertamente, apenas traspasas su puerta de entrada adviertes esa mezcla de fantasía, melancolía y nostalgia que incendió las mentes de Lord Byron, Bécquer, Novalis, Leopardi y las hermanas Brontë.

Como muchos jardines, El Capricho se creó a partir de un huerto. Adquirido por los duques de Osuna, los aristócratas encargaron un diseño que reuniera los rasgos del paisajismo francés, inglés e italiano. El resultado recuerda vagamente el jardín encantado de Bomarzo. Los parterres neoclásicos situados frente al palacio transmiten orden, equilibro, serenidad. En la zona más baja hay un laberinto con ecos del Renacimiento italiano, con su culto al secreto, el misterio y la alquimia. Es un lugar para perderse y reencontrarse, una telaraña que envuelve y confunde, un jeroglífico que desafía al ingenio. Lo francés y lo italiano son notas discretas en El Capricho. El resto es puro paisajismo inglés: árboles gigantes, vegetación desbordante, estanques que duplican el vigor de unas ramas que parecen sostener la cúpula del cielo, un puente de hierro tendido sobre el agua inmóvil. No faltan los templetes, las columnas y las estatuas de criaturas mitológicas, como un jabalí que parece extraído de la mitología romana. El palacio está en obras y no puede visitarse. No poder acceder a su interior alimenta la fantasía de que ahí se esconden almas que se resisten a abandonar este mundo: amantes con una historia desgraciada, duelistas que agonizaron sin lograr la satisfacción anhelada, poetas con una vida breve y una obra inacabada. Lo que no se ve siempre es más estimulante que la desnuda presencia de las cosas.

Durante nuestro paseo nos acercamos al abejero. Piedad y yo no sabíamos cuál era la función de aquel pequeño edificio con una estatua de Venus en su interior. Diego y Silvia, que la primera vez experimentaron la misma perplejidad, nos enseñaron las colmenas y nos explicaron que se habían protegido con cristales para que los visitantes del palacio pudieran observar tranquilamente la laboriosidad de las abejas. Los cuatro posamos junto al templete de Baco, una pequeña construcción elíptica con columnas que recuerda la vieja pretensión de los griegos de construir edificios a la medida del ser humano.

Mientras recorríamos el parque, Piedad hablaba con Diego y yo con Silvia. Aunque nos separan casi treinta años, los cuatro albergamos una idea similar del amor. Silvia lamentó que los cambios introducidos en la sociedad occidental a partir de los sesenta no se hubieran limitado a renovar y actualizar la forma de enamorarse, sino que, además, hubieran acarreado cierto nihilismo. El compromiso de amar toda la vida a una persona y crear con ella un entorno afectivo que incluyera una vasta constelación de relaciones, como abuelos, hermanos solteros o esas tías viudas que convivían con un matrimonio y sus hijos para huir de la soledad, se había sustituido por un carrusel de idilios de duración efímera. Las parejas cada vez duran menos, a menudo porque no se cumple la expectativa de frenesí y plenitud alimentada por el culto a la intensidad y el instante. Madame Bovary sigue muy presente en la imaginación colectiva, con su insatisfacción imposible de aplacar.

Se ha propagado la idea de que la promiscuidad es una forma de libertad. El yo ejerce su soberanía al escoger un amante tras otro. Lo cierto es que esa forma de proceder es una de las victorias silenciosas del capitalismo: el otro reducido a mercancía, a objeto de consumo que se desecha cuando ya solo produce hastío. El capitalismo odia a la familia, como se aprecia en *¡Qué bello es vivir!* Potter aborrece a los Bailey porque no piensan en términos de rentabilidad y beneficios. Sus afectos son sinceros, desinteresados, puro despilfarro. No invierten en bienes, sino en lazos de cariño y solidaridad. Como me explicó el filósofo italiano Diego Fusaro en una entrevista,

> el amor en tiempos del capitalismo se convierte en mero goce, amor líquido, precariedad sentimental. Debes disfrutar, el imperativo de Sade, se erige en el imperativo fundamental del nuevo orden erótico, donde la libertad se concibe como la ruptura de todos los límites éticos y de todos los vínculos sólidos y, por tanto, como transgresión permanente, como superación de todos los límites.

Cuando le pregunté a Fusaro cómo rehumanizar el amor, cómo lograr que los amantes vuelvan a tener un rostro y no ser carne anónima y desechable, cómo frenar los excesos que han convertido el sexo en una experiencia alienante, me contestó:

> Debemos volver a aprender a amar, liberándonos del ansia de disfrute como un fin en sí mismo: el disfrute sin amor se convierte en nihilista y mortífero. El amor, en cambio, es estabilidad y proyecto, elección confirmada cada día, aspiración a lo eterno: la fórmula fundamental del amor, decía Agustín de Hipona, *et volo ut sis,* es decir, deseo que seas; amar significa desear la plenitud del ser de la persona amada.

Fusaro subrayó que «amar hoy es un gesto revolucionario». En la era de la precariedad sentimental, nos enseña que «el otro no es solo un medio de nuestro disfrute, sino una persona en sí misma y para sí misma, un fin y no un medio, diría Kant».

El amor de verdad abriga el deseo de que una relación

dure siempre. No se contenta con el éxtasis fugaz de las emociones desbordadas. El que ama con todo su corazón espera haber hallado el amor eterno. «Quizá el amor sea la mayor experiencia de contacto con lo eterno que podamos tener dentro de las paredes del mundo sensible», concluyó Fusaro, sin miedo a ser acusado de trasnochado. Ese deseo de eternidad explica el dolor que causa la posibilidad de perder al ser amado.

Noemí Martín, escritora y gran amiga, escribió un hermoso poema cuando José, su marido, pasó por una complicada operación. Galardonado con un premio del Ayuntamiento de Madrid, el poema comienza con la angustia del que espera sin saber qué le aguarda y finaliza con la conjunción del presente y el mañana. El instante solo es gozoso cuando incluye la esperanza. Dividido en cuatro partes, se titula «Una historia de tantas».

I

Un quirófano, un hombre, un cirujano. O tres.
Color verde. Esperanza. O quizá, no. ¿Quién sabe?
Una silla que quema, una mujer que sueña, un corazón trotando.
Las horas van pasando. Y me hago diminuta entre paredes blancas.
El cirujano sale. No le entiendo muy bien.
Al rato, sales tú. Tapado con tu manta.
Azul, quizá violeta. Pequeño, transparente.
Te encogiste, mi amor.
Una historia de tantas. Pero esta... es la nuestra.
Pasillo insobornable, café descafeinado.
Tubos, bolsas de sangre, enfermeros amables, un médico que dice:

«Señora, no hace falta que llame, que la UCI es así
y si le pasa algo se enterará, descuide».

II

Vuelvo a casa, me ducho. Sudor amedrentado.
Las lágrimas se mezclan con el jabón de coco.
Los perros me acarician: por fin estás aquí.
Mensajes con abrazos. La cabeza se quiebra. Burbujean mis venas.
Hace frío este abril mientras tu vida tiembla.
También tiembla mi espera.
Los viajes que pensamos. La nevera desnuda.
Solo como manzanas.
Una historia de tantas. Pero esta… es la nuestra.
Yo no quiero estar rota. No quiero ser la viuda que escribía poemas.
Quiero que te levantes. Que seas fuerte por mí.
Que dejes de sangrar.
Y que vivas, joder.

III

Ya te sacan, por fin.
Lleno de incertidumbres. Yo, plagada de miedos.
Habitas una cama. Esa que ruge ansiosa cuando te das la vuelta.
Mientras, duermo a tu lado en un sofá indiscreto en el que duele el alma.
Te enjabono las piernas: mis manos las abarcan.
¿Dónde quedó la fuerza de aquel hombre que amo?
La tiene muy adentro. Él no se queja nunca.
Lloro cuando te giras y después te sonrío.
Una historia de tantas… pero esta es la nuestra.

Galletas sin azúcar en paquete de cuatro. Medidor de tensión.
Cambiarte los drenajes y cambiarte la suerte.
Y volver a ese sitio en el que te vigilan las veinticuatro horas.
Y regresar a casa con los ojos pidiendo que no me dejes sola.

IV

El teléfono suena. Me miras triunfante aunque apenas camines.
La vida te recuerda lo que tú ya sabías.
Lo que yo también sé. Amar, amar, amar, es lo único que cuenta.
Lo único que tenemos. Lo que somos. No hay más.
Una historia de tantas... pero esta es la nuestra.
Salir de aquel planeta de sueros y de flores.
Pasear despacito. Agarrarnos las manos. Confiar otra vez.
La luz de tus palabras cuando el sol te despierta.
Vivir instante a instante. Aprender a creer.

Durante la enfermedad de Piedad, yo he sentido las mismas cosas que Noemí. No quería estar roto, no quería ser el viudo que escribe. Quería que Piedad se levantara, que dejara de sufrir, que viviera, joder. «Amar, amar, amar, es lo único que cuenta. / Lo único que tenemos. Lo que somos. No hay más». Al igual que la historia de Noemí y José, nuestra historia es una historia de tantas. Hay que vivir instante a instante, sí, pero también «hay que aprender a creer». ¿Creer en qué? No sé a qué se refiere Noemí y no quiero aventurar una interpretación que puede ser falsa o destruir el poder sugestivo de un poema, siempre abierto a múltiples significados. Prefiero explicar lo que yo entiendo por creer. Los amantes sueñan con el amor eterno. Por eso necesitan creer en la eternidad, pese a que las apariencias nos digan que todo muere sin remedio.

En *Las obras del amor,* el filósofo danés Søren Kierkegaard sostiene que el amor brota de lo más profundo del ser, de la fuente originaria de la vida. Esa fuente es invisible, pero su agua fluye como un manantial inagotable, comunicando las vidas sin cesar. El amor es la imagen móvil de la eternidad, un devenir que muestra la unidad profunda de lo diverso. Estamos llamados a amar. Es una necesidad intrínseca y profundamente enraizada. La felicidad y la libertad radican en amar y ser amado. Amar exige un dilatado aprendizaje, un ejercicio de purificación interior y exterior que nos libere del ego. Amar significa descentrarse, salir de uno mismo, lo cual no implica la disolución de la propia identidad, sino la concepción del yo como un don que se entrega gratuitamente al ser amado. No renunciamos a nuestra individualidad. Solo la liberamos de la semilla del egoísmo.

Kierkegaard distingue entre el amor inmaduro o inmediato y el amor eterno. El amor inmaduro se deja llevar por lo inmediato y directo, y se expresa con palabras y frases hechas. Nace de la pasión y el capricho. Es posesivo y absorbente, no contempla la libertad ajena y no transige con el sacrificio ni con la abnegación. Solo busca el bienestar propio y el interés personal. Es un amor inconsistente y frágil, que se alimenta de las percepciones básicas de placer y desagrado, y se desvanece con facilidad.

El amor eterno no se expresa con palabras, sino con obras. Es discreto y su finalidad es el cuidado del otro y la dicha de contribuir al desarrollo de todas sus potencialidades. No conoce los celos y no hace comparaciones preguntándose quién ha amado más. No humilla recordando lo que da, pues no espera nada a cambio y le regocija el desprendimiento. El amor eterno desconoce la angustia que produce el paso del tiempo. No vive abrumado por la posibilidad de la ruptura y es inmune al tedio, ya que no se complace en la novedad, sino en la continuidad. No teme al cambio y, a diferencia del amor inmaduro, nunca se transmuta en odio. No es esclavo de los sentidos ni de las apariencias y no se deja llevar por fantasías narcisistas. No contempla al amado con los ojos sensibles, sino con los del alma, que ven lo esencial y no reparan en lo superfluo. No aspira a convertir al otro en una prolongación de sí mismo. Solo desea ponerse a su servicio para ayudarlo a ser lo que su interior le pide ser. No limita ni mutila su proyecto personal, sino que lo impulsa para que se haga realidad.

El amor eterno se extiende más allá del amado. Reconoce la infinita dignidad del ser humano, con independencia de su físico, patrimonio o actividad laboral. Eso no significa que trate a todos por igual. Piensa que es mejor adaptarse a las posibilidades y necesidades de cada individuo. Kierkegaard sostiene que el amor procede de la interioridad humana, una dimensión espiritual que no está sometida al imperio de la muerte. Esa espiritualidad sobrevive a la descomposición del cuerpo y su grandeza reside en que crece en la medida en que se entrega al otro.

Al salir de nosotros mismos para amar, no perdemos nada. Al revés, nos encontramos y realizamos nuestro destino, que es ser para los demás. Para Kierkegaard, el amor es la revolución más profunda, el acontecimiento más grande, el más luminoso, el más extraño, el más alegre. Nos permite trascender el sentido de propiedad, una de las invenciones más dañinas del ego. Con el amor, desaparece la pulsión de poseer, la distinción entre propio y ajeno. Sin perder su identidad, el yo y el tú ensanchan su ser y se transforman en nosotros.

El amor va más allá de los cálculos de la justicia distributiva y conmutativa. Es gratuidad pura. Cuando interviene en las relaciones humanas, la justicia trasciende sus ideas de proporcionalidad. Es el caso de la parábola del hijo pródigo, que es acogido sin condiciones ni reproches. No se le aplica el principio de justicia retributiva. No se le paga con la misma moneda, sino que se le abre los brazos y se le ofrece el hogar que abandonó. El amor eterno lo perdona todo, lo soporta todo. Kierkegaard asegura que ese amor no procede de la razón, sino del corazón, y el corazón, cuando no está contaminado por el egoísmo, se halla desligado de cualquier interés. No es ciego o irracional, como el sentimentalismo romántico. Simplemente se mueve por otras razones, esas razones del corazón que la razón no entiende. Al abrirse al otro, el amor crea las condiciones para crear una comunidad de amor. El amor se concreta en una persona, pero no es excluyente. No es un pacto, ni un contrato social, ni un ejercicio de sumisión o heteronomía, sino entrega total.

La fe de Kierkegaard anima su teoría del amor, pues considera que al amar regresamos a esa fuente originaria de la que procede la vida. La infelicidad del ser humano no surge de las desgracias que lo golpean en el transcurso de su existencia, sino de la desesperanza. «Desesperación significa que falta lo eterno», escribe el filósofo danés.

El escepticismo de nuestro tiempo responde a esta clase de reflexiones con una mueca, pero ¿quién no necesita creer en algo? Unos pocos aún seguimos alentando la expectativa de la eternidad, pero la promesa de un mañana ya no es una alternativa para muchos. Quizá el amor sí pueda proporcionar esa esperanza sin la cual el mundo a veces se convierte en un inhóspito páramo. El amor siempre nos vincula a la vida. Nos proporciona un presente y, en el caso de la paternidad, nos permite observar el futuro con sensación de continuidad. Los que no tenemos hijos podemos experimentar algo semejante si reparamos en que somos mucho más que meros individuos. Estamos hechos para amar. Hemos nacido para crear vínculos y el amor es la experiencia que nos permite tejerlos. Amor a los otros, pero también al bien, la verdad y la belleza.

Una obra de arte es un acto de amor. Durante generaciones será contemplada e iluminará el mundo. Solo unos pocos pueden producirla, pero una caricia está al alcance de todos y la luz que desprende no es menos intensa. El amor puede aportar esa trascendencia que ha dejado vacante la idea de Dios. Y dado que se ha definido a Dios como amor, los que aún conservan la fe no sentirán que fetiches como el poder o el dinero ocupan el lugar de lo sagrado. El amor acoge a todos y multiplica el valor de cualquier gesto o actividad.

Hace unos días, mi amigo Damián me habló de la ecuación del médico y comunicador Victor Küppers: V = (C + H) x A. V es el valor de la persona, lo que transmite y lo que es. C significa conocimiento y H, habilidad, pericia. C y H siempre suman, pero la A, que corresponde a la Actitud, multiplica. Pienso que podemos sustituir la Actitud por el Amor sin alterar la ecuación, y aplicarla a todas las facetas de la vida. Sin conocimientos y habilidades no podremos hacer nada bien, pero sin amor nuestros actos siempre serán insuficientes. Un gran cirujano salva la vida en el quirófano, pero si no sabe transmitir amor a sus pacientes, dejará su trabajo a medias. El bienestar total no se alcanza hasta que cuerpo y mente disfrutan de paz, consuelo y seguridad.

Después de pasear por El Capricho, Silvia, Diego, Piedad y yo recorrimos el casco antiguo de Alcalá de Henares. Cerrado al tráfico, un bullicio ininterrumpido de personas que entraban y salían de comercios, cafeterías y portales desmentía la visión pesimista del ser humano. En ese movimiento continuo se advertía el anhelo universal de gozar de la proximidad de nuestros semejantes. Las calles y las plazas eran un hervidero de risas, susurros y abrazos. Grupos de adolescentes alborotaban en la plaza Cervantes, cerca del quiosco de música, una pareja de ancianos caminaba muy despacio bajo los soportales, unos niños bostezaban, recordando a sus padres que ya había anochecido, dos perros se saludaban con el hocico, como una pareja de novios que se roza las mejillas con timidez y ternura. Las viejas fachadas evocaban un pasado que probablemente no fue muy distinto, salvo en los cambios introducidos por la moda y la tecnología. El ser humano a veces se enreda en guerras, pero su impulso natural es amar, no odiar.

Este epílogo, que comenzó en un jardín, se ha prolongado demasiado, quizá porque cuesta mucho despedirse de un libro. Es como separarse de un amigo muy querido. Sin embargo, ha llegado el momento de decir adiós. *Maestros de la felicidad,* mi libro anterior, concluye con una afirmación que el dolor experimentado durante el último año no ha conseguido refutar: nada es comparable al asombro de vivir.

Ahora considero necesario añadir: nada es comparable a la dicha de amar.

Agradecimientos

Nunca me canso de repetir que un libro no es la creación de su autor. Detrás de él hay muchas personas que impulsan su nacimiento y desarrollo. Sensibilidades que afinan el texto, inteligencias que aportan perspectivas fructíferas, corazones que proporcionan aliento para continuar cuando sientes deseos de abandonar.

Elogio del amor no existiría sin Piedad, mi mujer. En cierto sentido, los dos hemos escrito conjuntamente esta obra, pues hemos transformado una época de incertidumbre en un mensaje de esperanza. Sin el coraje, la perspicacia y el amor a la vida de Piedad, estas páginas no habrían visto la luz.

Los amigos han sido el segundo sostén de esta obra, alumbrada con tantas dificultades. Silvia Nieto Redruejo y Diego Moreno Bermejo me han proporcionado el cariño y la cercanía necesarias para soportar los golpes más fieros. Damián Sánchez Torres me ha ayudado a escalar las pendientes más escarpadas con dos herramientas fundamentales para sortear los problemas: serenidad e inteligencia. Fernando Rivas Rebaque me ha aportado algo esencial: esperanza. Susana Garrido, ya convertida en entrañable amiga, ha evitado que naufragara en el desaliento. Álvaro Galmés me ha recordado sin cesar la importancia de amar y la insignificancia del ego al ser contrastado con el nosotros. Carlos y Teresa me han mostrado la fortuna de tener siempre una puerta abierta, y Juan Manuel me ha consolado con sus abrazos y sus sonrisas. Todos tienen en común una cualidad extraordinaria: la generosidad. Y la generosidad es la forma más pura de amar, pues no pide nada a cambio.

Entre mis amigos, incluyo a mis editores. Considero un privilegio contar con el apoyo de Lucía Luengo. Soy una persona pacífica, pero siempre he albergado cierto anarquismo existencial y me cuesta trabajo someterme a la autoridad. Lucía nunca ha actuado como una jefa. Se ha limitado a acompañarme durante los trece meses, quizá menos, que ha durado la redacción de este libro. Siempre ha sido amable, paciente y comprensiva. Su trabajo como editora es un ejemplo de liderazgo positivo. La compañía de Sara Esturillo no ha sido menos fecunda. Inteligente y resolutiva, cuando Piedad y yo acudimos a la Feria de Libro de Madrid de 2023 algo incómodos porque me habían amenazado desde las redes sociales, no se separó de nuestro lado y, al finalizar las firmas, nos escoltó hasta que nos subimos a un taxi. Imagino que ser hija de un militar imprime carácter, sobre todo si tu padre es uno de esos hombres buenos que dedican su vida a servir y proteger. Sería una tremenda injusticia no incluir en esta nota a Martín Schifino, que propuso a Penguin mi fichaje y que ha jugado un papel esencial en la depuración de mis manuscritos, salvándome de errores que hoy me pesarían.

Gracias a todos. Gracias por acompañarme durante mi viaje por el dolor, el miedo y la incertidumbre. Sin su afecto, no habría podido llegar a la cumbre y descubrir en la lejanía el destello de la esperanza.

«Para viajar lejos no hay mejor nave que un libro».

EMILY DICKINSON

Gracias por tu lectura de este libro.

En **penguinlibros.club** encontrarás las mejores recomendaciones de lectura.

Únete a nuestra comunidad y viaja con nosotros.

penguinlibros.club

Penguin Random House Grupo Editorial

penguinlibros